KB245745

조직 혁신의 이해

한국학술정보㈜

조직
혁신의 이해

김구 지음

한국학술정보㈜

　세상은 하루하루가 바뀐다. 그 세상을 바꾸는 것은 자연현상 때문일 수도 있고 사람일 수도 있다. 세상 속에 살고 있는 사람은 기본적으로 생존하기 위해, 아니면 더 나은 삶을 영위하기 위해 노력한다. 개인이든, 집단이든, 조직이든 변화하는 세상에 적응하고 생존하기 위해 다양한 변화전략을 준비하고 실행에 옮긴다. 그 변화전략은 성공을 가져다 줄 수도 있고 실패를 낳을 수도 있다. 개인이나 개인들의 집합체인 집단이나 조직도 생존하기 위해 자신들이 변화되어야 하는데 어떤 변화를 어느 정도, 어떻게 변화해야만 생존을 유지하고 발전과 번영을 가져올지 고민하게 된다.

　학문이라는 영역이 존재하고, 연구를 통해 지식을 축적하는 사람들이나 지식공동체가 형성된 이후 많은 논자들은 바뀌는 세상에 사람이 생존하는 전략, 조직이 유지되고 발전되기 위한 전략을 창의성과 혁신에서 찾는 노력을 지속해 왔다. 창의성과 혁신은 불가분의 관계이다. 아이디어의 생성과 창안에 해당되는 것이 창의성이라면 그런 아이디어를 실무에 적용하여 과거보다 더 나은 결과물을 갖도록 하는 것이 혁신이다. 창의성과 혁신이 없다면 조직은 틀에 박힌 기존의 운영방식과 제품을 생산한다. 기존의 운영방식과 제품이 변화하는 세상에 존재하는 사람들의 기호에 얼마나 적합할까? 세상이 바뀌었다는 말 속에는 사람들의 선호도가 바뀌었고 그로 인해 개인이나 조직에 기대하는 목표치가 달라졌다는 의미이다. 개인이나 조직의 목표치는 자신의 기준에 의해서라기보다는 세상을 함께 살아가는 주변 사람들이나 경쟁조직의 상대적 가치에 의해 결정된다. 그 목표치는 매년 높아지고 있으며 경쟁자가 누구이며 어떤 조직인가에 따라 달라진다. 그러나 작금의 무한경쟁시대에서 모든 사람이나 조직은 경쟁환경 안에서 살고 있고 운영되고 있다. 경쟁환경 속에서 생존하기 위해서는 다른 사람 및 조직보다

차별화된 생존전략이 필요하다. 변화하는 입맛 즉, 고객의 기호에 맞는 제품과 서비스만이 개인이나 조직이 생존하는 길이다. 고객의 기호에 맞는 제품과 서비스를 생산하기 위해서는 과거와 똑같이 일하는 방식이나 생산방식 그리고 서비스제공 방식으로는 경쟁력을 갖출 수 없다.

변화하는 세상, 변화하는 고객의 입맛은 민간부문만 해당되는 것이 아니다. 정부가 제공하는 각종 행정서비스에 대해서도 고객인 국민은 정부에 대해 다양한 요구와 높은 수준의 질적 변화를 요구하고 있다. 그러므로 정부기관에서도 창의성과 혁신을 통해 국민에게 고품질의 행정서비스를 제공해야 되고, 그런 서비스를 창조하고 제공하기 위해서는 다분히 변화를 수용하여야 하며, 더 나아가 국민의 미래 가치를 예측하여 미리 준비하는 자세를 갖추어야 한다.

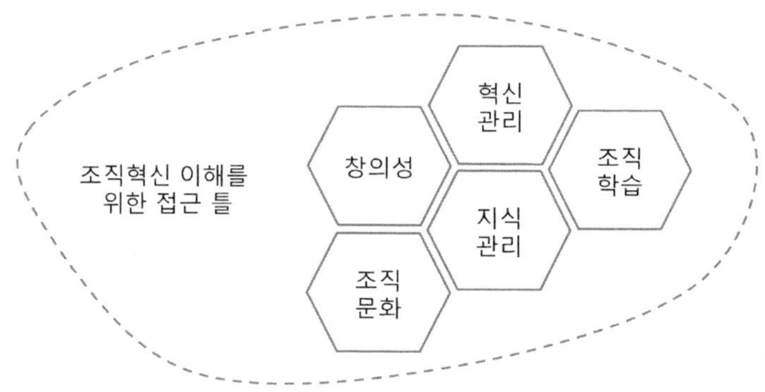

이와 같이 민간부문이든 공공부문이든 변화하는 세상 속에 살고 있는 사람들의 기호에 맞는 제품과 서비스를 창조하고 제공하기 위해서는 조직창의성과 조직혁신이 필요하다. 이 책은 민간조직이나 공공조직에 공통적으로 접근되고 논의되고 있는 조직혁신에 관한 접근 틀로 창의성, 혁신관리, 지식관리, 조직문화, 그리고 조직학습 및 학습조직의 관점에서 전개하였다. 제1부는 각 접근 틀을 구성하고 있는 개별 요인에 관한 개념적 내용을 다루었으며, 제2부에는 개별 요인과 요인 간의 관련성 정도를 설명하였고, 제3부는 요인별 전략 및 전략구상을 위한 고려사항을 담았다.

이 책은 필자가 그동안 '지식관리'에 관한 세부적인 영역을 집중적으로 탐색한 결과를 정리한 것이다. 한편 필자는 "2010년도 정부재원(교육과학기술부 인문사회연구역량강화사업비)으로 한국연구재단의 지원을 받아 연구(NRF-2010-327-B00709)"를 수행하게 되었는데, 그 보고서의 핵심 내용은 지식흡수역량과 혁신역량 그리고 조직문화에 관한 것이다. 이 책의 내용 중 '지식흡수역량', '조직혁신', 그리고 '조직문화'에 관한 일부 내용은 조직혁신에 관한 이해의 폭을 넓히고 지식의 저변 확산을 위해 선행연구자의 이론과 모델을 그대로 소개하였으며 이로 인해 연구보고서에서 소개했던 내용의 일부를 담고 있음을 밝힌다.

이 책은 민간조직이나 공공조직 모두에서 조직혁신을 위해 무엇을 어떻게 준비해야 될 것인가에 관한 공통적 질문에 답하는 대신에 어떤 접근방법과 차원으로 조직혁신의 방향을 잡아야 할지에 관한 기준과 고려사항을 담고 있어 실무자에게는 조직혁신을 위한 하나의 시준으로 삼을 수 있을 것이다. 또한 연구하는 사람들에게는 조직혁신을 어떤 부문에서 어떻게 접근해야 될 것인가에 대한 실마리와 소스를 잡는 데 유용하게 활용될 수 있을 것으로 기대한다.

2011년 6월

김구 씀

제1부
기본 개념의 탐색

제1장 조직창의성

1. 창의성 개념

개인, 집단, 조직, 정부 및 국가 등 모든 영역에서 창의성이 요구되고 있다. 개인이나 집단이든 변화하는 세상과 환경에서 살아가야 하기 때문에, 변화된 환경 변화에 반응하거나 환경을 적극적으로 창도하기 위해서는 새로운 요소를 읽고, 파악하여 체득하는 것뿐만 아니라 새로운 요소를 창출하는 활동, 즉 창의성이 필요하다. 여기에서는 창의성에 관한 기본 개념을 소개한다.

창의성(creativity) 개념은 시대와 문화에 따라 다르기 때문에 창의성의 규정과 기준도 상이하다. 창의성을 발휘하는 힘으로서 창의력이란 아이디어를 갖는 것, 즉 무엇보다도 독특한 생각을 갖는 것으로 정의할 수 있다. 창의력은 창의성, 창조성, 창조력, 독창성, 독창력 등과 같은 의미로 사용된다. 이를테면 남이 생각하지 못하는 것을 먼저 생각하고 앞서 나가게 만드는 힘이다. 창의력은 (a) 주변의 환경에 관해 민감한 관심을 보이는 민감성, (b) 많은 양의 아이디어를 낼 수 있는 사고의 유연성, (c) 주어진 문제에 대해 한 가지 방법에 집착하지 않고 다양한 접근 방법을 생각하는 융통성, (d) 독특하고 참신한 아이디어를 내는 독창성을 포함하는데 여기서 '독창성'이 가장 중심적 특성으로 드러난다. 그리고 창의력은 바꾸어 생각하는 능력이다. 따라서 고정적인 것들을 과감하게 깰 수 있는 용기와 결단력이 요구된다. 하지만 창의력은 특별한 사람들만의 것은 아니며 정도에 따라 차이는 있지만 누구나 잠재적으로 지니고 있는 능력이다(한세억, 2003). 그런 잠재력을 일깨우기 위해서는 자극이 필요하고, 그런 자극을 인지하며 수용하는 자세가 중요하다. 잠재된 창의력을 가지고 있다고 하더라도 그것을 인식의 세계로 끌어내지 못한다면 창의력 발산은 기대할 수 없게 된다.

창의성은 이 세상에 전혀 없었던 것을 제시하는 것만을 의미하는 것이 아니라 기존의 것에 대한 새로운 이해와 방법도 포함한다. 과거 방식대로 해야 된다는 식은 창의성을 전혀 생각하지 않는다는 것이다. 철칙처럼 여겨왔던 과거 방식이 그 시대에는 잘 적용되었고 적합성이 높아보였다 하더라도 시대와 환경이 변하면 그런 방식에 대한 적용가능성을 다시 생각해봐야 한다. "왜 잘 맞지 않을까?"라는 의문을 품고 '다시 생각하는 것'이 창의성의 출발이다.

창의성은 여러 방식으로 정의되고 있다. 개인적 창의성에 초점을 맞춘 과정(process) 지향적 정의가 있는가 하면(예, Amabile, 1996a; Sternberg & Lubart, 1991), 성과(outcome) 지향적 정의(Amabile, 1983; Mumford & Gustafson, 1988)가 있기도 하다. 과정에 초점을 맞춘 창의성은 개인들이 어떤 과정을 통해 새로움(newness)을 이끌어내는가에 관심을 두는 데 반해, 성과 지향적 창의성은 새로움이 진정으로 기존의 것과 차별되는가에 관심을 두게 된다. 그러므로 창의성은 이 두 관점을 조합하여 '새롭고 유용한 아이디어의 창출'로 정의되며(예, Amabile, 1988; Oldham & Cummings, 1996; Woodman et al., 1993; Dewett, 2004에서 재인용), 창출된 아이디어는 새롭고 유용한 것으로 정리할 수 있다.

2. 조직창의성

오늘날 대부분의 창의적 성과는 독립적인 개인에 의해서라기보다는 조직이나 팀 수준에서 발생되기 때문에 조직 또는 팀 국면에서의 창의성에 대한 관심이 높아지고 있다. 이는 곧 창의적인 조직의 특성 또는 그러한 문화를 조성하려는 것과 관련이 있다.

Woodman 등(1993)은 조직창의성(organizational creativity)에 대하여 상호작용주의적 접근을 주장하면서 창의성에 영향을 미치는 요소로 개인, 집단 및 조직수준에서의 요인들을 모두 고려해야 함을 제안한 바 있다. 그들에 따르면 두 가지 범주의 작업 환경에 의해 조직의 창의성이 결정된다고 보았는데, 먼저 집단 또는 팀의 특성으로 규범, 집단 응집력, 규모 다양성, 역할특성, 직무특성, 집단의 문제해결 전략 등을 제시하였고, 조직의 특성으로 조직문화, 자원, 보상, 전략, 구조, 기술에 초점을 맞추었다.

조직창의성의 맥락이론의 대표적인 연구는 Amabile과 그녀의 동료들의 연구이다.

창의성의 사회심리학적 측면을 오랜 기간 연구해 온 Amabile(1988, 1996b)은 앞서 설명된 창의성의 구성요소 모형을 제안한 바 있다. 더 나아가 그녀는 이러한 요소들을 갖춘 조직구성원들이 조직 내에서 창의성을 효과적으로 발휘하기 위한 작업환경 요소를 찾고자 하였다. 그녀는 이를 위해 이전 연구들을 개관하고 또한 미국 창의적 리더십센터와 공동으로 연구개발 조직 내 여러 명의 과학자와 공학자들을 대상으로 인터뷰를 통해 창의적이었던 프로젝트 성공 사례들을 수집하고 분석하였다. 그녀의 연구결과(1988)에 따르면 조직의 창의성에 영향을 미치는 세 가지 환경 요소를 크게 (a) 혁신을 이루려는 조직의 동기화(organizational motivation), (b) 조직의 자원(resource) 및 (c) 조직의 경영 관행(management practices)으로 구분하였다.

첫 번째는 조직 내에서의 창의성과 혁신에 대한 근본적인 지향(orientation) 및 지지를 나타내며, 두 번째는 독창적인 새로운 작업에 할당된 시간과 재정적 지원 등 창의적 작업을 위해 사용할 수 있는 조직 내 모든 자원을 나타내며, 세 번째는 작업 수행에서의 자유와 자율의 허용, 도전적이고 흥미있는 작업의 제공, 명확하고 전반적인 전략적 목표를 구체화, 그리고 다양한 기술과 조망을 가진 사람들로 팀을 구성하기 등 다양한 경영상의 실제를 나타낸다(장재윤, 2001).

한편 장재윤(2000)은 기존 창의성과 관련된 연구들을 종합하여 개인 팀 및 조직 수준을 통합하는 가설적인 조직창의성의 입방체 모형을 제시하였다. 이 모형의 근간이 되는 세 가지 차원 각각을 살펴보면 다음과 같다.

제1차원은 조직창의성의 다중모델(Drazin, Glynn & Kazanjian, 1999)로 제기되고 있는 점과 관련한 조직 내 수준을 나타내는 차원이다. 즉, 창의성을 개인 수준, 팀 수준, 그리고 조직 수준의 3가지로 구분한다.

제2차원은 창의성이 발현되기 위한 요소(element)를 나타내는 차원이다. 창의성이 발현되기 위해서는 지식(knowledge), 스킬(skill), 열정(enthusiasm) 요소가 그것이다. 이것은 개인 수준에서 제기된 세 가지 요소를 집단 수준 및 조직 수준에까지 확장하였다.

제3차원 창의적인 문제해결 과정에 초점을 맞춘 것이다. 즉 창의적 과정에 관한 다양한 단계모형들을 종합하여 (a) 문제 발견, (b) 준비단계, (c) 아이디어 생성단계, (d) 아이디어 타당화 단계, (e) 아이디어 실행 단계, (f) 산물의 활용단계 등 여섯 단계를 설정하였다. 이러한 여섯 단계를 개인 창의성뿐만 아니라 집단 및 조직 수준에도 적용하였다(장재윤, 2001).

조직창의성 개념은 조직의 활동과정 및 조직이 달성하고자 하는 목표에 기여할 수 있는 관점에서 논의하게 된다. 조직창의성은 조직 상황에서 일어나는 창의적인 행동이나 그런 행동으로 인해 나타나는 제품을 말한다. 따라서 조직창의성은 조직의 가치와 문화를 토대를 두고 조직활동에 유용한 새로운 제품, 서비스, 아이디어, 절차, 프로세스를 창조하는 것이다(Arieti, 1976; Barron, 1969; Golann, 1963; Woodman et al., 1993).

3. 조직창의성 결정요인

일반적으로 새롭고 유용한 무엇인가를 산출해 내는 것으로 정의되는 창의성이 누구에게서나 발견되기 위해서는 무엇이 필요한가? 이에 대해 장재윤(2001)은 Amabile(1988, 1996b, 1998)의 주장을 인용하여 (a) 열정(내적 동기), (b) 창의적 사고, (c) 지식과 경험 등 3가지 요소를 제시하였다.

창의성에 영향을 미치는 요인과 관련하여 Amabile(1983)은 '내적동기(intrinsic motivation)', '영역 관련 지식 및 능력(domain relevant knowledge and abilities)', 그리고 '창의성 관련 기술(creativity relevant skills)'을 중요 요소로 부각시켰고, Sternberg & Lubart(1991)는 '지적능력(intellectual abilities)', '지식(knowledge)', '사고유형(styles of thinking)', '성격특성(personality)', '동기(motivation)', '환경(environment)'을 중요 요소로 확장시켰다. 또한 상호작용에 관심을 갖는 Urban(1995)은 창의적 개인의 인지적, 성격적 요소들이 상호작용 하는 절차적 구조를 다룬 '4PE 모형'을 제시하였다. 즉 창의성은 해결해야 할 '문제(problem)'와, 문제를 산출물로 만드는 '과정(process)', 창의성을 드러내는 '산출물(product)', 창조하는 '개인(person)', 창의성이 나타나기 위해 필요한 외적 조건으로서의 '환경(environment)'이 상호 작용하는 것으로 설명하였다. 이 밖에 Csikszentmihalyi(1988)는 창의적 산물은 하위체제로서 개인(individual), 영역(domain), 분야(field)의 상호작용의 결과로 이루어진다고 보았으며, Nickerson(1999)은 문제해결(problem solving)과 문제발견(problem finding), 통찰(insight) 등을 창의성과 관련된 요소로 들고 있다(한세억, 2003에서 재인용).

한편 한세억(2003)은 창의성에 영향을 미치는 요소로 (a) 조직목표와 비전의 공유, (b) 기술 및 지식보유 인재, (c) 창의적 조직메커니즘, (d) 창조적 조직문화와 풍토, (e)

핵심역량의 선택과 집중 등으로 제시하였다.

창의성은 기존과 차별되는 '새로움'을 특징으로 하기 때문에 아직 그 유용성이 검증되지 않은 것이다. 새로움에는 현실 적합성이나 유용성뿐만 아니라 위험성까지도 내재되어 있다. 따라서 창의성과 관련하여 몇몇 연구에서는 조직에서 지각된 위험과 창의성의 연계성을 제시하였다(Fidler & Johnson, 1984; Jalan & Kleiner, 1995; Shalley, 1995; Tesluk et al., 1997; Zhou & George, 2001). Dewett(2004)에 의하면, 창의성의 노력은 기존의 루틴화, 관계성, 힘의 균형, 직무 보안 등에 대한 불안을 나타내기 때문에 위험을 내포하고 있다고 한다. 하지만 조직구성원들이 위험을 슬기롭게 대처하려는 의지는 창의적인 노력을 가져오게 하는 중요한 선행요소라는 것에 주목할 필요가 있다. 요컨대, 위험의 내포를 염려하여 새로움을 생각하지 않는다면 개인 및 조직의 발전은 영원히 기대할 수 없게 된다는 것이다. 새로움을 창출하는 과정에서 위험의 범위를 줄이거나 없애는 것까지도 창의성이 담고 있는 영역이다.

Groth & Peters(1999)는 개인, 집단, 조직 등 모든 수준에서 고려될 수 있는 창의성을 창의성 장애요인으로 [표 1-1-1]과 같이 제시하였다. [표 1-1-1]은 창의성에 부정적 영향요인을 통해 창의성을 제고할 수 있는 요인으로 삼을 수 있다. 이런 창의성 장애요인을 제거하거나 통제하면 창의성을 제고할 수 있는 토대가 된다.

[표 1-1-1] 지각된 창의성 장애요인

− 두려움	− 규율
− 매일 과업의 침해	− 자존심
− 동료 압박	− 배경
− 툴/자원의 부족	− 불안정
− 스트레스	− 지식결여
− 기대	− 아이디어 원하지 않음
− 환경적 요인	− 목표/목적 부재
− 돈	− 가정적 압박
− 규칙	− 실패의 역사
− 표준	− 무관심
− 규제	− 확신 없음
− 시간부족	− 우리 대 그들 태도
− 반대(시스템에 대항하려는 의지 없음)	− 패러다임
− 건강문제, 에너지 부족	− 마음속의 관념
− 스트레스	− 피로
− 습관	− 사회화

- 의존성
- 무드
- 관심/동기부여 부족
- 바람직한 환경적 반응의 부족
- 인식
- 사회적 규범
- 비판 두려움
- 업무 제약(수요에 맞는 일)
- 시간 제약

- 구조
- 성공의 두려움
- 도전의 두려움
- 열정 부족
- 종교적 신념
- 보스의 태도
- 보스가 원하지 않음
- 공식적 교육

자료: Groth & Peters(1999)

다음 조직창의성의 결정요인에 대해 살펴본다. Robinson & Stern(1997)은 기업을 대상으로 하는 창의성의 요소로 (a) 방향일치, (b) 비공식활동, (c) 조직 내 커뮤니케이션, (d) 다양한 자극, (e) 영민한 발견, (f) 자발적 활동 등 6가지를 제시하였다. 한편, Robinson & Stern(1997)는 구성원의 창의성을 발전시키는 노력이 제대로 결실을 맺지 못한 것은 창의적 사람들에 대한 잘못된 선입견, 귀인 오류, 외재적 동기화의 추구 등에서 기인한다고 하였다.

Jaskyte & Kisieliene(2006)는 조직창의성의 구성요인으로 내재적 및 외재적 동기부여, 직무설계, 배려, 자율허용, 문화적 규범, 집단관계, 인식양식 등을 제시하고, 비영리 조직을 대상으로 실증분석한 결과를 토대로 한 창의성의 결정요인으로써 내·외재적 동기, 문화규범이 유의적으로 영향을 미치는 것으로 파악하였다.

[표 1-1-2] 기업 창의성 장애 요인

장애요인	세부 내용	연구 결과
잘못된 선입견 (preconception error)	- 창의적인 사람은 '외로운 영웅적 발명가'다. - 지능이 높으면 창의성도 높음. - 창의적 잠재력이 꽃피는 특정 시점이 있다.	- 누가, 언제, 어떻게 창의적인 행위를 하게 될지는 누구도 알 수 없다. - 특정 업무를 수행하기 위해 필요한 지능 수준만 가진다면 누구나 창의적일 수 있다.
귀인 오류 (attribution error)	- 어떤 프로젝트의 성공/실패 여부에 대해 개인적 특성의 효과는 과대평가하고, 그들이 속한 체계(상황)는 과소평가하는 경향이 있다. - 이는 창의성이 요구되는 자리에 창의적이라고 여겨지는 사람을 채우면 된다는 사고방식으로 나타난다.	- 개인 창의성의 방대한 연구에도 불구하고 앞으로 어떤 사람이 창의적인 행위를 하게 될 지를 예측해 주는 도구가 아직은 없다. - 대부분의 사례는 특별히 창의적이라고 생각되지 않는 사람들에 의해 발생하였다.
외적 동기와 중심 (extrinsic motivation)	- 종업원들의 바람직한 행동에 대해서는 보상해야 하고, 그렇지 않은 경우는 보상하지 않아야 한다는 행동주의적 사고가 팽배하다.	- 정해진 알고리즘으로 행해지는 업무라면 외적 동기화가 효과가 있지만, 창의성은 정해진 알고리즘을 따르지 않으므로 오히려 방해가 된다.

자료: Robinson & Stern(1997)

  그리고 Amabile 등(1996)은 직무환경을 통한 창의성의 결정요인 모델에서 유의적 독립변수로 창의성 장려, 자율 및 자유, 자원 등을 제시하였으며, 비유의적 독립변수로는 압박과 조직적 방해 등을 제시하였다([그림 1-1-1] 참조).

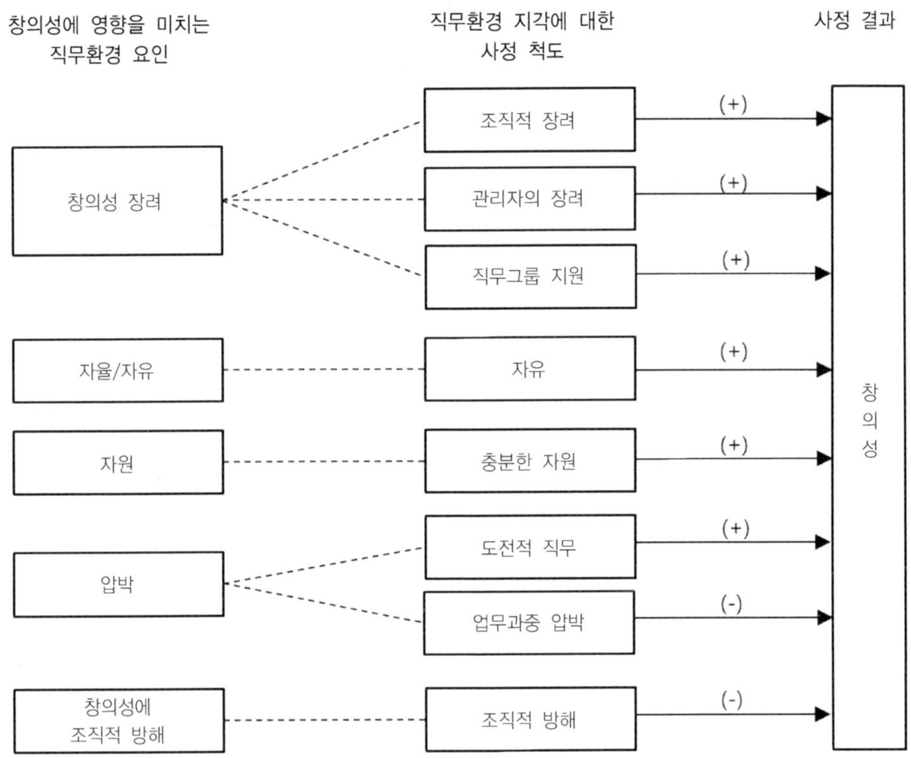

[그림 1-1-1] 창의성 영향요인 평가를 위한 개념 모델

◉ 창의성 개념 측정문항

▶ 내재적 동기부여 측정항목(Amabile, 1985)

  1. 나는 복잡한 문제에 대한 해결책을 찾는 것이 즐겁다.

  2. 나는 제품(서비스)을 위한 새로운 아이디어를 제안하는 것이 즐겁다.

  3. 나는 분석적 사고에 몰두하는 것이 즐겁다.

  4. 나는 직무를 위한 새로운 절차를 만드는 것이 즐겁다.

  5. 나는 기존(현재)의 일처리 방식을 개선하는 것이 즐겁다.

▶ 조직구성원의 창의성 측정문항(Ettlie & O'Keefe, 1982)

1. 담당업무에서 나만의 독창성을 갖고 있다.

2. 직무수행에서 새로운 아이디어를 내는 데 위험을 감수한다.

3. 기존(현재)의 일하는 방식 개선을 위해 새로운 방법을 찾고 있다.

4. 어떤 어려움이 닥쳐도 문제를 해결하려고 애쓴다.

5. 새로운 생각을 가지고 문제에 접근하는 편이다.

6. 새로운 제품과 서비스를 위한 기회를 찾고 있다.

7. 새로운 생각을 많이 하지만 업무와 관련된 실용가능성 아이디어가 대부분이다.

제2장 조직혁신

1. 조직혁신의 개념

혁신은 다양한 의미로 정의되고 있으나, 다양한 의미 속에서 공통적으로 내포하고 있는 개념은 '새로운 것' 혹은 '참신성'을 담고 있다. 또한 혁신의 의미는 유용해야 한다는 것이다(Gronhaug & Kaufman, 1988; Padmore et al., 1997; Cooper, 1998). 발명이 실제적으로 활용될 수 없는 것이라면 혁신은 실제에서 활용될 수 있어야 한다는 점에서 구분된다(Read, 2002). 혁신(innovation)이란 일반적으로 조직발전을 위해 새로운 아이디어를 적용하고 행동을 변화시키는 것을 의미한다. 새로운 아이디어는 새로운 제품, 서비스, 생산방법, 새로운 시장, 조직구조, 관리시스템을 변화시킬 수 있도록 한다(Damanpour & Wischnevsky, 2006: 271). 따라서 혁신의 정의에서는 창의성과 마찬가지로 '새로움(newness)'의 용어와 관련된다. 조직혁신(organizational innovation)에 관한 연구에서 공통적으로 제시되는 용어가 '새로움'이다(Damanpour & Wischnevsky, 2006: 272).

새로운 아이디어는 개인으로부터 창출되지만 조직 내부로 흡수되고 작동될 때 그 효과성은 무한하다. 혁신은 창의성을 통해 새로운 제품, 서비스, 아이디어, 프로세스를 산출할 수 있고 실행으로 옮기는 것이며(Amabile, 1988), 조직 밖에서 창조된 제품과 프로세스를 적용하는 것까지도 포함한다(Woodman et al., 1993). 혁신은 새로운 과정이나 제품을 창출할 수 있도록 하는 새로운 아이디어를 적용하는 과정이자(Galbraith, 1982), 창의적인 아이디어를 성공적으로 이행하는 일이다(Amabile, 1996: 1). 혁신은 직무, 조직, 사회에서 성과를 향상시키려고 설계된 의도적 행동이다(West & farr, 1989). 혁신은 조직이나 국가가 경쟁력을 얻는 방식의 하나로 제품, 기술, 과정, 마케팅 등에 있어서 새로운 해결책을 포함하게 된다(Tushman & O'Reilly, 1997).

혁신 개념이 적용되는 분야는 광범위 하다. 혁신이 가진 근본적인 특성은 혁신의 확산(diffusion)과 채택(adoption)으로 구분한다(Kimberly, 1981: 85). 혁신의 채택은 새로운 아이디어와 행동을 실행하는 활동으로서, 새로운 제품과 서비스, 새로운 생산과정에 관한 기술, 새로운 구조와 행정시스템, 조직구성원들이 지속적으로 운용하기 위한 새로운 계획이나 프로그램을 받아들이는 것이다. 그러므로 조직혁신은 조직이 채택할 수 있는 장치, 시스템, 정책, 프로그램, 프로세스, 제품, 서비스 등을 채택하는 활동으로 정의된다(Daft, 1982; Damanpour & Evan, 1984; Zaltman, Duncan & Holbek, 1973; Damanpour, 1991). 혁신실행은 조직이 새로운 아이디어를 채택하거나(Galbraith, 1982; Kanter, 1988; Glynn, 1996; Amabile, 1996) 또는 창의적인 아이디어로부터 경제적인 가치를 획득하는 것을 목적으로 하는 조직활동이다(Guerrero & McGuire, 2001). 창의성은 혁신을 위한 출발점이지만 충분조건은 아니다(Amabile, 1996; Glynn, 1996). 창의성은 아이디어를 생성해 내는 과정이며, 혁신은 아이디어를 행동으로 실행하는 것이다(Gurteen, 1998: 7). 창의성은 개인으로부터 생성되지만, 혁신은 팀 스포츠로 불린다(Tushman & Anderson, 2004).

조직이 혁신을 채택하려는 것은 일반적으로 조직의 성과나 효과성을 기대하려는 의도를 가진다. 따라서 혁신은 조직의 변화를 의미하기도 한다. 조직의 내외부 환경에 반응하기 위하여, 또는 환경에 영향을 미치려는 선제적인 활동이기도 한다(Damanpour, 1991).

혁신에 관한 관점은 크게 사물지향(thing-oriented)과 과정지향(process-oriented)으로 구분한다(Abou-Zeid & Cheng, 2004: 263). 사물지향 관점에 의한 혁신은 명확히 구분된 제품과 결과(예, 새로운 아이디어, 제품, 창안 등)와 같은 것으로 이해하는 데 반해(Damanpour & Evan, 1984; Kimberly & Evanisko, 1981), 과정지향 과점에 의한 혁신은 새로운 것을 도입하는 과정으로 이해한다(Rogers, 1983; Van de Ven & Rogers, 1988; Abou-Zeid & Cheng, 2004). 조직혁신이 생성된 아이디어를 채택 및 활용하는 과정이자 활동으로서, 조직혁신이 가지는 기본 요소와 특징은 [표 1-2-1]과 같다. [표 1-2-1]은 혁신을 구성하는 기본 요소이자 조직에서 혁신이 채택되기까지의 일련의 과정이다. 맨 먼저 아이디어가 생성되면 아이디어 적용을 위한 준비 및 검토가 필요하며, 이를 거쳐 조직활동에 실제 적용할 수 있는지를 판단함으로써 최종 실행에 옮기게 된다.

[표 1-2-1] 조직혁신의 기본적 요소와 특징

혁신요소	혁신특징
1. 아이디어 생성	기본적 통찰력을 바탕으로 하는 새로운 지식형태. 기존의 이해에 대한 확장. 무의식적인 창의성은 개인재능과 다른 사람과의 커뮤니케이션을 통해 가능해진다.
2. 초기 활용	아이디어가 다른 사람들과의 토론. 고객들의 의견. 전문가들의 의견을 통해 최초 개념적으로 시험된다.
3. 가능성 판단	실제적이고 재정적으로 가치가 있는지를 공식적으로 검토한다. 잠재적 시장뿐만 아니라 비용과 편익도 확인한다.
4. 최종 활용	새로운 제품이 상용화되고 개방시장에 판매되며. 새로운 프로세스가 정기적인 작동과정의 부분으로써 실행된다.

자료: Roberts(1988); Roffe(1999: 232)

혁신은 여러 단계를 통해 이루어지게 된다. 예를 들어, von Braun(1997)은 4개의 혁신국면으로 지식생성, 기술, 창안, 혁신주도 등을 제시하였고, Lynne 등 Paulson(1997)은 제품개발 과정의 관점에서 아이디어 생성, 스크린, 개발, 시험, 착수 등으로 제시하였다. 한번 아이디어가 생성되고 나면, 제품개발, 서비스, 과정, 그리고 기술은 보통 조직적인 지원이 필요하게 되는데, 이때 필요로 하는 것이 혁신활동이다. 혁신활동이 지원되지 않는다면 창안된 기술이나 아이디어는 그대로 묻히고 만다.

2. 혁신과 지식

혁신은 기존의 조직 자원을 통해 변화나 새로움을 이룰 수도 있지만, 조직 외부의 지식자원을 통해 조직 내부 시스템을 변화시키고자 하는 것이다. 혁신을 위해서는 새로운 지식이 창출되고 지식을 활용하는 것도 포함한다(Drucker, 1993: 173). 지식의 활용 국면에서 보면 혁신 개념은 인간의 지능과 스킬을 개발하고 관리함으로써 물적 자본과 인적 자본을 잘 관리하고 발전시킬 수 있도록 하는 제반 활동으로 정의되기도 한다(Quinn, 1992: 439; Johannessen et al., 1999).

Druker(1993: 173)는 조직 경쟁력의 기초는 혁신이며, 혁신을 위한 새로운 지식을 창출하기 위해서는 지식 활용이 필요하다고 강조하였다. 혁신에서 조직지식의 암묵적·명시적 요소들이 중요한 역할을 한다(Carneiro, 2000; Davenport & Prusak, 1998; Drucker, 1999; Nonaka & Takeuchi, 1995). 조직혁신에 대한 논의에서 지식관리는 필수적이며(Abou-Zeid & Cheng, 2004: 262), 지식창출·지식획득·지식조직화·지식공유·지식활용·지식저장 등 지식관리 활동 수준은 혁신 수준으로 연결된다. 따라서 혁신

수준을 끌어올리기 위해서는 지식관리 활동을 촉진시키는 전략이 마련되어야 한다.

3. 조직혁신의 유형

1) 혁신과정별 구분

혁신은 혁신의 수준에 따라 다양한 유형으로 구분되고 있다. 먼저 Ettlie 등(1984)은 조직에서 급진적 혁신과 점진적 혁신에 관한 개념적 모델을 [표 1-2-2]와 같이 제시하였다. Ettlie 등(1984)의 모델은 조직에서 혁신의 유형 제시와 함께 혁신의 결정요인을 제시하고 그런 요인들이 어떤 과정을 거쳐 혁신결과로 이어지는가를 나타내고 있다. 또한 급진적 혁신과 점진적 혁신에 따라 그 결정요인이 달라지며, 결정요인의 수준과 정도에 따라 급진적 혁신과 점진적 혁신으로 구분하여 적용할 수 있다는 것을 하나의 모형으로 제시하고 있다.

[표 1-2-2] 조직에서 급진적 혁신과 점진적 혁신의 개념적 모델

구분	조직전략과 조직크기	→	조직구조	→	선제적 혁신 조건	→	혁신결과
급진적 혁신 과정	1. 기술정책		1. 기술전문가 집중화		1. 혁신챔피온 2. 기술-조직 합치		1. 급진적 프로세스 채택 2. 급진적 패키지 채택
점진적 혁신 과정	2. 시장지배 성장전략 3. 다양화 4. 조직크기		2. 복잡성 3. 형식화 4. 집권화				3. 점진적 프로세스 채택 4. 새로운 제품 (서비스)도입

자료: Ettlie et al.(1984)

한편 Dewar & Dutton(1986)은 급진적 혁신과 점진적 혁신의 채택요소 복잡성, 지식의 깊이, 변화에 대한 관리 태도, 그리고 집중화 등을 제시하였다. 이들 4가지 요소는 급진적 혁신에 긍정적으로 연관되어 있다. 반면에 집중화는 점진적 혁신에 부정적으로 연관되어 있고, 나머지 3가지는 점진적 혁신과 관련이 없다.

[표 1-2-3] 급진적 혁신채택과 점진적 혁신채택의 구분

채택요소	급진적 혁신	점진적 혁신
복잡성	채택에 긍정적 연관	관련 없음
지식의 깊이	채택에 긍정적 연관	관련 없음
변화에 대한 관리 태도	채택에 긍정적 연관	관련 없음
집중화	채택에 긍정적 연관	채택에 부정적 연관

자료: Dewar & Dutton(1986: 1425)

2) 조직구조의 형태별 구분

Mintzberg(1979)는 조직구조의 형태에 따른 혁신의 주요 특징을 제시하였다(Alice, 2004). 조직구조의 형태로 단순구조, 기계관료제, 전문관료제, 사업부제 구조, 임시조직 등으로 구분하고 각 조직구조에 따른 혁신 가능성을 제시하였다.

[표 1-2-4] 조직구조의 형태별 혁신의 가능성(Mintzberg, 1979)

조직구조 형태	주요 특징	혁신 가능성
단순구조 (Simple structure)	한 사람에 의해 집중적으로 통제되지만 환경에 대한 변화에 신속히 반응할 수 있다.	기업가적이고 때로는 혁신성이 높으며, 지속적으로 높은 위기환경을 찾는다. 약점으로는 개인적 판단오류를 범할 수 있으며 성장하는 데 자원의 한계가 있다.
기계관료제 (Machine bureaucracy)	기계적 조직은 높은 수준의 전문화, 표준화, 집중화된 관리를 특징으로 한다. 근로자의 스킬과 경험의 형성을 통해 과업을 관례화하고자 지속적으로 노력한다(예, 대량생산회사).	효율성과 안정성을 위하여 설계된다. 정해진 문제를 다루는 것이 좋은 것이지만, 너무 경직적이고 새로운 것이나 변화를 다루는 능력이 부족하다.
전문관료제 (Professional bureaucracy)	개인적 전문가들에게 높은 수준의 자율성이 주어지는 분권화된 형태. 개인적, 기능적, 전문화를 특징으로 하며, 전문가의 권한과 지위에 집중되어 있다(예, 대학, 병원, 법률/회계사무소).	개인적 전문가는 전문영역에서 매우 혁신적일 수 있지만, 기능-횡단적으로 조정이 곤란하고 전체로써 조직의 혁신적인 역량을 제공하는 데 한계가 있다.
사업부제 구조 (Divisionalized form)	준자율성의 분권화된 형태이다. 전형적으로 지방의 환경적 도전에 부응하기 위기 위하여 설계된 대단위 조직과 연관된다.	특수한 틈새시장에서 경쟁력을 개발하는 데 집중할 수 있는 능력을 가진다. 약점은 사업부간 지식공유가 어렵다.
임시조직 (Adhocracy)	불안전과 복잡성을 다룰 수 있도록 설계된 유연성의 조직형태. 문제해결팀은 외부변화와 시장수요에 반응할 수 있도록 신속히 재형성될 수 있다. 전형적으로 전문가 파트너십, 소프트웨어 엔지니어링 회사	빠른 학습과 폐기학습이 가능하고, 높은 적응력과 혁신성을 가진다.

자료: Mintzberg(1979); Tidd et al(1997: 313-314); Lam(2000); Alice(2004: 9)

3) 혁신결과에 따른 구분

혁신결과는 어떤 기준에 근거를 두고 대조되는 유형으로 구분한다. 대부분의 기준은 혁신결과의 목표(제품 대 프로세스), 영향의 영역(기술적 대 관리적), 변화의 정도(급진적 대 점진적) 등이다(Gopalakrishnan & Damanpour, 1997).

(1) 혁신결과의 목표(제품 대 프로세스)

제품과 프로세스 혁신은 다른 영역 및 활동과 구분된다. 제품혁신은 고객, 다른 시장 수요와 같은 외부 사용들에게 적합한 산출물과 서비스에 관한 혁신이다. 반면에 프로세스 혁신은 투입과 산출물 사이를 매개하는 처리기술에 있어서 도구, 장치, 지식에 관한 것이다(Capon, Farley, Donald & Hulbert, 1992; Ettlit & Reza, 1992; Gopalakrishnan & Damanpour, 1997).

(2) 영향의 영역(기술적 대 관리적)

관리혁신과 기술혁신의 구분은 회사의 기술과 사회적 구조와 같은 영향의 영역을 반영한 것이다. 기술혁신은 조직의 기본 업무활동과 관련된 제품과 서비스를 생산하는 데 이용되는 제품, 프로세스, 그리고 기술을 포함한다. 관리혁신은 회사의 관리와 관련된 조직구조와 관리프로세스를 포함한다(Daft, 1978; Damanpour & Evan, 1984; Gopalakrishnan & Damanpour, 1997).

(3) 변화의 정도(급진적 대 점진적)

급진적 혁신과 점진적 혁신의 구분은 조직의 구조와 프로세스를 변화시키는 정도에 기준을 두고 있다(Damanpour, 1996). 급진적 혁신은 기존의 실제와 분명하게 차이를 보이는 조직의 활동에 근본적 변화를 주는 것이다. 반면에 점진적 혁신은 기존의 역량을 강화하거나 기존의 제품과 프로세스에 최소한의 변화를 주는 것이다(Ettlit, Bridges & O'Keefe, 1984; Gopalakrishnan & Damanpour, 1997).

4. 조직혁신의 결정요인

 혁신의 성공을 결정하는 요인은 집단 및 조직의 여러 특성에 따라 다르겠지만, 일반적으로 제시되고 있는 요인으로는, (a) 혁신문화를 위한 관리지원, (b) 고객 및 시장에 대한 초점, (c) 내부 및 외부의 커뮤니케이션과 네트워킹, (d) 혁신을 강조하는 인적자원 전략, (e) 팀과 팀워크, (f) 지식관리 및 개발과 아웃소싱, (g) 리더십, (h) 창의성 개발, (i) 전략적 자세, (j) 유연성 구조, (k) 지속적 개선, (l) 기술채택 등이다. [표 1-2-5]는 학자에 따른 혁신 결정요인을 정리한 것이다.

[표 1-2-5] 조직혁신 결정요인

소스	MS	CF	CN	HR	TM	KN	LS	CD	SP	FS	CI	TE
Atuahene-Gima(1996)	○	○		○	○							
Balbontin et al.(1999)	○	○	○				○	○				
Yamin et al.(1999)												
Spivey et al.(1997)	○	○	○	○	○							
Tang(1999)	○		○			○	○					
Sirilli & Evangelista(1998)		○										○
Nobel & Birkinshaw(1998)												
Ozsomer et al.(1997)									○	○		
Soderquist et al.(1997)		○									○	
Cho(1996)			○	○	○					○		
Zhuang et al.(1999)	○							○				
Kusunoki(1997)												
Hurley & Hult(1998)	○								○			
Keogh(1999)				○		○						
Muffatto & Panizzolo(1996)												
Subramanian & Nilakanta(1996)												
Shaw(1998)		○	○			○						
Birchall et al.(1996)	○	○	○								○	
McGourty et al.(1996)	○		○									
Zaire & Buckler(1997)	○	○	○		○							
계	9	8	7	5	4	3	2	2	2	2	2	1

주: MS. 혁신문화를 위한 관리지원　　CF. 고객/시장 초점　　CN. 내부와 외부의 커뮤니케이션/네트워킹
　　HR. 혁신을 강조하는 인적자원 전략　　TM. 팀과 팀워크　　KN. 지식관리, 개발과 아웃소싱
　　LS. 리더십　　CD. 창의성 개발　　SP. 전략적 자세
　　FS. 유연성 구조　　CI. 지속적 개선　　TE. 기술채택
자료: Read(2002)

Damanpour(1991)은 혁신에 영향을 미치는 조직의 특성으로 (a) 전문화, (b) 기능적 차이, (c) 전문직업주의, (d) 집권화, (e) 변화에 관한 관리태도, (f) 관리자의 임기, (g) 기술지식, (h) 관리집중, (i) 슬랙자원, (j) 외재적 및 내부적 커뮤니케이션, (k) 수직적 차이 등으로 제시하였다([그림 2-6]).

[표 1-2-6] 혁신에 관한 조직의 결정요인

독립변수	기대되는 관계	이유
전문화	+	다양한 전문가는 광범위한 지식 기반을 제공할 수 있고(Kimberly & Evanisko, 1981) 아이디어가 횡단적으로 증가될 수 있다(Aiken & Hage, 1971).
기능적 차이	+	차이가 있는 기능 단위들로 형성된 전문가 집단은 기술시스템의 변화를 설명하고 도입하며 관리시스템의 변화에 영향을 미친다(Baldridge & Burnham, 1975).
전문직업주의	+	어떤 현상(변동)으로 옮기는 데 자기확신과 몰입을 하게 된다(Pierce & Delbecq, 1977).
형식화	−	융통성과 일 규칙에 얽매이지 않는 것은 혁신을 조장한다(Burns & Stalker, 1961; Thompson, 1965; Aiken & Hage, 1971). 낮은 형식화는 새로운 아이디어와 행동을 조장하게 하는 개방성을 허용한다(Pierce & Delbecq, 1977).
집권화	−	의사결정의 집권화는 혁신적인 해결책을 제시하는 데 방해한다(Thompson, 1965). 참여적인 직무환경은 조직구성원의 의식, 몰입을 증대시킴으로써 혁신을 촉진시킨다.
변화에 관한 관리 태도	+	변화에 관한 관리자의 우호적인 태도는 혁신으로 이행하는 내부 분위기를 이끈다. 혁신을 위한 관리자의 지지는 혁신실행 단계에서, 개인과 부서 간에 조정과 갈등해결에 필수적이다.
관리자의 임기	+	직무에서 관리자의 장기근속은 과업을 어떻게 수행해야 될지, 정치적 과정에 어떻게 대처해야 될지, 그리고 기대하는 성과를 어떻게 획득해야 될지에 관한 정당성과 지식을 제공한다(Kimberly & Evanisko, 1981).
기술지식 자원	+	기술적 지식 자원이 많으면 많을수록 새로운 기술적 아이디어를 이해하고 절차에 적용하는 데 더욱 쉽게 할 수 있다(Dewar & Dutton, 1986).
관리집중	+	혁신을 조장하는 관리자 비율이 높을수록 리더십, 지지, 조정을 통해 혁신채택의 성공이 높아진다(Daft & Becker, 1978; Damanpour, 1987).
슬랙자원	+	슬랙 자원은 조직이 실패흡수, 혁신에 대한 비용 부담, 새로운 아이디어 탐색을 추구하도록 여유를 갖도록 한다(Rosner, 1968: 615).
외재적 커뮤니케이션	+	조직구성원들의 조직 밖의 전문적인 활동은 혁신 아이디어를 일으키게 하며(Jervis, 1975; Miller & Friesen, 1982), 조직의 환경에 관한 정보를 교환하게 한다(Tushman, 1977).
내부적 커뮤니케이션	+	조직 내에서 아이디어의 분산을 촉진시키고 다양성을 증대시키며 아이디어의 횡적인 확산을 불러일으킨다(Aiken & Hage, 1971). 또한 생생한 새로운 아이디어를 우호적으로 받아들일 수 있도록 하는 환경조성에 기여한다(Ross, 1974).
수직적 차이	−	계층적 수준은 혁신적인 아이디어의 흐름을 방해하거나 더욱 어렵게 한다(Hull & Hage, 1982).

주: "+": 긍정적 관계, "−": 부정적 관계
자료: Damanpour(1991)

앞의 [표 1-2-6]에서 제시하는 개념은 다음과 같다(Damanpour, 1991).

(1) 전문화

전문화(specialization)는 조직에서 다른 전문 분야와 구분되는 것이다. 전문화는 '복잡성' (Hage & Aiken, 1967)과 '역할 전문성'(Aiken et al., 1980)으로부터 표현되기도 한다. 전문화는 전형적으로 조직 내에서 '직업의 다른 유형의 수' 또는 '담당 업무의 수'로 측정된다.

(2) 기능적 차이

기능적 차이(functional differentiation)는 조직이 다른 단위와 구분되는 정도이다. 기능적 차이는 논자에 따라 수평적 차이(horizontal differentiation)(Aiken et al., 1980), 구조적 차이(structural differentiation)(Blau & McKinley, 1979), 그리고 부문화(departmentation)(Young et al., 1982) 등의 이름으로 사용되기도 한다. 여러 가지 이름으로 불리어짐에도 불구하고, 이들 변수는 최고관리수준의 아래의 전체 단위(부서)의 수로 측정된다.

(3) 전문직업주의

전문직업주의(professionalism)는 조직구성원들이 보유하고 있는 전문지식의 정도로서, 전문지식은 교육과 경험을 필요로 한다. 전문직업주의는 종업원들의 교육수준을 통해 전체 종업원 중에서 전문성의 일을 담당하는 종업원 수의 비율로 측정하거나(Corwin, 1975; Daft & Becker, 1978) 조직구성원 중에서 전문교육이나 훈련을 이수한 정도로 측정되기도 한다(Aiken & Hage, 1971; Kaluzny et al., 1974).

(4) 복잡성

복잡성(complexity)은 조직에서 전문화, 기능적 차이, 그리고 전문직업주의 등에 따라 규정된다(Zaltman et al., 1973). 요컨대 이들 세 가지 요인의 수가 많고 그 정도가 높게 되면 복잡성은 높아진다. 복잡성은 전형적으로 뚜렷하게 구분되는 조직의 서비스의 수 또는 서비스의 유용성으로 측정한다(Baldridge & Burnham, 1975; Blau & McKinley, 1979; Meyer & Goes, 1988). 복잡성을 '과업다양성(task diversity)'으로 부르기도 한다(Wilon, 1966).

(5) 형식화

형식화(formalizaton)는 조직활동을 규칙과 절차에 따라 수행하는 정도를 가리킨다. 형식화는 전형적으로 규칙 매뉴얼과 직무기술서의 존재 여부로 측정되기도 하는데, 가장 일반적으로는 조직구성원들의 자율성이 어느 정도 부여되고 있는지 정도로 측정된다(Cohn & Turyn, 1980; Kaluzny et al., 1974).

(6) 집권화

집권화(centralization)는 의사결정의 권한에 초점을 맞추고 있으며, 의사결정에 대한 자율 정도가 조직에 분산되어 있는지 혹은 집중되어 있는지 정도를 의미한다(Pfeffer, 1981). 집권화의 반대는 의사결정과정에 조직구성원들이 참여하는 정도(Aiken & Hage, 1971; Kaluzny et al., 1974) 또는 조직구성원이 자기에게 주어진 권한의 범위 내에서 담당업무에 관한 의사결정을 내릴 수 있는 정도로 측정된다(Corwin, 1975).

(7) 변화에 관한 관리 태도

변화에 관한 관리 태도(managerial attitude toward change)는 관리자나 종업원들이 변화를 지지하는 정도를 의미한다. 이 개념은 엘리트의 가치 변화 또는 변화에 대한 수용을 의미하기도 한다. 이 개념은 전형적으로 변화를 지지하는 가치의 사정 항목으로 측정한다(Dewar & Dutton, 1986; Hage & Dewar, 1973).

(8) 관리자의 임기

관리자의 임기는 조직의 관리자들이 가진 서비스의 기간과 경험을 의미한다. 관리자의 임기는 조직에서 관리자가 고용된 횟수로 측정된다.

(9) 기술지식 자원

기술지식 자원(technical knowledge resources)은 조직의 기술자원과 기술 잠재력을 반영한다. 이 개념은 기술적 집단의 존재 여부(Ettlie et al., 1984), 또는 기술을 가진 인력의 존재 여부(Dewar & Dutton, 1986)로 측정한다. 혁신 채택에서 기술지식의 자원은 전문 지식을 가진 조직구성원을 어느 정보 보유하고 있는 정도로 측정하기도 한다.

(10) 관리 집중

관리 집중(administrative intensity)은 관리 비율로 언급되기도 하며, 관리의 상층부를 나타내기도 한다(Blau & Schoenberr, 1971). 관리 집중은 조직의 전체 종업원 중에서 관리자의 비율로 측정한다.

(11) 슬랙 자원

슬랙 자원(slack resource)은 조직의 자원을 반영하는 것으로서, 조직을 유지하는 데 최소한 필요로 하는 것 이상의 것을 말한다. 전형적으로 사용되는 재정적 슬랙 자원은 조직 예산과 재원의 변화(Aiken & Hage, 1971) 또는 조직이 활동을 유지하는 데 필요로 하는 지출의 변화(Daft & Becker, 1978)를 의미한다. 슬랙 자원은 재정 슬랙과 인적 자원 슬랙으로 구분한다(Miller & Friesen, 1982).

(12) 외재적 커뮤니케이션

외재적 커뮤니케이션(external communication)은 조직의 일과 관련된 환경에 접촉하고자 하는 조직의 능력을 의미한다. 외재적 커뮤니케이션은 조직의 일과 관련된 다양한 요소를 포함하는 외부 조직의 전문적 활동을 조직구성원들이 몰입하거나 참여하는 정도로 측정한다.

(13) 내부적 커뮤니케이션

내부적 커뮤니케이션(internal communication)은 조직 단위 및 집단들 간의 커뮤니케이션 정보를 의미한다. 내부적 커뮤니케이션은 조직에서 위원회의 수와 위원회 모임

횟수(Aiken & Hage, 1971; Kim, 1980), 같은 수준 및 다른 수준의 사람들이 면대면 또는 다른 방식으로 하는 접촉하는 횟수(Aiken et al., 1980), 그리고 조직 내의 단위(부서)가 결정을 공유하는 정도(Hull & Hage, 1982)로 측정한다.

(14) 수직적 차이

수직적 차이(vertical differentiation)는 조직 내의 계층의 수를 의미하며, 최고관리자 밑의 계층의 수로 측정한다.

5. 혁신역량

조직혁신 또는 혁신성(innovativeness)은 전형적으로 혁신의 채택률로 측정된다. 혁신에 관한 많은 연구들은 일정한 기간 동안에 채택된 혁신의 건수로 채택률을 측정하기도 하지만(Daft & Becker, 1978; Damanpour, 1987; Ettlie et al., 1984), 다른 연구들은 혁신의 비율로 측정하기도 한다(Baldridge & Burnham, 1975; Damanpour(1991). 그러나 무엇을, 어디까지를 혁신의 내용으로 볼 것인지, 그리고 어떤 내용을 혁신으로 인정할 것인지에 대한 합의를 찾기란 쉽지 않다. 물적인 요소인가 아니면 인적인 요소인가 또는 물적인 요소와 인적 요소를 결합한 것으로 볼 것인지에 합의가 전제되어야 한다. 하지만 물적인 요소를 발명하든지 또는 새로운 아이디어를 창안하든지 궁극적인 것은 사람에 관한 문제이다. 따라서 창의성 및 혁신에 관한 주요 문제는 '사람'에 귀착된다.

조직에 관한 연구는 곧 사람에 관한 연구이다. 혁신은 사람을 어떻게 움직이게 할 것인가에 초점이 맞추어진다. 조직혁신은 조직구성원이 움직이어야만 가능하다. 조직구성원들을 움직여 혁신을 가져오기 위해서는 먼저 조직구성원들이 어떤 특질을 가지고 있는가를 파악할 필요가 있으며 파악된 결과를 통해 혁신전략이 뒷받침되어야 한다.

조직구성원들이 혁신을 할 수 있는 잠재력 및 능력을 혁신역량이라고 하고 혁신역량이 높다는 것은 혁신가의 특질을 많이 가지고 있다는 것이다. 그동안 혁신가의 특질에 관한 주장을 정리하면 [표 1-2-7]과 같이 제시할 수 있다.

[표 1-2-7] 혁신가의 특질

특징	혁신적인 사람의 특징
욕구지향	혁신가는 성취지향이며 부족한 자원을 찾으며, 고객수요에 부합하려고 노력한다(Quinn, 1985).
양향성	외향성을 지닌 내향성을 가진, 외향성과 내향성의 균형을 가진 사람(Adair, 1990).
일반적 관심	광범위한 영역에 관심을 가진다(Adair, 1990).
전문가적 자질과 열성	기술적으로 선구자적이고 문제해결에 열성적이다(Quinn, 1985).
지능	높은 지능, 정보저장, 회상과 분석(Adair, 1990).
독립성	높은 독립성과 자족성(Adair, 1990).
독자적 판단	판단의 자율성(Adair, 1990).
생생한 설명	관심을 이끌어내는 능력(Adair, 1990).
성취	문제해결에 있어서 특별한 관심(Adair, 1990).
호기심	호기심, 관찰과 청취능력(Adair, 1990).
직관적이고 상상적	직관적인 감각과 공상적인 능력(Adair, 1990).
성실성	일에 몰입하고 열성적이다(Adair, 1990).
창의적인 긴장	창의적인 긴장에서 아이디어를 접목시킨다(Adair, 1990).
장기적인 시야	성공의 시간적 길이를 장기적으로 잡아야 한다(Quinn, 1985).
초기 낮은 비용	혁신가는 적은 비용으로 일을 추진하려고 하고, 초기 위험을 감소시키려고 한다(Quinn, 1985).
다양한 접근	새롭게 발견된 것과 외부세계와의 사이에서 예측할 수 없는 것까지도 볼 수 있어야 한다(Quinn, 1985).
유연성과 신속성	혁신적인 기업가는 설계, 검증, 재순환을 빠르게 할 수 있어야 한다(Quinn, 1985).
인센티브	혁신적인 기업가는 성공에 대한 뚜렷한 이익과 보상을 해주어야 한다(Quinn, 1985).
자본의 이용	혁신적인 기업가는 자신의 소스가 없어진 경우 창의적인 조합을 통해 다른 소스를 찾아야 한다(Quinn, 1985).

자료: Quinn(1985); Adair(1990); Roffe(1999: 235)

⊙ 혁신역량의 측정

혁신역량은 제품, 프로세스, 관리 등 많은 차원에서 언급될 수 있으며(Damanpour, 1991), 그 개념에 대한 조작화(operationalization)를 일반화하기 곤란하지만(Wang, 2001), 몇 연구자에 의하여 제시된 측정문항은 다음과 같다.

Szeto(2000)는 혁신역량에 대해 (a) 전반적으로 역량에 대한 지속적인 개선과 (b) 새로운 환경에 부응하기 위한 기회를 탐색하고 발굴하기 위한 자원의 소유 등으로 제시하였고(Koc, 2007), Lin(2007)은 종업원들이 지식을 수집하고 기부하려는 의지가 혁신역량을 증대시키는 데 기여한다고 하면서 다음과 같이 6가지 측정문항을 제시하였다.

▶ **혁신역량 측정문항**(Panayides, 2006; Lin, 2007)

1. 우리 기관은 종종 새로운 아이디어를 적용해 본다.

2. 우리 기관은 새로운 일하는 방식을 찾는다.

3. 우리 기관은 조직의 운영 방식이 창의적이다.

4. 우리 기관은 종종 새로운 제품과 서비스를 고객들에게 맨 처음으로 제공한다.

5. 우리 기관은 혁신은 너무 위험하다고 지각하고 저항한다(R).

6. 우리의 새로운 서비스는 과거로부터 축적된 경험에서 비롯된 것이다.

제3장　지식관리와 지식흡수역량

　　제2장에서 혁신을 위한 지식관리 활동의 중요성을 강조하였다. 지식관리 활동은 새로운 지식을 창출하고 조직 전체로 확산·공유하여 활용함으로써 조직이 궁극적으로 달성하고자 하는 제품 및 서비스 개선이나 생산성 증대에 기여해야 한다. 조직혁신이 새로운 요소를 받아들여 새로운 제품이나 서비스 개선에 기여하기 위해서는 외부의 지식을 흡수하는 역량이 갖추어져야 한다. 따라서 지식관리 활동이나 지식흡수역량 제고는 조직혁신에서 중요한 국면으로 다루어지고 있다.

1. 지식의 범주와 유형

　　지식은 크게 두 가지 즉, 암묵지식과 형식지식으로 구분된다. 암묵지식과 형식지식으로 구분하는 주요 특징이 [표 1-3-1]에 제시되어 있지만, 가장 중요한 특징은 지식의 실체가 유형적인가 무형적인가 또는 적용가능성 정도와 확산 및 공유가능성 정도 등으로 구분할 수 있다. 지식의 실체를 눈으로 볼 수 있으며 적용가능하고 확산 및 공유가능성이 크다면 형식지식에 해당되고 그렇지 않으면 암묵지식에 해당된다. 암묵지식은 사람의 머리와 가슴에 품고 있는 사상과 같은 것이며, 형식지식은 그것을 밖으로 끄집어 내 표상으로 제시된 결과물을 의미한다. 따라서 암묵지식과 형식지식은 별개로 구분할 수 있는 것이 아니라 암묵지식으로부터 출발하여 형식지식으로, 다시 암묵지식으로 사상을 확장시키는 순환적 과정으로 이해된다.

암묵지식	형식지식
− 잠재의식	− 공식적 표현
− 지각된	− 자세한 설명
− 무의식	− 의식
− 표현하기 곤란하거나 말할 수 없음	− 확실한/고정된
− 경험에 기반	− 명문화
− 대화를 통한 이전	− 문서화
− 스토리와 대담을 통한 내재화	− 저장소에 저장
− 관찰할 수 없음	− 볼 수 있고 들을 수 있음
− 자신만이 간직	− 다른 사람과 공유
− 개인적	− 조직적
− 통찰력과 이해	− 출판
− 판단	− 보고, 학습된 교훈
− 가정	

자료: Polayni(1962, 1983); Baumard(2001); McInerney(2002: 1011)

[그림 1-3-1]은 암묵지식과 형식지식의 순환적 과정을 나타내고 있다.

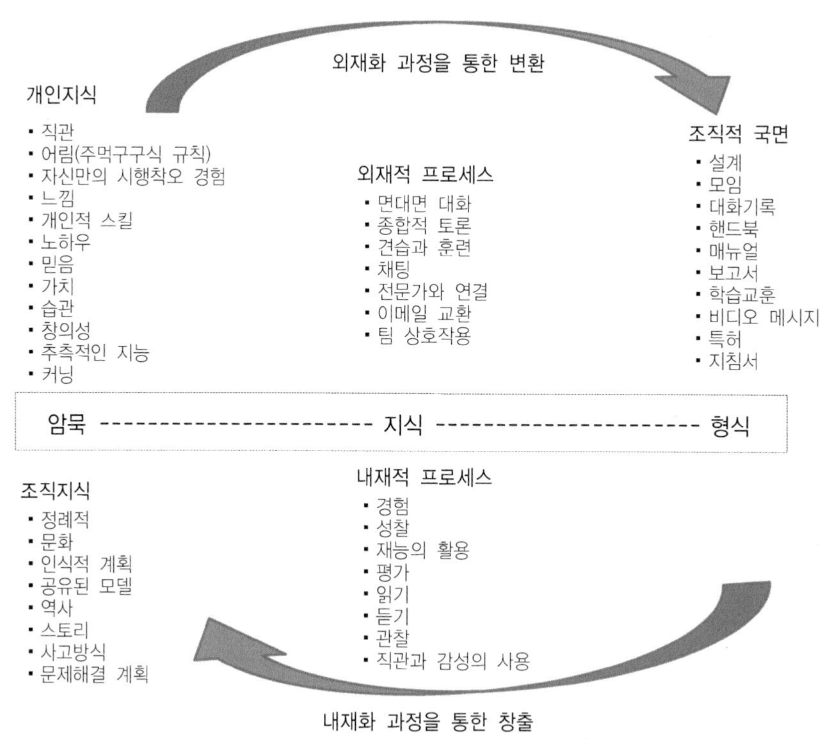

[그림 1-3-1] 암묵지식과 형식지식의 연속체

　조직의 지식관리 활동에서 중요한 국면은 조직구성원의 개인 지식을 조직전체로 확산 및 공유하여 조직지식으로 체화하는 것이다. 따라서 지식은 다른 조직구성원에게 전달되고 확산 및 공유하기 쉬어야 한다. 이런 맥락에서 지식의 카테고리는 지식을 다른 사람에게 쉽게 전달할 수 있는가를 기준으로 [그림 1-3-2]와 같이 구분한다(Winter, 1987; Quinn et al., 1996; Johannessen, 2008: 408).

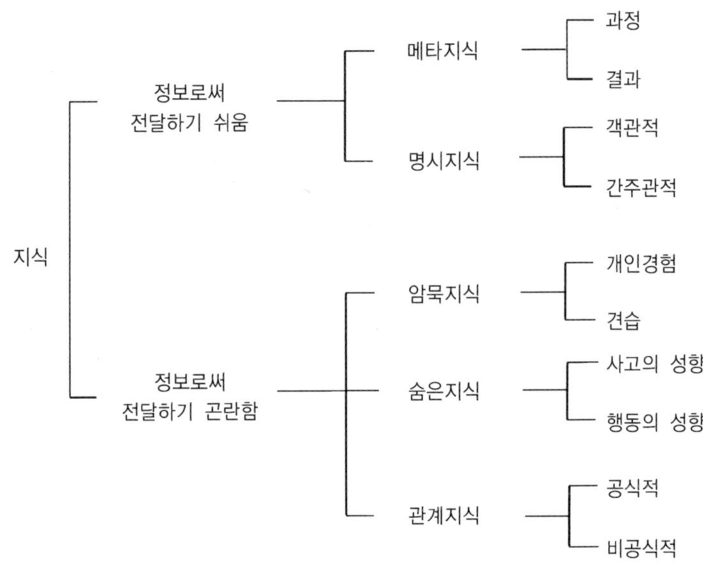

자료: Johannessen(2008: 409)

[그림 1-3-2] 지식의 카테고리

　메타지식(meta-knowledge)은 명시지식(explicit knowledge)[1]에 대해 지식의 이용 방법과 이에 관한 지식의 한계 등을 알려주는 지식으로서, 'know why'에 해당되며, 과정과 결과로 구성된다. 메타지식은 관점을 공유하는 사람들 사이에 해석을 구분하고 정리하는 것으로써 해석하는 사람들에게 직접적으로 영향을 미친다. 조직의 중요한 사람들 사이에 관점이 통일적일수록 지식의 유형(암묵 대 명시지식)이 조직의 경쟁적 지위에 얼마나 중요한지를 지각하게 된다(Johannessen, 2008: 408).

　명시지식은 다른 사람에게 정보로써 쉽게 전달할 수 있는 지식으로서 'know what'에 해당되며, 객관적인 것과 간주관적인 것으로 구분된다. 이에 반해 암묵지식은 스킬,

---

1) 명시지식은 형식지식, 공식지식 등의 용어와 교호적으로 사용된다.

능력, 기법의 한 형태로써(Polanyi, 1962) 'know how'에 해당되며, 정보로써 다른 사람에게 전달하기 곤란하다. Drucker(1993: 24)는 암묵지식에 대해 '수습과 경험을 통해 기법을 학습하려는 방식'으로 설명하였으며, Polanyi(1962: 54)는 암묵지식은 미술품의 감정가와 같다고 말하였다.

숨은지식은 가정, 선행조건, 동기로 'knowing how we know'에 해당되며, 사고와 행동의 성향에 영향을 미친다. 숨은지식은 사고·행동하는 방식에 영향을 미치며, 일종의 개인적 패러다임 또는 업무환경에서 기술적·경제적 패러다임으로써 다른 새로운 것과 새로운 아이디에 대하여 표현하고 해석할 때 사고와 행동을 어떻게 할 것인가를 안내하는 경로이다. 관계지식은 'know who'에 해당되며 전문기술을 위해 특별한 그룹과 관계를 구축하려는 사회적 역량을 포함한다(Lundvall, 1995). 소용돌이와 변화가 가속화되고 있는 시대에서 조직의 생존을 위해서는 관계지식에 투자가 중요하다.

지식 카테고리별 학습경로를 보면, 메타지식은 책·강의·데이터베이스를 통해 기존의 지식을 성찰하고 반영함으로써 학습이 이루어진다. 명시지식은 공식적 교육시스템에서 듣기와 읽기를 통해 학습이 이루어진다. 암묵지식은 업무실제에 적용 및 사용함으로써 지식의 실체를 파악하게 되며, 숨은지식은 사회화를 통해 학습이 일어나며, 관계지식은 사회적 환경에서 상호작용을 통해 학습이 이루어진다.

[표 1-3-2] 지식 카테고리별 특징

지식유형	학습경로	학습목표	공유방법	매체(수단)
메타지식	성찰/반영	know why	커뮤니케이션	책, 강의, 데이터베이스 등
명시지식	듣기/읽기	know what	커뮤니케이션	책, 강의, 데이터베이스 등
암묵지식	사용/실행	know how	브레인스토밍 캠프	실제 경험
숨은지식	사회화	knowing how we know	포커스 그룹	가정에 기반을 둔 질문
관계지식	상호작용	know who	파트너십과 팀워크	사회적 환경

자료: Johannessen(2008)

2. 지식관리 활동의 구성요소

지식관리 활동의 구성요소는 학자에 따라 다양하며, 여러 가지 단계로 구분하고 있다. 지식활동의 구성요소는 지식이 생성되어 조직활동(제품 및 서비스 개발 그리고 제공방식, 일하는 방식의 스킬, 문제해결 및 의사결정에 유용한 팁)에 적용되고 축적되는 과정을 나타내고 있는데, 일반적으로 지식창출(지식생성, 지식획득, 지식포획), 지식조작화(지식재구성, 지식조합), 지식공유(지식확산, 지식이전, 지식배포, 지식유통), 지식활용(지식이용, 지식적용, 지식사용), 지식저장(지식축적) 등으로 구분하고 있다.

Nielsen(2006)은 지식관리 활동의 구성요소로 지식창출(knowledge creation), 지식획득(knowledge acquisition), 지식포착과 표현(capturing and articulating knowledge), 지식결합(knowledge assembly), 지식공유(knowledge sharing), 지식통합과 재조합(knowledge integration and re-combination), 지식확산(knowledge leverage), 지식활용과 이용(knowledge application and exploitation) 등으로 분류하였다. 그는 지식창출과 지식획득을 새로운 지식이 생성되는 데 영향을 미치고 그런 과정의 결과로 지식이 포착됨으로써 지식저장고에 축적된다고 한다. 다음 개별적으로 지식저장고에 축적된 지식들이 상호결합하여 지식이전 및 지식공유가 일어나게 되고 공유된 지식을 현업에서 통합됨으로써 조직역량이 증대되는 효과를 가진다. 통합된 지식이 조직 전체로 확산되고 해당 업무에 이용되는 과정을 나타내고 있다.

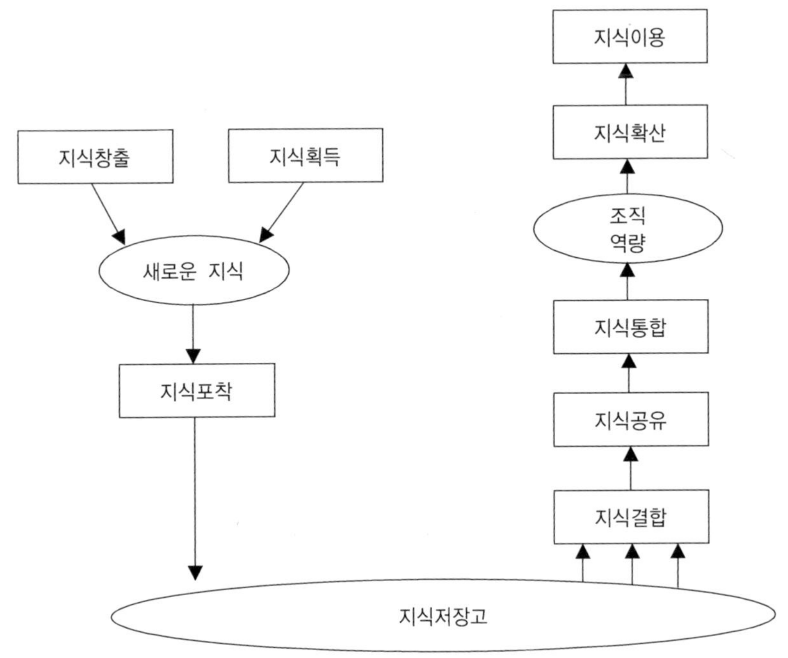

자료: Nielsen(2006: 66)

[그림 1-3-3] 지식관리 활동의 제 과정

한편, Nielsen(2006)은 전술한 지식관리 활동의 구성요소를 동태적 역량으로써 지식개발, 지식재조합, 그리고 지식사용으로 포괄하여 구분하였다. 지식개발에는 지식창출, 지식획득, 지식포착을 포함하였으며 지식재조합에는 지식결합, 지식공유, 지식통합을, 그리고 지식사용에는 지식확산과 지식이용을 포함하였다. [그림 1-3-4]는 이와 같은 구분을 포함한 지식관리 활동 과정을 나타내고 있다.

[표 1-3-3] 지식관리 활동의 조합으로써 동태적 역량

동태적 역량	지식관리 활동
지식개발 (Knowledge development)	– 지식창출(knowledge creation) – 지식획득(knowledge acquisition) – 지식포착(knowledge capture)
지식재조합 (Knowledge (re)combination)	– 지식결합(knowledge assembly) – 지식공유(knowledge sharing) – 지식통합(knowledge integration)
지식사용 (Knowledge use)	– 지식확산(knowledge leverage) – 지식이용(knowledge exploitation)

자료: Nielsen(2006: 67)

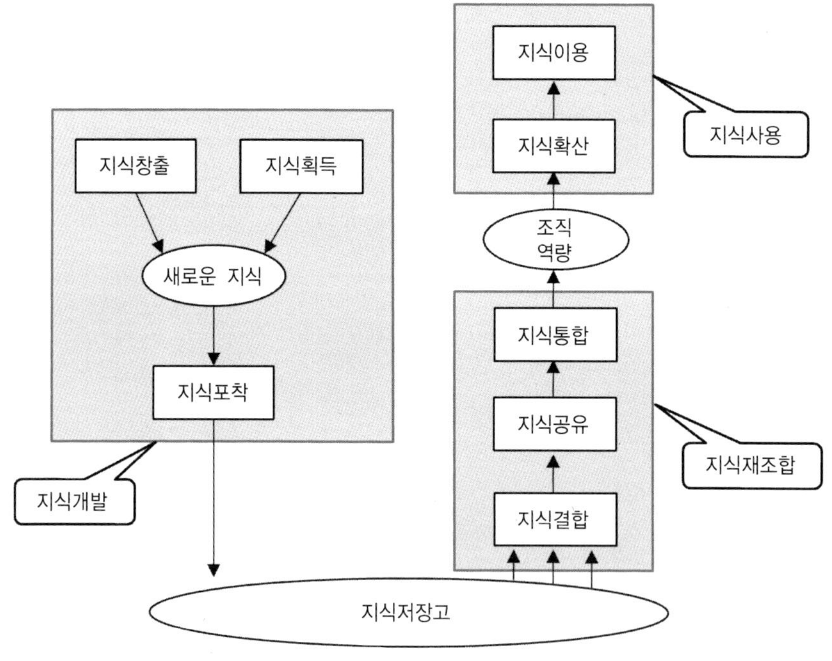

자료: Nielsen(2006: 68)

[그림 1-3-4] 지식관리 활동, 지식저장고, 동태화, 조직역량 간의 관계

3. 지식흡수역량 개념

　조직혁신의 성공은 외부 지식자원을 조직 내부로 흡수하고 체화함으로써 조직 활동에 적용하는 일이다. 그러므로 외부 지식자원을 조직 내부로 흡수하는 시스템과 전략마련이 성공을 이끄는 주요 요인 중의 하나이다.

1) 지식흡수역량의 연구 동향

　흡수역량은 조직성과 및 조직학습에서 새로운 창안에 초점을 둔 연구개발의 영역에서 다루어져 왔으며(Fiol & Lyles, 1985; Hedberg, 1981; Levitt & March, 1988), Kedia & Bhagat(1998)는 국가 간 기술이전의 맥락에서 흡수역량이라는 용어를 사용하였다 (Van den Bosch et al., 2003). Cohen & Levinthal(1989: 569-570)은 흡수역량의 개념적 정의로써 "환경으로부터 지식을 확인하고 받아들이며 탐색하는 능력"으로 소개하였다.

　Cohen & Levinthal(1990: 128)은 흡수역량 개념을 한층 확장하여, 상업적 목적을 위해 새로운 정보의 가치를 인식하고 그것을 받아들이며 활용하는 능력이라고 하였다. 더불어 Cohen & Levinthal(1990: 128)은 외부지식(outside knowledge)의 평가와 활용능력까지 흡수능력을 개념에 포함시켜 말하였다(van den Bosch et al., 2003: 5에서 재인용).

　흡수역량 정의에 대한 논의에서, Cohen & Levinthal(1990: 131)은 두 가지 중요한 이슈 즉, (a) 분석수준과 (b) 조직의 흡수역량이 조직구성원들의 흡수역량에 달려있다고 지적하면서 조직의 흡수역량은 단순히 조직구성원 개인들의 흡수역량의 총합(sum)이 아니며, 개인과 조직의 흡수역량은 다르다고 하였다. 따라서 흡수역량의 정의를 분명히 하는 차원에서 흡수역량은 다차원의 구조를 가진다고 말하였다.

[표 1-3-4] 흡수역량이 다루어진 영역

- 조직학습(Organizational learning)
- 관리인지(Managerial cognition)
- 혁신과 국가혁신시스템(Innovation and national systems of innovation)
- 조직변화(Organizational change)
- 기업의 기식기반 관점(Knowledge-based view of the firm)
- 동태적 역량이론(Dynamic capability theory)
- 공진화 연구(Coevolutionary research)
- 조직간 관계와 네트워크(Interorganizational relations and network)

자료: van den Bosch et al.(2003: 44)

흡수역량 연구 동향에서 분석수준을 조직 내 수준, 조직수준, 조직간 수준으로 구분하고 조직 내 수준에서 흡수역량은 수평적 및 수직적 지식흐름과 관련된 이전지식에 관심을 두고 있고, 조직수준에서는 관련된 이전지식과 조직 내부의 메커니즘과 조직형태 그리고 조합역량에 관심을 두고 있다. 그리고 조직간 수준에서는 조직활동에 필요로 하는 특별한 새로운 지식을 흡수하는 데 관심을 둔다.

[표 1-3-5] 흡수역량 연구 동향

분석수준	연구영역	연구자
조직 내 수준	• 지식흐름(수평적 지식흐름 대 수직적 지식흐름)	Van Wijk et al.(2001)
	• 관련 이전지식	Gupta & Govindarajan(2000)
조직 수준	• 관련 이전지식과 내적 메커니즘	Cohen & Levinthal(1990)
	• 관련 이전지식과 조직형태, 조합역량	Van den Bosch et al.(1999)
	• 외재적 소스, 지식 보완성과 경험	Zahra & George(2001)
조직간 수준	• 특별한 새로운 지식	Lane & Lubatkin(1998)

자료: van den Bosch et al.(2003: 46)

2) 지식흡수역량의 일반적 개념

흡수역량은 Cohen & Levinthal(1990)이 효과적인 학습 조건을 설명하기 위해 사용한 개념이다. Cohen & Levinthal(1990)은 조직이 보유한 현재의 지식이 조직 활동에 필요하지만 조직의 발전을 위해서는 새로운 지식을 획득하여 활용해야 하며, 그러기 위해서는 외부 새로운 지식을 흡수할 수 있는 역량을 갖추어야 한다는 것을 가정하고 있다(Minbaeva et al., 2001: 8).

흡수역량은 조직이 보유하고 있는 현재의 지식기반과 연계되어 있으며, 획득된 지식의 비율과 긍정적으로 연관되어 있다(Lyles & Salk, 1996; Szulanski, 1996, Mowery et al., 1996; Gupta & Govindarajan, 2000; Lane et al., 2001). 이 의미는 지식의 흡수역량을 높일 수 있는 기반은 기존 획득되어 체화된 지식을 통해 새로운 지식을 획득해야 될 필요성을 인식해야 된다는 것이다. 그러므로 조직이 보유하고 있는 획득된 지식이 빈약하고 활용 가치를 지각하지 못한다면 새로운 지식의 가치도 기대할 수 없는 것인데, 이것은 과거 지식과 새로운 지식이 순환적 관계로 연결된다는 의미를 담고 있다.

3) 지식흡수역량의 개념적 구성요소

흡수역량에 관한 연구는 조직현상에 대한 다차원적 관점에서 접근되어 왔다. 흡수역량에 대한 다차원적 접근을 살펴보면, 먼저 새로운 지식을 흡수하고 가치를 부여하고 활용하는 능력으로 보는 정의는 과거 경험과 투자를 통한 지식에 가치를 부여하는 능력과 활용능력을 강조하고 있고, 이전된 기술의 암묵적 요소를 다루는 데 필요로 하는 스킬을 정렬하고 반영하는 활동으로 보는 정의에서는 인적자원의 역량을 높이는 데 관심을 두고 있다. 그리고 학습역량과 문제해결 스킬을 개발에 초점을 맞춘 정의는 노력의 강도와 이전지식(prior knowledge)에 기반을 강조하고 있다.

[표 1-3-6] 흡수역량에 대한 개념화

정의	차원	연구자
새로운 지식을 흡수하고 가치를 부여하고 활용하는 능력(Cohen & Levinthal, 1990)	1. 과거 경험과 투자를 통한 지식에 가치를 부여하는 능력 2. 흡수능력 – 지식특성에 기반을 두고 – 조직특성에 기반을 두며 – 기술적으로 일치성에 기반을 둔 능력 3. 활용능력 – 기술적 기회에 기반을 두고 　(연관된 외재적 지식) – 전유성에 바탕을 둔 능력	Boynton, Zmud & Jacobs(1994); Cohen & Levinthal(1989, 1990); Cockburn & Henderson(1998); Lane & Lubatkin(1998); Mowery, Oxley & Silverman(1996); Szulanski(1996)
이전된 기술의 암묵적 요소를 다루는 데 필요로 하는 스킬을 정렬하고 반영하는 활동(Mowery & Oxley, 1995)	인적자원 – 개인수준의 스킬 – 연구개발에 훈련된 사람 – 훈련된 엔지니어 수 – 연구개발 지출	Glass & Saggi(1998); Keller(1996); Kim & Dahlraan(1992); Liu &White(1997); Luo(1997); Mowery & Oxley(1995); Veugelers(1997)
흡수역량은 학습역량과 문제해결 스킬 개발을 필요로 한다. 학습역량은 모방을 포함한 지식을 흡수할 수 있는 역량을 의미하며, 문제해결 스킬은 혁신을 위해 새로운 지식을 창출하는 것이다(Kim, 1998)	노력의 강도와 이전지식(prior knowledge)에 기반을 둠	Kim(1995, 1997a,b); Matusik & Heeley(2001); Van Wijk, Van den Bosch & Volberda(2001)

자료: Zahra & George(2002: 188)

Zahra & George(2002)은 흡수역량에 대한 재개념화를 위한 구성요소로 지식획득, 지식동화, 지식변환, 지식이용 등을 강조하고 있다. 이들 구성요소는 곧 지식흡수역량을 높이는 데 기여하는 영향요인이기도 하다.

(1) 획득

획득(acquisition)은 조직이 운영하는 데 필요로 하는 외재적 지식을 확인하고 획득하는 능력을 의미한다(Zahra & George, 2002: 189). 일상적으로 지식을 획득하려고 노력하는 경우에는 노력의 강도, 신속성, 방향 등을 갖게 되며 이런 요소들은 흡수역량에 영향을 미칠 수 있다. 지식을 확인하고 수집하기 위한 조직의 노력의 강도와 신속성은 조직의 지식획득 역량 품질에 영향을 미칠 수 있는 요인이라는 것이다. 노력의 강도가 높고 신속성이 높을수록 조직은 필요로 하는 역량을 구축하게 된다(Kim, 1997a, b). 또한 지식을 축적하는 방향은 조직이 외재 지식을 어떻게 획득할 것인가의 경로에 영향을 미칠 수 있다. 이런 활동들이 광범위한 분야에서 다양하게 이루어진다면 외재 지식을 조직 내부로 성공적으로 흡수할 수 있게 된다.

(2) 동화

동화(assimilation)는 외재적 소스로부터 획득된 정보를 분석, 해석, 이해하기 위한 루틴 및 과정이다(Kim, 1997a,b; Szulanski, 1996; Zahra & George, 2002: 189). 외재적으로 획득된 지식은 조직이 필요로 하고 사용하려는 지식과 상당히 다르고, 지식을 이해하는 데 시간이 오래 걸린다(Leonard-Barton, 1995). 또한 지식의 가치가 조직의 활동 양태에 따라 다르기 때문에 외재적 지식을 이해하는 것도 매우 어려운 일이다(Teece, 1981). 하지만 조직이 외재적으로 생성된 지식을 재정리하고 분류하여 내재화하는 경우 지식동화는 촉진하게 된다.

(3) 변환

변환(transformation)은 조직이 기존의 지식을 조합하고 새롭게 획득된 지식을 동화시키기 위한 역량을 의미한다(Zahra & George, 2002: 189). 이 단계에서는 지식이 추가되거나 삭제되며 또는 같은 지식을 다른 방식으로 해석하게 된다. 변환은 이연현상(bisociation)을 통해 지식의 특징이 변화된다(Koestler, 1966: 35).

(4) 이용

흡수역량에 대한 정의에서 Cohen & Levinthal(1990)은 지식활용을 강조하였다. 조직역량으로써 이용(exploitation)은 획득된 또는 변환된 지식을 조직의 운영에 활용할 수 있도록 구체화하는 것을 의미한다(Zahra & George, 2002: 190).

[표 1-3-7] 지식의 흡수역량의 재개념화 차원

차원/역량	요소	역할/중요성	소스
지식획득 (acquisition)	– 이전 투자 – 이전 지식 – 노력의 강도 – 노력의 신속성 – 방향	– 탐색의 범위 – 인지적 구조 – 새로운 연결 – 학습의 속도 – 학습의 질	Boynton, Zmud & Jacobs(1994); Cohen & Levinthal(1990); Keller(1996); Kim(1998); Lyles & Schwenk(1992); Mowery, Oxley & Silverman(1996); Van Wijk, Van den Bosch & Volberda(2001); Veugelers(1997)
지식동화 (assimilation)	– 이해	– 해석 – 이해력 – 학습	Dodgson(1993); Fichman & Kemerer(1999); Kim(1998); Lane & Lubatkin(1998); zulanski(1996)
지식변환 (transformation)	– 내재화 – 전환	– 시너지 – 재코드화 – 이연현상*	Fichman & Kemerer(1999); Koestler(1966); Kim(1997b, 1998); Smith & DeGregorio(2002)
지식이용 (exploitation)	– 사용 – 실행	– 핵심 역량 – 자원의 수확	Cohen & Levinthal(1990); Dodgson(1993); Kim(1998); Lane & Lubatkin(1998); Szulanski(1996); Van den Bosch, Volberda & de Boer(1999); Van Wijk, Van den Bosch & Volberda(2001)

자료: Zahra & George(2002: 188)
*주: 이연현상(bisociation)이란 서로 관련이 없는 두 가지 사실이나 아이디어를 하나의 아이디어로 통합하는 것

[표 1-3-8]은 지금까지 기술한 흡수역량 개념을 정리하고 있다. 흡수역량에 대해 전통적 견해와 재개념화 견해를 제시하면서 흡수역량 개념의 변화 특질을 설명하고 있다. 흡수역량에 대한 전통적 견해는 조직의 목적에 관한 정보에 가치를 부여하고, 동화하며, 활용하는 능력 그리고 외재적으로 생성된 지식을 획득, 이용하는 것을 강조한 데 반해 재개념화 견해에서는 가치창출을 목적으로 지식을 획득, 동화, 변환, 이용하는 조직의 일상적, 전략적 과정의 총합이고 획득된 지식 변환을 통해 새로운 지식으로 창출하고 이용하기 위하여 전략적 변화와 유연성을 가진 동태적 역량으로 강조하고 있다.

[표 1-3-8] 흡수역량 개념 정리

구분	전통적 견해	재개념화 견해
정의	– 조직의 목적에 관한 정보에 가치를 부여하고, 동화하며, 활용하는 능력 – 외재적으로 생성된 지식을 획득, 이용하는 것을 강조	– 흡수역량은 가치창출을 목적으로 지식을 획득, 동화, 변환, 이용하는 조직의 일상적, 전략적 과정의 총합 – 획득된 지식 변환을 통해 새로운 지식으로 창출하고 이용하기 위하여 전략적 변화와 유연성을 가진 동태적 역량 강조
차원과 구성요소	– 3가지 차원으로 가진 다차원적 정의	– 4가지 차원을 가진 다차원적 정의 – 4가지 차원은 잠재적 역량과 실현된 역량 2가지로 명백히 구분한다.
전개와 발전	– 조직의 이전 지식의 토대와 스킬에 의존 – 통일적이고 공통적인 패턴	– 조직의 과거경험, 지식의 보충성, 지식소스의 다양성을 포함하는 다양한 요인에 의존 – 지속적으로 재정의함으로써 다방면적이고 비공통적인 패턴
상황요인과 중요 역할	– 외재적 요인 – 제한된 관리적 역할	외재적이고 내부적인 상황적인 요인 – 외재적 상황(활용성, 외재적 자극) – 내부적 상황(내부의 자극, 사회적 상호작용 메커니즘) – 지식탐구 패턴, 조직 자극의 활성화, 조직지식의 변환에 영향을 미치는 광범위한 관리적 역할
가치 창출	혁신을 통한 가치 창출	가치 창출은 잠재적 역량과 실현된 역량 2가지로 요소를 포함하는 차원에서 차별적으로 이루어진다. 실현된 역량은 경쟁적 이익을 창출하고, 잠재적 역량은 조직 활동의 변화와 재구조화를 위한 전략적 유연성을 제공하게 된다.

자료: Zahra & George(2002: 198)

4. 지식흡수역량의 이론적 함의

흡수역량을 어떤 관점에서 어떻게 접근하고 있는가를 살펴보는 것이 흡수역량을 이해하는 데 도움이 된다. 흡수역량은 학습, 혁신, 관리자의 인지, 지식기반 관점, 동태적 역량, 그리고 공진화의 관점에서 접근하고 있다. 학습의 관점에서는 조직학습은 직접적인 경험과 일상, 역사성, 목표지향, 상황적 요인들에 의해 영향을 받으며, 관련 사전지식이 흡수역량의 가장 중요한 선행요인이며, 흡수역량은 조직 간 학습과 깊은 관련을 맺고 있다고 본다. 혁신의 관점에서는 흡수역량을 혁신의 기반요인으로 보고 있다. 관리자의 인지 관점에서는 복잡성은 논리에 의해 해결되는 경향이라고 전제하고, 논리에 대한 이해력을 증진시키기 위해서는 흡수능력을 강화할 필요가 있다는 것을 강조한다. 지식기반 관점에서는 지식의 조합역량은 조직지식을 흡수하는 데 중요한 역할을 하며, 조직형태와 네트워크는 지식흡수역량에 영향을 미치는 것으로 본다. 공진화 관점은 거시적 공진화 효과와 미시적 공진화 효과로 구분한다. 거시적 공진화는 지식환경은 지식을 흡수하기에 적합한 조직형태의 출현과 조합역량을 제공한다. 미시적 공진화는 흡수역량이 높은 수준은 부차적인 지식을 더욱 빠르게 축적하도록 만든다. 높은 수준의 흡수역량은 높은 열정을 불러일으키며, 탐색적 적응을 증대시키는 것으로 본다.

[표 1-3-9] 흡수역량의 이론적 함의

이론	논자	주요 내용	함의
학습	Fiol & Lyles(1985), Levitt & March(1988), Cohen & Levinthal(1989, 1990), Lyles & Salk(1996), Lane & Lubatkin(1998), Lane, Salk & Lyles(2001), Reagans & McEvily(2003), Dhanaraj et al.(2004), Lane et al.(2006)	− 조직학습은 직접적인 경험과 일상, 역사성, 목표지향, 상황적 요인들에 의해 영향을 받는다. − 관련된 사전 지식은 흡수역량의 가장 중요한 선행요인이다. − 흡수역량은 조직 간 학습과 깊은 관련을 맺고 있다.	− 흡수역량을 구성하는 3가지 차원은 인식, 동화, 개발이다. − 흡수역량은 조직의 상황과 메커니즘이 중요하다. − 분석수준: 개인, 조직, 네트워크
혁신	Kedia & Bhagat(1988), Cohen & Levinthal(1989, 1990), Cockburn & Henderson(1998), Feinberg & Gupta(2004)	− 기술적 기회/소유하려는 레짐은 혁신에 영향을 미치고, 흡수역량은 이들 사이에서 조절작용을 한다. − 연구개발과 흡수역량은 회사의 지식기반과 혁신을 증대시킨다.	− 흡수역량은 혁신적 성과에 영향을 미친다.
관리자의 인지	Bettis & Prahalad(1986, 1995), Lyles & Schwenk(1992), Calori et al.(1994), Dijksterhuis et al.(1999), Van den Bosch & Van Wijk(2001), Sanchez(2001), Lenox and King(2004), Minbaeva et al.(2003)	− 복잡성은 논리에 의해 해결되는 경향을 가진다. − 조직활동의 다양성은 환경에 대한 최고관리자의 정신적 구상이 복잡해지고 이해력을 증진시킨다. − 관리 논리는 조직의 새로운 형태 출현뿐만 아니라 경쟁적 활동을 증대시킨다. − 개인의 능력과 동기뿐만 아니라 관리자에 의한 정보제공은 흡수역량을 강화시킨다.	− 경쟁환경 속에서 조직형태를 통한 관리 논리는 흡수역량에 영향을 미친다. − 관리자는 정보를 직접 제공함으로써 흡수역량을 발전시킬 수 있다. − 개인의 능력과 동기는 흡수역량을 강화한다.
지식기반 관점	Kogut & Zander(1992), Starbuck(1992), Garud & Nayyar(1994), Grant(1996a, 1996b), Van den Bosch et al.(1999), Van Wijk et al.(2003), Foss and Pedersen(2004), Andersen and Foss(2005), Malhotra et al.(2005), Matusik and Heeley(2005)	− 조합역량은 조직지식을 흡수하는 데 중요한 역할을 한다. − 환경에 대한 지식의 특징은 지식흡수의 특징에 영향을 미친다. − 조직형태는 흡수역량 특징의 결정요인이다. − 네트워크는 흡수역량 수준에 영향을 미친다.	− 높은 흡수역량은 지식의 양과 생산성을 증대시킨다. − 조합역량, 조직형태, 지식특징은 조직의 흡수역량에 영향을 미친다. − 흡수역량은 지식공유와 관련된다.
동태적 역량	Cohen & Levinthal(1994), Grant(1996b), Van den Bosch et al.(1999), Floyd and Lane(2000), Zahra & George(2002), Jansen et al.(2005)	− 흡수역량도 역량이기 때문에 투자가 필요하다. − 잠재적·실현된 흡수역량은 지식획득, 지식동화, 지식변환, 지식개발 역량을 통해 높일 수 있다.	− 다른 역량들이 높은 수준의 흡수역량을 가져온다. − 잠재적 흡수역량은 지식획득과 동화역량으로 구성되며, 조정역량에 의에 증가된다. − 실현된 흡수역량은 지식변환역량과 개발역량으로 구성되며, 시스템과 사회화 역량으로 증가된다.
공진화 (co−evolution)	Cohen & Levinthal(1994, 1997), Koza & Lewin(1999), Lewin et al.(1999), Lewin & Volberda(1999), Van den Bosch et al.(1999), Huygens et al.(2001), Volberda & Lewin(2003)	− 거시적 공진화 효과: 지식환경은 지식을 흡수하기에 적합한 조직형태의 출현과 조합역량으로 공진화한다. − 미시적 공진화 효과: 흡수역량이 높은 수준은 부차적인 지식을 더욱 빠르게 축적하도록 만든다. 높은 수준의 흡수역량은 높은 열정을 불러일으키며, 탐색적 적응을 증대시킨다.	− 흡수역량은 조직의 적응을 조장할 수도 있지만 제약을 가하기도 한다. − 흡수역량은 지식환경으로 공진화한다. − 흡수역량의 수준과 방향은 관리행동의 연대와 지식환경의 발전에 영향을 받는다.

자료: Volberda et al.(2005: 34−35)

5. 지식흡수역량의 관리 모형

불확실하고 복잡한 조직환경에서 조직의 생존 전략은 조직 외부의 환경적 요소를 흡수하여, 조직자원으로 활용하는 능력을 키워야 한다. 이런 능력을 흡수역량이라고 말할 수 있는데, 흡수역량은 조직의 지식관리 및 혁신관리에서 하나의 중요한 요소가 되고 있다.

Jansen 등(2005)은 Zahra & George(2002)가 제시한 지식획득 역량 지식동화 역량을 잠재적 흡수역량으로 그리고 지식변환 역량과 지식개발 역량을 실현된 흡수역량으로 분류하면서, 잠재적 흡수역량은 새로운 외부 지식을 확인하고 획득하며 획득된 지식을 동화하는 노력으로 정의하였다(Zahra & George, 2002: 189; Jansen et al., 2005: 4). 그리고 실현된 흡수역량은 기존의 지식과 새롭게 획득된 지식을 조합하여 새로운 통찰력과 결과로 이끌어내고, 그렇게 변환된 지식을 조직운영에 활용하는 것을 의미한다(Zahra & George, 2002: 189; Jansen et al., 2005: 4).

Jansen 등(2005)은 흡수역량을 잠재적 흡수역량(potential absorptive capacity)과 실현된 흡수역량(realized absorptive capacity)으로 구분하고, 조직 내 원인변수들이 두 가지 흡수역량에 영향을 미치는 것으로 확인하였다. 그들은 상호 교차하는 기능적 접촉, 의사결정의 참여, 직무순환 등의 조정역량(coordination capabilities)과 관련된 조직메커니즘은 주로 조직 단위의 잠재적 흡수역량을 강화시키는 것으로 보고하였다. 그리고 사회적 유대감, 사회화 전략의 사회화역량과 관련된 조직메커니즘은 주로 조직 단위의 실현된 흡수역량을 증대시키는 것으로 제시하였다.

[그림 1-3-5]는 Zahra & George(2002)은 조직(기업)의 지식관리 맥락에서 조직의 일상적 일과 프로세스에 초점을 맞춘 흡수역량 개념을 개발하였다. 흡수역량은 지식소스와 경험의 선행요인들이 내외적 자극을 받아 흡수역량 메커니즘을 들어가게 되는데, 잠재적 흡수역량에 대해 사회적 통합장치가 조절역할을 통해 실현된 흡수역량으로 전환되어 성과에 기여하게 된다는 것이다.

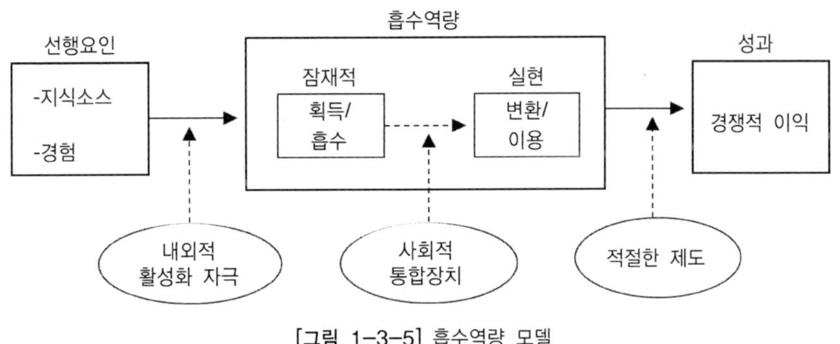

[그림 1-3-5] 흡수역량 모델

Minbaeva 등(2001)은 흡수역량을 인적자원관리(HRM)의 관계에서 고찰하면서, 흡수능력을 조직구성원의 능력과 동기화의 두 가지 차원으로 개념화하고 종업원의 능력과 동기화의 상호작용이 지식이전을 촉진시키게 된다고 하였다.

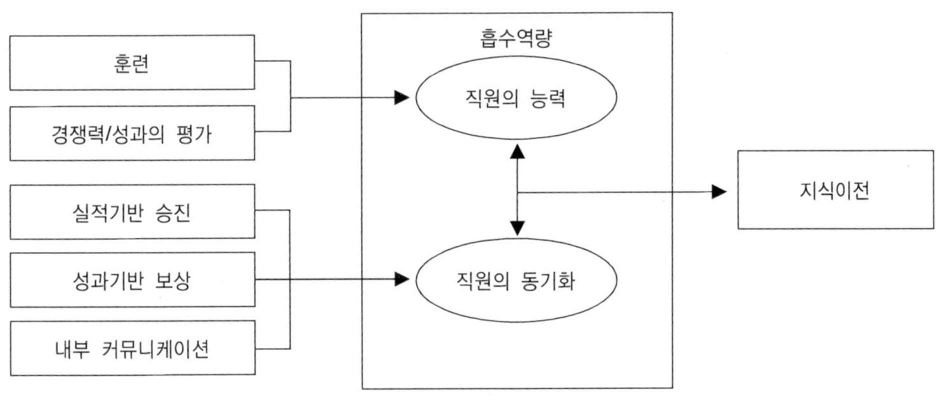

자료: Minbaeva et al.(2001)

[그림 1-3-6] 흡수역량의 영향요인과 지식이전의 관계

Cohen & Levinthal(1990: 128)은 조직의 흡수역량에 중요한 요인으로 '관련된 사전 지식'의 수준이라고 제시하였다. Van den Bosch 등(1999)도 다른 조건이 동일하다면 조직의 흡수역량에 영향을 미치는 요인으로 '관련된 사전 지식' 수준이라고 제시하면서, 흡수역량은 미시적·거시적 공진화적인 효과와 관련된다는 이론적 틀을 제시하였다. 이들이 제시한 흡수역량의 이론적 틀을 보면 조직형태(organizational form)와 조합역량(combinative capabilities)이 흡수역량에 영향을 미치는데, 관련된 사전지식 수준은

선행변수로써 조직형태와 조합역량에 영향을 미친다는 것이다. 그리고 흡수역량은 기대형성(expectation formation)과 이용 및 탐색 경로(exploitation & exploration path)에 영향을 미친다고 하였다.

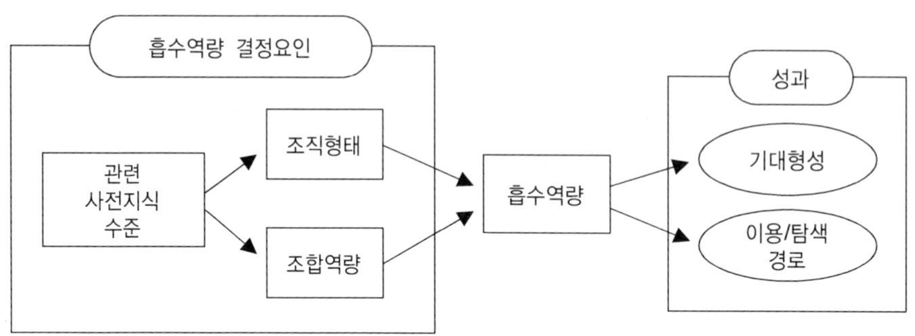

[그림 1-3-7] 흡수역량 결정요인과 성과 간의 관계 틀

지식흡수역량 제고는 다양한 요인의 상호교호적 작용과 환경적 요인에 관한 고려가 필요하다. 따라서 지식흡수역량 제고는 흡수역량 개념을 넓게 해석해야 할 필요가 있다. 여기에서는 관련 영향요인으로 사전지식으로서 구성되는 기반능력, 조직 내·외부의 다양한 지식을 파악, 습득, 변환, 결합, 활용할 수 있는 통합능력, 지식변환에 투여되는 구성원들의 노력의 강도라는 3가지 차원으로 접근해 볼 수 있다(설현도, 2007). 다음은 흡수역량 각 구성요소와 지식변환과정을 살펴본다.

기본적으로 기반능력(local capabilities)은 특정분야에 있어서 조직이 보유하고 있는 지식기반(knowledge base)의 양적·질적 수준을 의미하는 것으로(Kusunoki et al., 1998), 사전지식과 같은 개념으로 볼 수 있다. 기반능력은 지식 변환과정에서 다음과 같은 역할을 한다.

첫째, 기반능력은 지식 변환과정에서 원재료이자 산출물로서의 역할을 한다(Nonaka et al., 2000a, 2000b). 지식변환을 통해서 보다 가치 있는 지식으로 창출되기 위해서는 지식변환에 투입되는 원천지식(형식지, 암묵지)의 수준과 함께 특히 암묵지의 질적, 양적 풍부성이 좋아야 한다(Nonaka, 1994; Nonaka & Takeuchi, 1995).

둘째, 기반능력은 새로운 지식과 미래의 발전방향에 대한 평가기준으로써 역할을 한다. 특정분야에 대해 축적되어 있는 사전지식은 새로운 지식의 가치를 인식하고 그것을 소화, 흡수, 활용할 수 있도록 해주며, 미래의 기술발전과 상업적인 활용가능성을 예측할 수 있도록 해준다(Cohen & Levinthal, 1994).

셋째, 지식 변환과정을 통해서 창출된 지식은 조직 내부와 외부로 이전되고 공유, 활용됨으로써 조직수준에서의 기반능력을 증대시킨다(Nonaka & Takeuchi, 1995).

통합능력은 특정 지식을 보유한 개인이나 집단이 상호작용을 통해 기존지식을 재구성하거나 새로운 지식을 통합해 갈 수 있는 능력을 의미한다. 따라서 통합능력의 핵심은 조직 내·외부의 다양한 지식원천들과의 긴밀한 상호작용 활동이라고 할 수 있다. 통합능력의 구성차원은 상호작용의 범위에 따라 내적 상호작용과 외적 상호작용으로 구분할 수 있다. 내적 상호작용은 조직 내 개인이나 집단 간에 수평, 수직적으로 이루어지는 지식공유와 통합 활동을 의미한다. 내적 상호작용은 구성원들이 보유하고 있는 형식지와 암묵지가 서로 교환, 공유, 결합, 재창출될 수 있도록 연결시켜주는 실질적인 활동임과 동시에 그러한 활동을 통해 조직 내 다른 부문으로 지식을 확장시켜주는 역할을 한다. 외적 상호작용은 외부의 다양한 지식원천과의 접촉을 통해 새로운 지식을 획득하는 활동으로 외부로부터의 지식습득을 통해 기반능력을 확장시켜 주는 역할과 함께 조직 내에서 창출된 지식을 외부로 확장시켜주는 지식이전(knowledge transfer) 역할을 한다.

노력의 강도란 "문제해결을 위해 조직구성원에 의해 투여되는 에너지의 양"을 말하며, 문제해결을 위한 노력은 조직구성원 간의 상호작용을 증가시켜 조직수준의 지식변환과 창출을 용이하게 해준다(Kim, 1998). 지식변환이 효과적으로 이루어지기 위해서는 조직구성원 간의 상호작용과 지식변환을 촉진시킬 수 있도록 많은 시간과 노력이 투여되어야 한다. 효과적인 흡수능력 개발을 위해서는 관련 사전지식이 일반지식이든 문제해결기술 또는 학습기술이든지에 관계없이 그것에 단순하게 노출된 것만으로는 충분하지 않고 노력의 강도가 중요한 영향을 미친다(Kim, 1998).

이상에서 설명으로 하나의 모형으로 제시한 것이 [그림 1-3-8]이다. 요컨대 흡수역량의 구성요인은 통합능력과 노력의 강도이며 이들 요인들은 사전지식 정도와 학습계기에 의해 영향을 받는다는 관계이다. 그리고 이런 흡수역량이 지식변환과정에 영향을 미친다는 것이다.

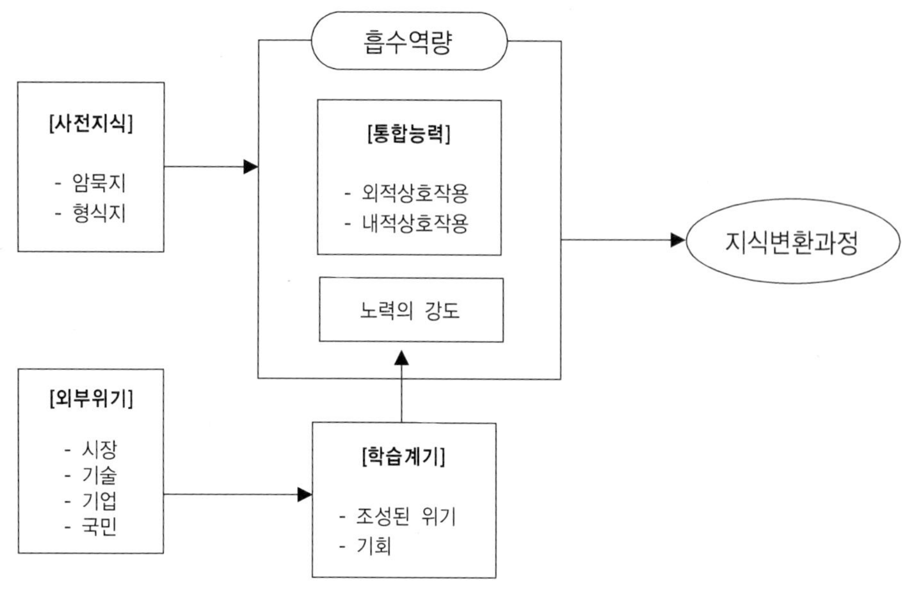

자료: 실현도(2007: 197)의 내용을 필자가 재구성

[그림 1-3-8] 흡수역량과 지식변환과정의 관계

서현주 등(2004)은 외부지식의 이전에 대한 개념모형으로써 외부지식 이전의 영향 요인으로 기반영역(자원 및 지식기반 관점, 조직학습)과 구성요인(지식의 특성, 제공자의 특성, 수혜자의 특성, 조직구조, 조직문화, 지식공유 루틴, 네트워크 형태, 지식 제공자와 수혜자 간의 긴밀한 관계 등)으로 제시하였다.

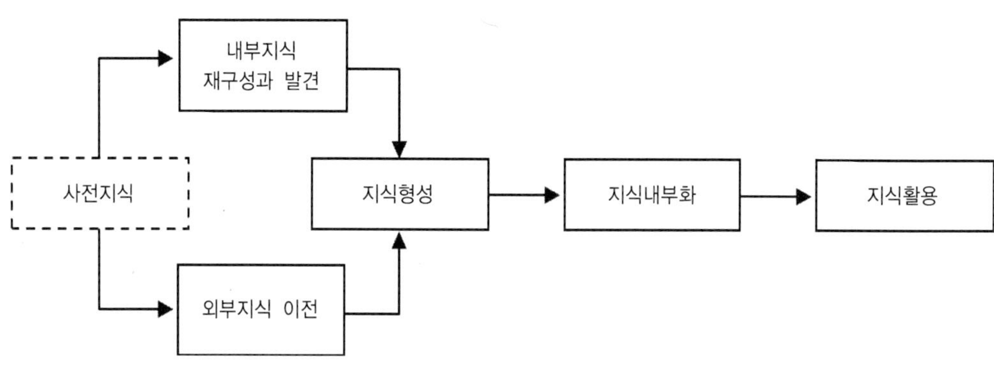

[그림 1-3-9] 외부지식 이전의 개념적 모형

마지막으로, Volberda 등(2005)은 지식흡수역량의 통합적 틀을 [그림 1-3-10]과 같이 제시하였다. 그들은 흡수역량을 잠재된/실현된 역량을 구분하고 이들 역량에 영향을 미치는 요인으로 관리적/조직 내/조직 간 선행요인과 함께 관련된 사전지식을 제시하였다. 그리고 흡수역량과 그 결과 간에는 환경적 조건에 따라 달라질 수 있다는 모형을 제시하였다.

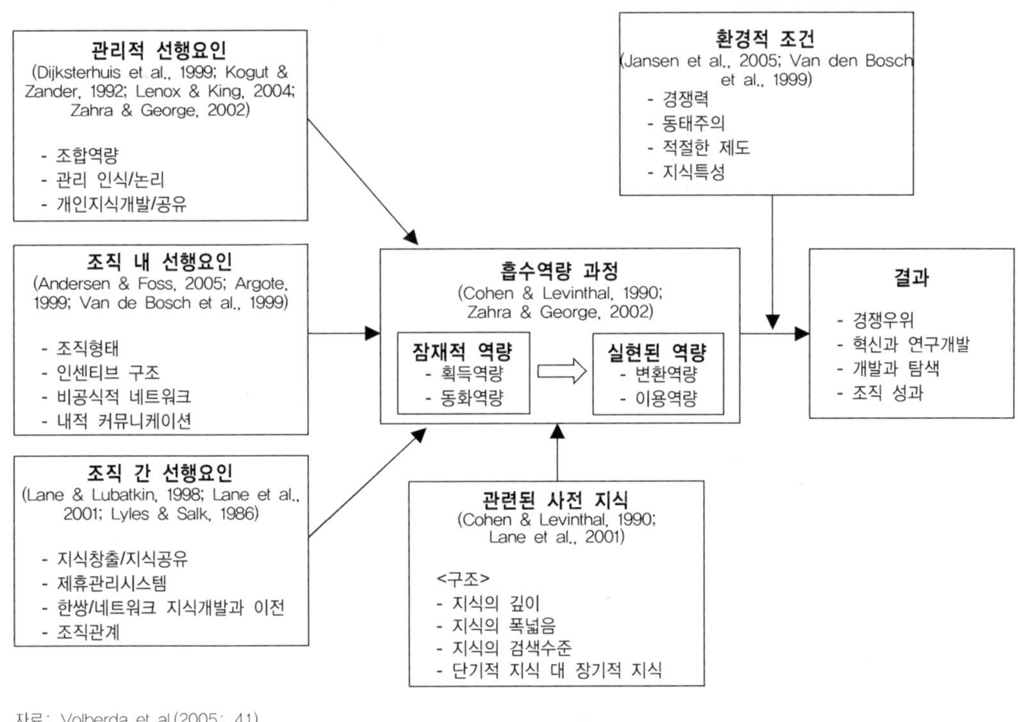

[그림 1-3-10] 지식흡수역량의 통합적 틀

6. 지식흡수역량의 측정

흡수역량은 조직이 변화하는 환경에 적응하기 위해 혁신할 수 있는 능력으로써 내부 지식뿐만 아니라 외부 지식을 효과적으로 획득하고 활용하는 능력을 말한다(Daghfous, 2004). 흡수역량은 조직의 혁신과 경쟁력 수준을 결정할 수 있는 지식을 획득, 동화, 변환, 개발할 수 있는 능력으로써 정의한다(Cohen & Levinthal, 1990; Daghfous, 2004; Chen et al., 2009: 154). 흡수역량 개념을 측정하는 문항은 (a) 업무에 유용한 새로운 외부 지식을 활용하는 능력, (b) 외부 지식으로부터 정보를 이해, 분석, 해석하는 능력, (c) 새롭게 획득하고 동화한 지식을 기존 지식과 조합할 수 있는 능력(Cohen & Levinthal, 1990; Daghfous, 2004; Chen et al., 2009: 154) 등이 제시되고 있다.

흡수역량의 측정문항을 구체적으로 제시하면 다음과 같다.

[표 1-3-10] 잠재적 흡수역량과 실현된 흡수역량의 측정문항

구분		측정문항
잠재적 흡수역량	지식 획득 역량	1. 새로운 지식을 획득하기 위해 상급기관과 자주 접촉한다. 2. 종업원들은 정기적으로 다른 부서를 방문한다. 3. 친구와 동문 등과 같은 비공식 수단을 통해 업무관련 정보를 수집한다(Jaworski & Kohli, 1993). 4. 종업원들은 다른 부서에 좀처럼 방문하기 어렵다(R). 5. 새로운 지식을 획득하기 위해 고객과 정기적인 모임을 갖는다. 6. 새로운 지식을 획득하기 위해 제삼자(전문가 그룹)와 정기적인 모임을 갖는다.
	지식 동화 역량	1. 조직환경(경쟁력, 규제, 인구추이 등)의 변동에 대한 인식이 느리다(Jaworski & Kohli, 1993)(R). 2. 고객에 봉사하기 위한 새로운 기회를 신속히 이해한다. 3. 변화하는 시장 수요를 신속히 분석한다. 4. 변화하는 시장 수요를 신속히 이해한다.
실현된 흡수역량	지식 변환 역량	1. 새로운 서비스를 위해 변화하는 시장 수요를 고려한다. 2. 종업원들은 미래를 위해 새롭게 획득된 지식을 기록하고 저장한다. 3. 새로운 외부 지식의 유용성을 잘 인식하고 있다. 4. 우리 조직(부서)의 기존 지식의 유용성을 잘 인식하고 있다. 5. 업무경험을 좀처럼 공유하지 않는다(R). 6. 외부의 새로운 지식의 유용성을 잘 이해하지 못한다(R). 7. 새로운 시장환경과 제품개발에 대한 주기적으로 토론모임을 갖는다.
	지식 이용 역량	1. 부서의 활동이 어떻게 이루어져야 하는지 분명히 알려져 있다. 2. 부서는 고객들의 불평을 잘 듣지 않는다(Jaworski & Kohli, 1993)(R). 3. 부서는 역할과 책임이 분명히 구분되어 있다(Szulanski, 1996). 4. 부서는 지식을 잘 개발하는 방법을 고려한다. 5. 부서는 새로운 제품과 서비스를 이행하는 데 어려움이 있다(R). 6. 종업원들은 제품과 서비스 제공에 있어서 공통의 언어를 가진다(Szulanski, 1996).

자료: Jansen et al.(2005)

Ju 등(2006)이 제시한 지식획득역량, 지식변환역량, 지식활용역량 등에 관한 측정문항은 다음과 같다.

▶ 지식획득(Knowledge acquisition)

1. 조직은 고객지식을 획득하기 위한 프로세스를 가지고 있다.

2. 조직은 기존 지식으로부터 새로운 지식을 생성하기 위한 프로세스를 가지고 있다.

3. 조직은 우리의 공급자(상급기관)의 지식을 획득하기 위한 프로세스를 가지고 있다.

4. 조직은 일의 결과를 피드백한다.

5. 조직은 조직 전체로 지식을 분배할 수 있는 프로세스를 가지고 있다.

6. 조직은 외부 파트너와 지식을 교환하기 위한 프로세스를 가지고 있다.

7. 조직은 조직간 협력하기 위한 프로세스를 가지고 있다.

8. 조직은 새로운 제품과 서비스에 대한 지식을 획득하기 위한 프로세스를 가지고 있다.

9. 조직은 경쟁자에 대한 지식을 획득하기 위한 프로세스를 가지고 있다.

10. 조직은 벤치마킹 성과를 위한 프로세스를 가지고 있다.

11. 조직은 우수사례를 획득하기 위한 프로세스를 가지고 있다.

12. 조직은 개인 간 지식을 교환하기 위한 프로세스를 가지고 있다.

▶ 지식변환(Knowledge conversion)

1. 조직은 지식을 새로운 제품과 서비스로 전환하기 위한 프로세스를 가지고 있다.

2. 조직은 경쟁력의 지식을 행동 계획으로 전환하기 위한 프로세스를 가지고 있다.

3. 조직은 지식을 여과할 수 있는 프로세스를 가지고 있다.

4. 조직은 조직지식을 개인으로 전환하기 위한 프로세스를 가지고 있다.

5. 조직은 개인지식을 조직으로 흡수하기 위한 프로세스를 가지고 있다.

6. 조직은 업무파트너의 지식을 조직으로 흡수하기 위한 프로세스를 가지고 있다.

7. 조직은 지식을 조직 전체로 분배하기 위한 프로세스를 가지고 있다.

8. 조직은 지식의 다른 소스와 유형을 통합하기 위한 프로세스를 가지고 있다.

9. 조직은 지식을 조직화할 수 있는 프로세스를 가지고 있다.

10. 조직은 최신 지식을 업데이트할 수 있는 프로세스를 가지고 있다.

▶ 지식활용(Knowledge application)

1. 조직은 실수로부터 학습한 지식을 활용하기 위한 프로세스를 가지고 있다.

2. 조직은 경험으로부터 학습한 지식을 활용하기 위한 프로세스를 가지고 있다.

3. 조직은 새로운 제품/서비스 개발에 지식을 사용하기 위한 프로세스를 가지고 있다.

4. 조직은 새로운 문제를 해결하는 데 지식을 사용하기 위한 프로세스를 가지고 있다.

5. 조직은 문제와 도전에 유용한 지식을 갖추고 있다.

6. 조직은 효율성을 향상시키기 위해 지식을 사용한다.

7. 조직은 전략적 방향에 적절한 지식을 사용한다.

8. 조직은 경쟁환경의 변화에 적절한 지식을 활용할 수 있다.

9. 조직은 지식을 필요로 하는 사람들에게는 접근할 수 있도록 되어 있다.

10. 조직은 새로운 지식을 잘 이용한다.

11. 조직은 주요 경쟁에 필요한 지식을 신속하게 활용한다.

12. 조직은 문제해결에 지식 소스를 신속히 연결시킨다.

제4장 조직문화

1. 조직문화 개념

조직문화(organizational culture)는 개념적 범주가 광범위하고(Alavi et al., 2005: 194), 실체적이라기보다는 무형적이기 때문에 그 개념을 보편적으로 정의하기 곤란하다(Jreisat, 1997). 일반적으로 조직문화는 조직구성원들이 공유하는 규칙, 가치, 신념의 총합으로써 조직의 환경과 관련되며 조직의 이미지와 아이덴터티를 포함하고 조직구성원의 행동을 지도하게 된다(Guerras & Navas, 2007: 620). 문화의 개념은 행동에 대한 이데올로기, 신념, 기본적인 가정 혹은 공유된 가치를 함유하고 있으며, 규칙, 조직의 실제, 상징, 언어, 의식 등으로 나타나게 된다(Alavi et al., 2005: 194; Donate & Guadamilla, 2010).

조직문화에 대해서는 많은 연구자들이 다양하게 제시하고 있으나 분명한 합의를 찾기란 힘들다(Howard, 1998; Zammuto et al., 2000). 그렇지만 많은 연구자들은 Schein(1990)이 제시한 3가지 차원 즉 가정(assumptions), 가치(values), 인공물(artefacts) 등을 가장 많이 적용하였다(Jones et al., 2005: 363). 가정(assumptions)이란 저변에 깔려 있은 인간본질과 조직환경에 대하여 당연히 갖는 신념을 의미하고, 가치(values)란 조직구성원들의 태도와 행동을 지배하는 공유된 신념과 규칙을 의미하며, 인공물(artefacts)이란 공통적인 언어, 행동 그리고 조직의 실체적인 상징 등을 의미한다(Jones et al., 2005: 363). 조직문화에서 가치는 조직문화를 이해하는 중심 요소로 고려되고 있고(Ott, 1989), 조직문화를 가장 잘 설명하는 것으로 보고 있으며(Howard, 1998), 전형적으로 조직문화의 측정도 가치에 초점을 맞추고 있다(Jones et al., 2005: 364).

그동안 많은 논자들은 조직문화를 조직의 중요한 부문으로 다루어왔다. 조직문화는 조직의 역사를 기반으로 조직구성 요소의 전체적인 총합이다(Hofstede et al., 1990;

Schraeder et al., 2005: 493). Schein(1988: 7)은 문화는 "역사적 과정에서 획득되어 축적된 학습"이라고 제시하면서, 조직에 대한 근본적 가정과 가치는 새로운 종업원이 지각하고, 사고하며, 느끼는 방식을 가르치며, 다른 사람들이 조직에서 어떻게 행동해야 되는가를 기대하도록 가르친다고 한다. 조직문화는 조직의 독특한 특징을 나타내는 경향을 가지며, 객관적이고 주관적인 차원으로 이루어지고 조직 생애에 대한 전통, 공유된 신념, 기대와 관련된다. 이러한 조직문화는 개인행동이나 집단행동을 결정짓는 데 중요한 영향을 미친다. 조직문화는 조직의 모든 국면에 영향을 미치게 되는데, 조직구성원들 간의 상호작용의 방식, 의사결정 유형, 일의 수행 방식, 조직의 정책과 절차, 전략적 고려사항 등에 영향을 미치게 된다(Buono et al., 1985: 482; Schraeder et al., 2005: 493).

조직문화는 공유된 지각과 경험으로 이루어진 공유 가치의 체계이다(Hofstede, Jeuijen, Ohayv & Sanders, 1990; Peters & Waterman, 1984; Cantwell et al., 2007). Bloor & Dawson (1994: 276)은 조직문화에 대해 집단의 성원들이 공통된 경험을 공유하고 직무에서 개인의 행동을 지배하고 조장하는 조직을 지각하고 의미와 신념을 갖는 유형화된 체계로 정의하였다. Douglas & Wildavsky(1982)는 문화의 특징에 대해 모든 사람들이 끊임없이 창출하고, 확인하며 표현해가는 것으로 제시하였다. Jermier 등(1991)은 조직문화를 조직구성원 모두가 공통으로 인정하는 가정, 공유된 의미에 대한 심원한 패턴, 가정과 패턴에 대한 표명으로써 설명하였다. 조직문화의 표명은 다양하며, 믿음, 가치, 이념, 전설, 의식, 상징적 표상 등을 포함하게 된다(Allaire & Firsirotu, 1984). 조직문화에 대한 이들 견해는 조직 내에서 다양한 하위문화의 존재를 부정하지 않는다.

문화는 상위문화와 하위문화로 구분할 수 있다. 조직문화는 조직문화의 상위문화에 의해 그 형성에 영향을 받게 된다. 다양한 하위문화를 포함하는 조직은 하나의 동일한 문화를 가진 조직보다 더욱 더 공통적인 특성을 가질 수 있다(Bloor & Dawson, 1994; Jermier, et al., 1991; Cantwell et al., 2007). 조직문화의 정의가 공유된 가치와 경험이라고 할지라도 다양한 하위문화가 존재하게 된다. Martin(2002)은 조직 내에서 어떤 문화의 양상은 대체로 같은 속성을 가질 수도 있지만 다른 집단은 다른 문화적 양상을 가지는 것으로 설명하였고, Gray 등(2003)은 조직문화를 "특별한 그룹이나 작은 사회 단위에서 공유된 의미, 가정, 신념, 그리고 이해"로 설명하였다(Lgo & Skitmore, 2006: 122). Jermier 등(1991)은 공식적인 조직문화와 조직의 하위문화는 구분되어야 한다고 주장하였다. 이들에 따르면 공식적 조직문화는 조직의 미션과 표준을 형식적으로 표현한 것이며 때로는 최고관리자가 제시한 공식적 구조에 따르도록 한다. 반면에 조직의 하위문화는 조직이 공식적으로 발표한 성명에 대해 이해를 공유하는 것이며, 집단 내의 조직의 경험을 따르도록 하는 것이다. 조직의 하위문화는 종업원들이 유사한 신념과 관심을 가지며, 집단이 구성되는 방식과 일을 수행하는 방식이 유사하는 특성을 가진다. 조직의 하위문화 속성을 가진 집단은 같은 조직 내에서 자신들만의 가치, 가정, 미션, 전망, 경험을 개발할 수 있다. Van Maanen & Barley(1984)는 조직은 몇 개의 독특한 하위문화가 존재한다고 주장하였다. 이들에 의하면 하위문화가 존재하는 조직에서는 갈등이 표면으로 부상될 때까지는 하위문화가 잠복되어있게 된다고 제시하였다. 조직의 하위문화는 하위문화를 형성하고 있는 집단의 성원들이 공식적 조직문화에 도전하거나, 수정하고 또는 대체하게 될 때 지배적인 문화로 나타나게 된다는 것이다 (Cantwell et al., 2007). 조직의 여러 하위문화는 긴장 없이 정상적으로 존재할 수 있지만, 때로는 조직 내에서 갈등을 유발하는 단초일 수도 있다(Jermier, et al., 1991).

조직문화는 조직구성원들의 행동에 영향을 미치고(Barney, 1986; Trice & Beyer, 1993; Schraeder et al., 2005: 494) 그들의 공유된 신념과 가치의 세트이다(Schein, 1996, 1999; O'Reilly et al., 1991). 조직문화는 제품 및 서비스의 개발과 제공 등 조직의 보편적인 일하는 방식에 영향을 미치는 것으로서, 공통적인 사고방식을 반영한다. 조직문화의 강도는 조직구성원들이 지각하고 있거나 믿고 있는 동질성의 수준에 달려있으며, 조직구성원들이 조직의 가치를 어느 정도 지각하고 있는가에 따라 다르다(Miron, et al., 2004).

조직문화와 환경과의 관계에 대해 Gordon(1991)은 '조직문화는 환경에 잘 적응하는 결과물이지만 변화에 저항하는 것'으로 관찰하였다. 조직문화는 안정성 및 현상유지 지향성을 가지고 있기 때문에 새로운 환경변화와 조직문화는 잘 조화되기 어렵다는 주장이다. 이 논의를 환원하면 새로운 환경변화에 반응하기 위해서는 조직문화가 변화되어야 한다는 것을 뒷받침하게 된다.

이와 같이 조직문화는 상위문화 및 다른 영역의 문화와 구분되며 다양한 하위문화를 포함하면서 조직구성원의 개인에 영향을 미치게 된다. 또한 조직문화는 외부 환경에 저항하면서 또는 환경과 상호작용하면서 발전되고 학습 및 진화하는 것으로 파악된다. 따라서 조직발전 및 조직혁신을 위해서는 이를 위한 분위기가 조성되어야 하고, 분위기 조성을 위해서는 발전 및 혁신을 조장하는 조직문화 형성이 필요하다.

2. 조직문화 개념의 구성요소

조직문화를 이해하기 위해서는 조직문화 개념을 구성하는 요소를 파악하는 것이 중요하다. 학자들이 제시한 조직문화의 구성요소를 살펴보면 다음과 같다.

1) Harper(2000)의 조직문화 구성요소

Harper(2000)는 조직문화의 구성요소 다음과 같이 제시하였다(Park et al., 2004: 109).

[표 1-4-1] 조직문화의 구성요소

− 신뢰	− 문제해결	− 종업원의 요구사항
− 유연성	− 정확성	− 종업원들의 지지
− 적응성	− 팀 지향 업무	− 좋은 명성
− 안정성	− 우유부단	− 자유로운 정보공유
− 예측력	− 경쟁력 존재	− 사회적 책임성
− 혁신성	− 적극성	− 다른 사람과 차별성
− 추종	− 결과 지향	− 고용의 안정
− 실험	− 공정성	− 좋은 성과에 칭찬
− 위험 감수	− 비공식성	− 일의 적합성
− 주의력	− 실패의 관대	− 직접적으로 갈등에 직면
− 행동의 자유	− 주도	− 동료들의 협력
− 규칙 지향	− 사려 깊은	− 일에 대한 역정
− 세부 지향	− 용이성	− 다른 사람과의 친밀성
− 기회 활용	− 개인의 권리 존중	− 냉정함
− 높은 성과 기대	− 낮은 수준의 갈등 장려	

자료: Park et al.(2004: 109)

2) Ott(1989)의 조직문화 구성요소

Ott(1989)는 조직문화의 구성요소로 다음과 같이 제시하였다.

[표 1-4-2] 조직문화의 구성요소

− 일화, 조직기술(organizational art)	− 관리습관
− 사람들이 가정(assumptions)으로 살고 있는 모습	− 매너
− 기본적인 가정의 패턴	− 물질적 객체
− 공유된 태도	− 의미, 의미의 패턴
− 행동규칙	− 상호간주관적인 심적 경향
− 존재	− 사회적 통념

– 신념	– 규범
– 축하, 의식에 대한 공유된 신념과 패턴	– 철학
– 분위기, 조직적인 인식과정	– 물리적 배열
– 탁월성에 몰입하는 패턴	– 목적
– 커뮤니케이션 패턴	– 의식
– 의견일치, 굳게 믿고 있는 조직변수의 수준	– 근원
– 속마음	– 규칙, 비공식적 정신시스템
– 풍습, 관습	– 조직적 정서
– 일처리 방식	– 규범, 규칙, 태도, 풍습, 규칙의 소스
– 윤리, 도덕, 가치체계, 조직기풍	– 지각된 조직의 특질
– 공유된 감정, 기대	– 정신
– 모두 함께 조직에 집중	– 스토리, 조직스타일
– 사회적 통념으로 행동과 관계성으로 전환	– 상징
– 습관	– 사고, 전통 방식
– 주요인물	– 상호작용
– 역사적 흔적	– 이해성
– 직업적 전문용어의 패턴	– 묵시적 가치
– 아이덴터티	– 기본적이거나 마음속의 가치
– 이데올로기	– 공유비전의 패턴
– 지식	– 방식
– 언어	– 세계관
– 언어, 상징 그리고 의식 간의 연계	– 행동패턴의 정당화

자료: Ott(1989: 53)

3. 조직문화 수준 및 차원

1) Schein의 조직문화 수준

심리학자이자 조직이론가인 Schein는 조직문화 수준을 3가지로 개념화하였다. 그는 조직문화의 제1수준을 창조물(artifacts) 단계인 가공자(adaptationist)로 보았으며, 제2 수준을 가치와 신념(values and beliefs)이 형성되는 단계로 가공자와 이상가 (ideationalists)의 국면이 중첩되는 단계로 보았다. 제3수준은 근원적인 가정(underlying assumptions)으로써 이상주의 개념과 일치시키고 있다. [그림 1-4-1]은 3가지 조직문화 수준을 개념화로 도식화한 것이며, 조직문화의 각 수준은 다른 수준과 상호작용 관계 를 유지하면서 문화라는 산출물로 나타나는 것으로 파악하고 있다.

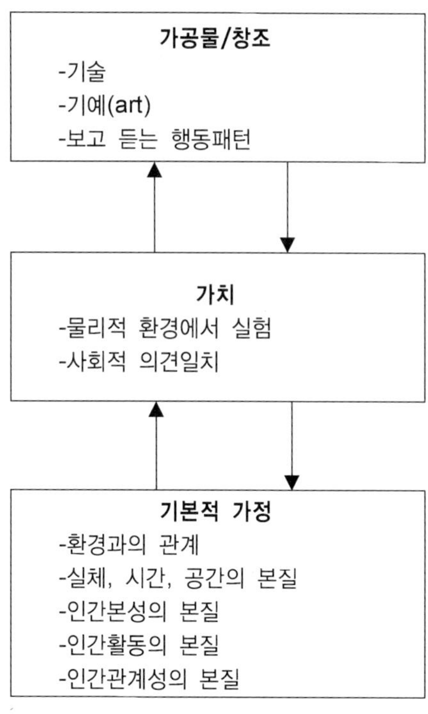

자료: Schein(1981: 61); Ott(1989: 55에서 재인용)

[그림 1-4-1] Schein의 조직문화 수준과 상호작용 관계

2) Lewis의 조직문화 수준

Lewis(1992)는 Schein의 3가지 조직문화 수준을 [그림 1-4-2]와 같이 확장 설명하였다. 여기에서 상징(symbols)은 조직에서 사람들이 말하는 로고, 슬로건, 관습, 의식, 스토리 등을 포함하며 프로세스(process)는 보고, 일하는 설계, 통합과 구별의 장치, 의사결정 전략 관리, 새로운 종업원에 대한 사회적 절차, 기존 종업원들의 성과에 대한 칭찬 등 업무수행 과정을 포함한다. 그리고 형태(forms)는 물리적 공간설계, 인공물, 건물, 가구, 사무실의 문서, 말투, 신문, 메모 등을 포함하고, 행태(behavior)는 문화의 구체화로 나타난다(Lewis, 1998: 254).

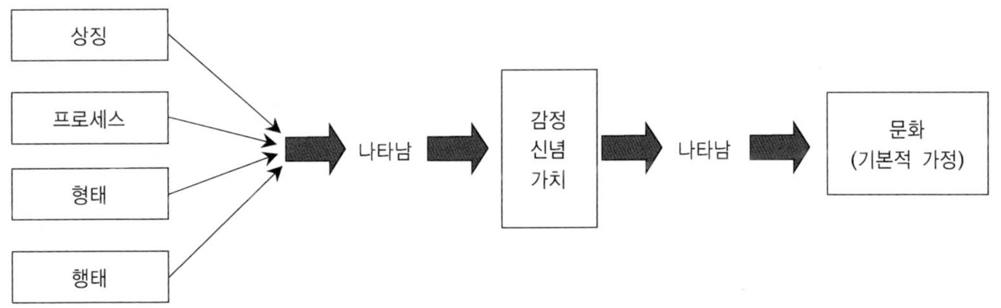

자료: Lewis(1992: 48): Lewis(1998: 254)에서 재인용

[그림 1-4-2] Lewis의 조직문화 수준

3) 관련체계와 사회문화체계

Allaire & Firsirotu(1984)은 문화를 크게 관념체계(ideational system)와 사회문화체계(sociocultural system)로 구분하였다. 관련체계는 다시 문화전수자의 정신(The minds of culture-bearers)과 정신(공유된 의미와 상징)의 결과물로 구분하였으며, 사회문화체계는 동시적과 통시적 문화체계로 구분하였다(Allaire & Firsirotu, 1984: 195-199).

(1) 관념체계로서 문화

문화를 관념체계로는 보는 시각은 인지, 구조, 상호동등성, 상징계 등 4개의 다른 문화적 영역으로써 가정한다.

첫째, 인지학파에서 보는 문화란 지식의 체계, 지각, 믿음, 평가, 행동을 위한 학습된 표준으로 간주한다. Goodenough(1957: 167)에 의하면 사회문화란 사회 성원들이 수용가능한 방식으로 행동하기 위해 알고 있거나 믿고 있는 것으로 규정하였다.

둘째, 구조주의 학파에서 보는 문화란 정신의 축적된 결과물 또는 문화적 징후가 저변에 깔려 있으면서 정신의 불일치 상태가 반영된 공유된 상징체계라는 것이다. 문화적 복잡성과 인공물의 다양성은 공식적으로 유사한 과정과 구조의 변형 또는 치환의 결과라는 것이다.

셋째, 상호동등성에서 보는 문화란 사회적 환경에서 개인들이 상호작용하는 데 있어서 상호 예측가능한 행동을 위해 일반화된 틀을 창출하는 표준화된 인식과정의 총합이라는 것이다. 문화는 매우 다양한 인식과 동기의 조직화를 가능하게 하거나 개인의 인식적 구조는 거의 중첩되지 않는다는 가정이다.

넷째, 상징계(symbolic) 또는 기호학파(semiotic school)에서는 문화를 사람의 머리에서 찾기보다는 사회적 행위자들에 의해 공유된 의미(meanings)와 사고(thinkings)에서 찾고자 한다.

(2) 사회문화체계로서 문화

문화를 사회문화체계로 보는 시각은 인류학자들의 견해에 토대를 두고 시간 개념에 따라 4개의 학파로 구분하였다.

첫째, 기능주의 입장에서 문화란 사람이 당면한 특별한 문제를 구체적으로 처리하기 위해서, 좋은 위치를 선점하기 위한 수단적 도구로 삼는 것으로 보고, 제도(institutions)와 인공물(myths)은 기본적 인간 욕구를 충족시키기 위해 기능적 필요성으로 설명된다는 것이다.

둘째, 구조-기능주의 입장에서 문화란 인간이 주어진 환경에서 질서 있는 공동체로써 사회적 생활을 할 수 있도록 하는 적응적 메커니즘이라고 본다. 문화는 사회구조의 요소를 포함하는 통합된 사회체계의 요소이며, 질서 있는 사회적 생활을 유지시켜주고, 물리적 환경과 사회적 균형을 유지시켜주는 적응 메커니즘이라는 것이다.

셋째, 역사적 전파주의 입장에서 문화란 역사적 환경과 과정에서 산출된 결과물로써 현세적, 상호작용적, 초유기체적, 자율적인 형상 또는 형태라는 것이다. 이 견해는 문화적 특징이 이동하는 것으로 보고, 문화의 특징이 전파되어 축적되고 동화된 과정의 결과로 보는 것이다.

넷째, 생태적 순응주의 입장에서 문화란 인간 공동체가 그들의 생태적 환경에 적응하기 위하여 사회적으로 전도된 행동패턴이라는 것이다.

[표 1-4-3] 문화 개념의 분류

구분		학파	주요 이론가
관념체계: 문화적/사회적 영역은 구분되지만 상호 관련되어 있다.	문화전수자의 정신	인지 (Cognitive)	Goodenough
		구조주의 (Structuralist)	Lévi-Strauss
		상호동등성 (Mutual equivalence)	Wallace
	정신(공유된 의미와 상징)의 결과물	상징계 (Symbolic)	Geertz, Schneider
사회문화체계: 문화는 하나의 사회체계의 구성요소이며, 생활양식(행동)과 행동의 결과로 나타난 것이다.	동시적 (Synchronic)	기능주의 (Functionalist)	Malinowski
		구조-기능주의 (Structural-Functionalist)	Radcliffe-Brown
	통시적 (Diachronic)	역사적 전파주의 (Historical-diffusionist)	Boas, Benedict, Kluckhohn, Kroeber
		생태적 순응주의 (Ecological adaptationist)	White, Service, Rappoport, Vayda, Harris

자료: Allaire & Firsirotu(1984: 196)

Allaire & Firsirotu(1984)은 그동안 문화에 대한 다양한 이론적 논거를 토대로 조직문화를 다음 [표 1-4-4]와 같이 정리하였다.

[표 1-4-4] 조직 및 관리 문헌에서 논의된 문화의 정의

구분	학파	문화 정의	조직/관리 문헌과의 연계	조직/관리 문헌에서 논의된 관련 학파와 이론가
사회문화체계로서 문화	기능주의 (Malinowski)	문화란 사람이 당면한 특별한 문제를 구체적으로 처리하기 위해서 좋은 위치를 선점하기 위한 수단적 도구이다. 문화의 주요 상징은 제도와 인공물 등으로 이런 것들은 기본적으로 인간존재의 필요성으로 설명된다.	조직의 사회문화체계는 직무와 조직적 참여를 통한 만족에 필요로 하는 것을 반영한 것이다. 조직은 사람의 욕구를 충족시켜 주는 데 역할을 하며, 어느 정도에서 보면 조직은 조직에 참여하는 성원들의 욕구만족을 위한 사회적 실행자이다.	-인간관계학파(Mayo, Roethlisberger 등) -사회적 인간학파(Homans, Zaleznik) -자아실현인간 (Maslow, McGregor, Likert, Argyris) -기업가적/관리적 관리(McClelland) -경영정책 분야(Andrews, Guth, Learned, Christensen, Henderson)
	구조-기능주의 (Radcliffe-Brown)	문화란 개인이 사회생활에 참여하는 데 적합한 정신적 특징(가치, 신념)과 습관을 획득하는 메커니즘이다. 문화는 사회구조의 요소를 포함하는 통합된 사회체계의 요소이며, 질서 있는 사회적 생활을 유지시켜주고, 물리적 환경과 사회적 균형을 유지시켜주는 적응 메커니즘이라는 것이다.	조직은 일반화된 가치를 수용하면서 분명한 목적을 가진 사회체계이다. 조직은 사회적으로 정당화된 가치와 신념을 기능적으로 실행하게 된다.	-구조-기능주의 학파 (Parsons; Barnard; Crozier) -복잡인(Schein; Bennis)

사회문화체계로서 문화	생태 순응주의 (White, Service, Rappoport, Vayda, Harris)	문화란 인간 공동체가 그들의 생태적 환경에 적응하기 위하여 사회적으로 전도된 행동패턴이라는 것이다.	조직은 특별한 환경에서 행동하기 위해 이념적으로 설계된 사회적 체계이다. 환경에 적응하기 위해 지속적인 과정을 거치며 다양한 형태를 취하게 된다. 조직은 환경에 적응하기 위해 노력하거나 환경과 평형을 유지하려 한다.	−개방체계이론(Katz & Kahn) −상황적합이론 (Thompson, Perrow, Lawrence & Lorsch, Burns & Stalker, Blau & Scott) −조직의 문화횡단 연구 (Dore, Tracy & Azumi, Pascale, Hickson, Hennings 등, Tannenbaum 등) −사회−기술시스템 관점 (Emery & Trist, Miller & Rice) −개체행태학파 (The population Ecology school) (Hannan & Freeman, Aldrich) −신조직환경관계학파 (Pfeffer & Salancik, Meyer & Associates)
	역사적 전파주의 (Boas, Benedict, Kluckhohn, Kroeber)	문화란 역사적 환경과 과정에서 산출된 결과물로써 현세적, 상호작용적, 초유기체적, 자율적인 형상 또는 형태라는 것이다. 이 견해는 문화적 특질이 이동하는 것으로 보고, 문화의 특질이 전파되어 축적되고 동화된 과정의 결과로 보는 것이다.	조직형태는 역사적 환경하에서 생기고 썰물처럼 사라진다. 조직의 구조와 전략으로써 특별한 패턴은 조직의 역사적 국면의 특징을 반영한 것이다. 조직은 조직의 기원과 역사적 전환 과정에서 사회적으로 실현된 총합체이다.	−Chandler −Stinchcombe −Scott −Filley & House
관념체계로서 문화	인지 (Goodenough)	문화란 지식의 체계 또는 지각, 믿음, 평가, 행동을 위한 학습된 표준이다. 사회문화란 사회성원들이 수용 가능한 방식으로 행동하기 위해 알고 있거나 믿고 있는 것이다.	1. 조직풍토는 어떤 조직체계에 대하여 필수적인 속성과 특성에 대한 공유된 지각이다.	조직풍토(Tagiuri, Evan, Capbell 등, James & Hones, DeCotiis & Koys, Schneider, Payne & Pugh)
			2. 조직은 구성원들이 공유하고 있는 인식적 지도에 대한 사회적 인공물이다.	조직학습(Argyris & Schön, Hedberg, Arrow, Heirs & Pehrson)
	구조주의 (Lévi-Strauss)	문화란 정신의 축적된 결과물 또는 문화적 징후가 저변에 깔려 있으면서 정신의 불일치 상태가 반영된 공유된 상징체계라는 것이다. 문화적 복잡성과 인공물의 다양성은 공식적으로 유사한 과정과 구조의 변형 또는 치환의 결과라는 것이다.	조직 구조와 과정은 인간의 인식적 과정에 대한 특징들과 한계를 반영한 것이다.	March & Simon의 인지적 가정 인지적 스타일 연구(McKenney & Keen, Kolb) 두뇌의 좌우반구(Mintzberg) 관리적 마인드(Summer, O'Connel & Perry, Ewing)
	상호동등성 구조 (Wallace)	문화란 사회적 환경에서 개인들이 상호작용하는 데 있어서 상호 예측 가능한 행동을 위해 일반화된 틀을 창출하는 표준화된 인식과정의 총합이라는 것이다. 문화는 매우 다양한 인식과 동기의 조직화를 가능하게 하거나 개인의 인식적 구조는 거의 중첩되지 않는다는 가정이다.	조직은 개인의 효용에 대한 교차점(intersection)과 동기화(synchronization)에 위치하고 있다. 행동의 조정은 목표의 공유를 통해 일어나는 것이 아니라 인지적 구조가 상호 균형을 맞출 때 가능하다. 성원들의 결정은 관련 비용과 유인책을 계산하는 반영한 것이다.	−인과 맵(causal maps) 개념과 상호 동등성(Weick 등) −조직유형(Ouchi & Jaeger)
	상징계 (Geertz, Schneider)	문화는 인간이 그들의 경험을 해석하고 행동을 안내하기 위한 의미의 조합이다. 문화 분석은 법칙을 찾고자 하는 실험과학이 아니라 의미를 찾고자 하는 점에서 해석적이다.	조직은 조직의 특별한 역사의 결과이자 구성원의 주관적 경험과 개인행동에 대한 의미를 해석하고 부여하기 위한 상징체계를 창출하고 존속시키는 것이다.	−조직에 대한 해석적, 행동주의 사회학(Weber, Silverman) −제도학파(Selznick, Clark, Rhenman, Pettigrew, Handy, Eldridge & Crombie, Wilkins, Harrison, Berg, Stymne)

4. 조직문화의 유형

1) 통제와 자율에 의한 문화유형

Cartwright & Cooper(1996)는 조직문화와 개인 간의 관계에서 문화의 유형을 권력문화, 역할문화, 과업 및 성취 문화, 그리고 개인 및 지지 문화로 구분하였으며, 권력문화에 가까울수록 통제중심이고 개인 및 지지 문화에 가까울수록 자율중심이라고 하였다(Kavanagh & Ashkanasy, 2006).

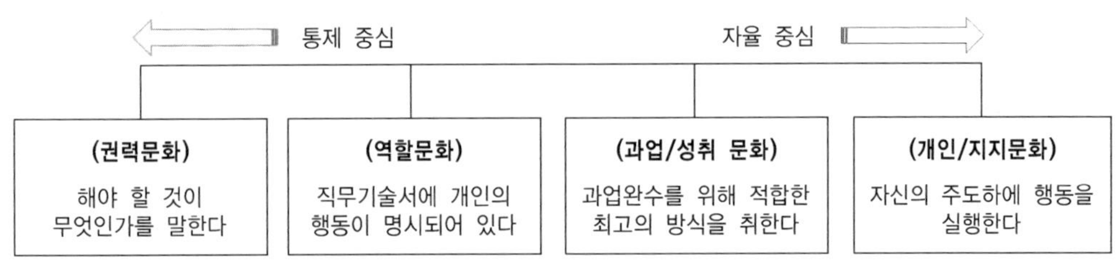

자료: Cartwright & Cooper(1996: 50); Kavanagh & Ashkanasy(2006: S85)

[그림 1-4-3] 통제와 자율에 의한 문화유형

2) 관료문화, 혁신문화, 지지문화

Wallach(1983)는 조직문화를 관료문화(bureaucratic cultures), 혁신문화(innovative cultures), 지지문화(supportive cultures) 등으로 구분하였다. 관료문화는 권위의 한계가 분명하고 일의 성격이 높은 수준의 정형화 및 표준화를 특징으로 하며, 혁신문화는 창의적이고 피로, 스트레스, 압박이 있는 위기감수의 환경을 특징으로 한다. 지지문화는 공평하고 공개적이며 정직성을 특징으로 한다.

3) 혁신지향문화, 품질지향문화, 효율성지향문화

Miron 등(2004)은 조직문화를 크게 혁신지향문화, 품질지향문화, 효율성지향문화 등으로 구분하여 제시하였다.

(1) 혁신지향문화

그동안 혁신문화에 대한 많은 연구에서 혁신문화의 특징으로 높은 자율성, 위험감수, 실수에 대한 관대, 낮은 관료제 등이 제시되었다(Brown & Eisenhardt, 1998; O'Reilly et al., 1991; Scott & Bruce, 1994; van de Ven, Polley, Garud & Venkataraman, 1999). 혁신적인 문화는 학습지향성을 반영하게 되는데(Amabile, 1996; Glynn, 1996), 학습지향성은 새로운 지식을 추구하게(Levinthal & March, 1993) 되는 혁신성(inventiveness)을 촉진시킨다(Cohen & Levinthal, 1990). 혁신적 성과 결과는 혁신행동에 보상이 주어질 때 일어나며, 이런 경우 조직문화는 혁신을 지지하게 된다(West, 2002; Miron et al., 2004: 179).

(2) 품질지향문화

품질을 지향하는 문화는 제품과 서비스의 품질을 향상시키는 데 주목하고 있다. 품질지향문화는 제품설계, 제조과정, 전달, 서비스 그리고 지지 등을 위한 절차를 개선하고자 한다. 품질 개선을 지향하는 문화는 표준화, 신뢰성, 규칙과 절차의 일치성, 그리고 꼼꼼하게 살펴보는 행동 등을 특징으로 한다(Detert, Schroeder & Mauriel, 2000; Garvin, 1988; Prahalad & Krishnan, 1999).

(3) 효율성지향문화

효율성지향문화는 성과를 지향하는 효율성과 생산성(O'Reilly et al., 1991)을 강조하며 목표, 피드백, 인센티브를 강조한다(Pritchard et al., 1988). 효율성지향문화는 경쟁자보다 일의 완수, 정해진 시간에 제품과 서비스의 전달, 속도의 유지 등을 강조하는 반면 동시에 운영비용을 통제하는 것을 특징으로 한다(Amabile, Hadley & Kramer, 2002; Lewis, Welsh, Dehler & Green, 2002).

4) 경쟁가치모형

Quinn과 그의 동료들은 조직문화를 설명하기 위해 경쟁가치모형(Competing Values

Framework, CVF)을 개발하였다(Quinn, 1988; Quinn & Hall, 1983; Quinn & Kimberly, 1984; Quinn & Rohrbaugh, 1981, 1983). 이 모형의 기본 틀은 조직이 내부적이거나 외부적인 것에 초점을 맞추고, 조직문화를 평가하는 도구로써 조직의 특성 및 조직의 지배적인 가치를 파악하고자 설계된 것이다(Cameron & Quinn, 1999; Harris & Mossholder, 1996; Kalliath et al., 1999; O'Neill & Quinn, 1993; Van Vianen, 2000; Vandenberghe & Peiro´, 1999; Verplanken, 2004; van Vuuren et al., 2008).

조직문화의 유형별 특징을 설명하는 경쟁가치모형은 조직의 내적·외적 환경 사이에 존재하는 통제(control)와 유연성(flexibility)의 경쟁적인 수요를 비교 탐구하는 것이다. 이들 반대 차원의 수요는 두 개의 경쟁적인 가치모델로 이루어진다. 조직 내부에 초점을 맞추는 것은 통합, 정보관리, 커뮤니케이션 등을 강조하는 반면 조직 외부에 초점을 맞추는 것은 성장, 자원획득, 외부 환경과의 상호작용 등을 강조한다. 반대되는 2차적 차원에서 보면 통제에 초점을 맞추는 것은 안정성, 결속을 강조하는 데 반해 유연성에 초점을 맞추는 것은 적응성과 자발성을 강조한다. 이 4가지 모델은 2가지 차원의 조합을 통해 인관관계(내부적/유연성), 내부프로세스(내부적/통제), 개방시스템(외부적/유연성), 그리고 합리적 목표(통제/외부적)로 분류되는데, 이것들이 조직문화의 4가지 유형이다(Zammuto, Gifford & Goodman, 1999).

내부프로세스 모형은 통제와 내부적인 것에 초점을 맞추고 안정성과 통제를 위해 정보관리와 커뮤니케이션을 이용한다. 내부 프로세스 모형은 규칙의 강화, 규칙의 순응성, 기술적 문제에 대한 관심을 포함하고 있기 때문에 위계문화(hierarchical culture)라고 한다(Denison & Spreitzer, 1991). 내부 프로세스 모형은 통제장치로써 공식적인 규칙과 절차에 따르는 관료제 및 행정의 조직문화를 설명하는 전통적 이론모델을 반영한 것이다(Weber, 1948; Zammuto, Gifford & Goodman, 1999).

공개시스템 모형은 유연성과 외부적인 것에 초점을 맞추고 성장, 자원획득, 외부적 지지를 위해 준비성과 적응성을 이용한다. 개방시스템 모형은 외부 환경에 초점을 맞추고 비전을 가진 혁신적인 리더와 연관되기 때문에 발전문화(developmental culture)라고 한다(Denison & Spreitzer, 1991). 이들 특성을 가진 조직은 동태적이고 사업가적이며 리더는 위험을 감수하는 사람이며 조직의 보상은 개인적인 이니셔티브와 연계된다.

인간관계 모형은 유연성과 내부적인 것에 초점을 맞추고 결속과 종업원들의 사기를 위해 훈련과 광범위한 인적자원개발을 이용한다. 조직문화로써 인간관계 모형은 팀워크를 통한 신뢰 및 참여와 연관되어 있기 때문에 그룹문화(group culture)라고 한다. 이들 특성을 가진 조직의 관리자들은 종업원들의 멘토이자 종업원들을 조장하는 유형이다.

합리적 목표 모형은 통제와 외부적인 것에 초점을 맞추고 생산성과 효율성을 위해 기획과 목표설정을 이용한다. 조직문화로써 합리적 목표 모형은 성과와 목표수행을 강조하기 때문에 합리문화(rational culture)라고 한다(Denison & Spreitzer, 1991). 이런 특성을 가진 조직은 생산지향적이고, 관리자는 계획된 목표와 목적을 추구하려는 맥락에서 종업원들을 조직화하며, 보상은 성과와 연계한다.

이상과 같은 조직문화의 틀은 [그림 1-4-4]와 같이 제시되며, 이 틀은 조직문화에 대한 기존 모델과 이상적 모델을 확인하는 것으로 논의되었으며 따라서 조직에서 선호되는 문화와 이상적 문화 유형은 무엇이고 현재의 문화와 비교하는 데 이용 가능하다(Bradley & Parker, 2002).

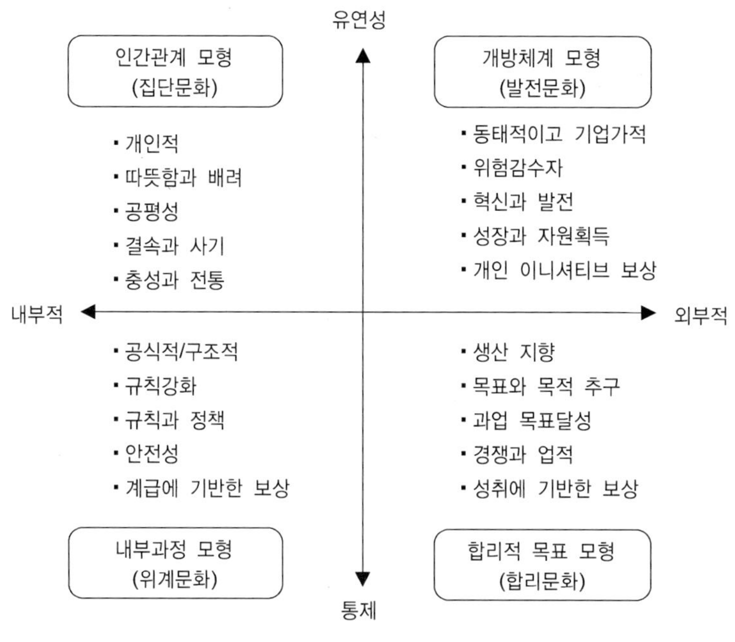

자료: Zammuto & Krakower(1991); Bradley & Parker(2002)

[그림 1-4-4] 조직문화의 경쟁가치모형

5) 분류 종합

Jones(1983)는 조직구성원 사이의 교환 혹은 거래를 통제하기 위해 발전된 제도적 장치에서 조직문화가 정착된다고 하면서 생산적 문화(production culture), 관료적 문화(bureaucratic culture), 전문적 문화(professional cuiture)로 나누었다.

Lundberg(1984)는 문화는 그 문화권의 구성원들 속에서의 지배적인 인식구조에 투영되어 있다고 보고, 현실지각의 동질성 - 이질성 차원과 항상성 - 무정형성 차원을 분류기준으로 정태적 단일문화, 변화적 단일문화, 정태적 이질문화, 변화적 이질문화로 구분하였다.

Ernest(1985)는 인간차원과 활동차원을 기준으로 상호작용적 문화(interactive culture), 통합적 문화(intergrated culture), 체계적 문화(systematized culture), 기업가적 문화(entrepreneurial culture)로 구분하였다.

Kets de Vries & Miller(1986)는 내면 심리적 기능과 행위를 중심으로 최고 경영자의 지속적인 심리적 성향을 분류기준으로 편집병적 문화(paranoid culture), 회피문화(avoidance culture), 카리스마적 문화(charismatic culture), 관료적 문화(bureaucratic culture), 정치적 문화(politicized culture)로 분류하였다.

Quinn & McGrath(1985)는 경쟁가치 접근법(CVA, Competing Value Approach)을 이용하여 유연성 - 통제, 내부 - 외부지향 차원에 따라 조직문화를 합리문화(Rational Culture), 발전문화(Developmental Culture), 집단문화(Group Culture), 위계문화(Hierarchical)로 구분하였다. 이 모델은 동료들과의 계속적인 연구를 통해 더욱 보완·발전되었으며 현재는 Quinn과 Cameron(1999)의 경쟁가치 접근법에 기초한 조직문화 및 변화를 위한 틀로써 널리 활용되고 있다.

[표 1-4-5] 분류기준에 의한 조직문화의 유형

연구자	분류기준	조직문화 유형
Harrison(1972)	조직의 이념적 지향	− 권력지향형 − 역할지향형 − 성취지향형 − 지원(인간)지향형
Handy(1978)	환경의 적합성	− 클럽문화 − 역할문화 − 과업문화 − 실존문화
Ouchi(1980)	거래비용의 관점	− 시장문화 − 관료제 문화 − 동류문화
Robbins(1989)	구성원들의 행동에 대한 영향 정도	− 강력문화 − 약체문화
Deal & Kennedy(1982)	활동에서의 위험의 정도와 그 활동결과에 대한 피드백을 받는 속도	− 역할문화 − 강인한 남성적 문화 − 과정중심 문화 − 운명적인 투기문화
Cameron & Quinn(1999)	신축성 − 안정성 차원과 내부지향 − 외부지향 차원	− 클린문화 − 시장문화 − 애드호크러시 문화 − 위계문화
Goffee & Jones(2000)	사교성과 결속력	− 네트워크형 문화 − 성과중심형 문화 − 분산형 문화 − 공동체적 문화
Quinn & Cameron(1999)		− 합리문화 − 발전문화 − 위계문화 − 집단문화
Lunderberg(1984)		− 정태적 단일문화 − 변화적 단일문화 − 정채적 이질문화 − 변화적 이질문화
Earnest(1985)		− 상호작용문화 − 통합적 문화 − 체계적 문화 − 기업가적 문화
Jones(1983)		− 시장문화 − 관료적 문화 − 전문적 문화
서인덕(1986)	현실지각 차원과 행동패턴의 관계	− 합리적 문화 − 진취적 문화 − 보존적 문화 − 친화적 문화

박노윤(1997)	환경에 대한 자세와 구조적 유연성	– 진취적 문화 – 적응적 문화 – 카리스마적 문화 – 관료적 문화
황상재(1999)	신축성–안정성 차원과 내부지향–외부지향 차원	– 친화적 문화 – 진취적 문화 – 보존적 문화 – 행동지향적 문화
김호정(2002)	신축성–안정성 차원과 내부지향–외부지향 차원	– 집단문화 – 위계문화 – 발전문화 – 합리문화

자료: 도운섭(2006: 276); 신장호(2008)

5. 공공부문의 조직문화

조직문화는 공공부문과 민간무문에서 분명한 차이가 존재한다(Denhardt, 1991). 그 차이는 대체로 조직의 외부 환경에 따라 다르게 나타난다. 외부 환경 차이를 인식하는 것이 중요한 것은 산업별 특징의 차이가 조직 규범에 영향을 미치기 때문이다(Chatman & Jehn, 1994; Gordon, 1991). Gordon(1991: 404)은 외부의 환경적 요구에 대한 내부의 반응으로써 조직문화 형성을 설명하였다. 오늘날 공공부문의 조직은 외부 환경 변화에 적응해야 하는 압력을 받고 있다(Valle, 1999). Valle(1999)의 주장에 의하면, 공공부문 조직의 관리자는 종업원들이 환경변화를 이해할 수 있도록 그리고 조직적 적응에 필요한 하는 것이 무엇인지를 파악하여 도와야 한다고 주장하였다(Schraeder et al., 2005).

공공부문의 조직구성원들은 민간부문의 조직구성원들과 다른 가치와 동기를 가지고 있다(Perry, 1993; Sinclair, 1991). Sinclair(1991)에 의하면, 공공부문의 문화를 이해하기 위한 주요 모델로 문화통제 모델(cultural control model), 하위문화 모델(subculture control model), 전문적 다문화 모델(professional multiculture model), 공익문화 모델(public interest culture model) 등을 제시하였다.

문화통제 모델은 조직에 존재하는 문화는 오로지 하나이며 이를 통제하기 위한 전술로 이용하려는 것이다. 하위문화 모델은 각 조직 단위는 독자적인 하위문화를 가지고 있다는 것으로서, 예를 들면 공공부문의 조직구성원들은 관리자에 따라 정책목표가 달라질 수 있고, 따라서 그런 정책목표를 다르게 지각할 수 있다는 것이다(Lipsky, 1980: 13). 전문적 다문화 모델은 다른 하위문화가 존재하지만 모든 조직구성원들은 어떤 이질적인 특성을 가지면서 유대를 하고 있다는 것이다. 공익문화 모델은 전문적 다문화 모델에 토대를 두고 기본적으로는 이질적이면서도 공공재와 서비스에 치중하는 모든 하위문화들이 교차하게 되는 것을 의미한다(Brunetto, 2001: 469).

도운섭(2006)과 김호정(2002)는 한국의 공공부문의 조직문화 유형에 대해 경쟁가치 모형을 근거로 살펴본 결과 4개의 조직문화 유형(발전문화, 집단문화, 합리문화, 위계 문화)을 제시한 바 있다.

6. 조직문화 진단 및 측정

조직문화에 대한 진단은 새로운 측정도구, 방법, 지식 개발로 발전되고 있으며(Agle & Caldwell, 1999), 조직문화의 특징을 확인하고 파악하는 데 이용되고 있다. 조직문화의 평가 측정도구로는 전형적으로 Askansasy 등(2000)의 조직 프로파일 설문지(OPQ, Organizational Profile Questionnaire), Glover 등(1994)의 문화자산 프로파일(CAPS, Cultural Assets Profiles), Gray 등(2003)의 조직문화 프로파일(OCP, Organizational Culture Profile), Cooke(1995)의 조 직문화진단(OCI, Organizational Culture Inventory), Cameron & Quinn(1999)의 조직문화사정 도구(OCAI, Organizational Culture Assessment Instrument) 등이 있다. 이와 같이 다양한 평가 도구와 방법들은 분석 형식과 방식이 다르지만 공통적인 것은 조직의 주요 문화적 특 징을 결정하고 비교하기 위한 질적·양적 기법들을 혼합하고 있다는 것이다(Barley et al., 1988; Lgo & Skitmore, 2006: 125). 또한 이들 기법들은 주로 민간부문의 조직들을 대상으 로 하고 있다는 점이다.

이 중에서 가장 일반적인 조직문화 진단 방법은 Cameron & Quinn(1999)이 개발한 조직문화평가도구로써 민간부문, 공공부문, 교육, 보건, NGO 등 다양한 부분의 조직에 적용되고 있다(Cameron, 2004). 이 도구는 Campbell(1977)의 조직효과성 파악하기 위 한 지표로부터 개발된 것이며 계속적으로 Quinn & Rohrbaugh(1981)이 조직의 '핵심 가치'를 대표하는 지표로 제시되었다. 이어 Quinn & Cameron(1983)은 조직문화의 평 가도구로써 경쟁가치모형을 사용하였다. 경쟁가치모형은 조직 내에서 주요 문화적 특 성을 판단하고 조직에서 지배적인 문화유형의 특성을 확인하기 위한 수단으로써 개발 되었다. 경쟁가치모형에 따른 조직문화의 주요 차원은 다음과 같다.

(1) 지배적인 특징

지배적인 특징은 (a) 팀워크와 소속감의 정도, (b) 창의성과 활력 정도, (c) 목표와 경쟁에 초점, (d) 시스템에 의존, (e) 효율성 강조 정도 등이 포함된다.

(2) 조직 리더십

Quinn & Rohrbaugh(1981)는 리더십을 8개 카테고리로 구분하고 조직문화사정도구(OCAI)로 사용하였다. 8개 카테고리는 (a) 멘토(mentor), (b) 촉진자(facilitator), (c) 혁신가(innovator), (d) 중개인(broker), (e) 생산자(producer), (f) 지도자(director), (g) 조정자(coordinator), (h) 충고자(monitor) 등이다.

[표 1-4-6] 리더십 측정문항(Quinn & Rohrbaugh, 1981)

구분	측정문항
혁신가	− 혁신적이다. − 변화를 조장하고 촉진한다. − 변화를 마음 속에 그린다.
중개인	− 네트워크를 개발, 탐색, 유지한다. − 필요로 하는 자원을 획득한다. − 정치적으로 기민한다.
생산자	− 과업을 완수하고 일에 초점을 맞춘다. − 행동적 동기부여를 한다. − 무엇인가 끝장(완성)을 보려고 한다.
지도자	− 목표를 설정한다. − 역할을 분명히 한다. − 분명한 기대를 설정한다.
조정자	− 구조를 유지한다. − 조정과 문제해결을 계획한다. − 규칙과 표준을 찾으려 한다.
충고자	− 정보를 수집하고 분배한다. − 성과를 점검한다. − 지속성과 안정성의 감각을 제공한다.
촉진자	− 의견을 표현한다. − 컨센서스를 추구한다. − 화해와 타협을 추구한다.
멘토	− 개인적인 욕구를 인지한다. − 발전을 조장한다. − 적극적으로 경청한다. − 공평하다.

자료: Quinn et al.(1996)

(3) 종업원의 관리

종업원의 관리는 (a) 종업원이 어떻게 대우받고 있는지, (b) 상담의 정도, (c) 참여와 컨센서스, (d) 직무환경 등이 포함된다.

(4) 조직적 결합

조직적 결합은 (a) 결속과 팀워크, (b) 충성과 몰입, (c) 기업가정신과 유연성, (d) 규칙과 정책, (e) 목표지향과 경쟁력 등과 같은 조직과 함께 한다는 유대 장치 등이 포함된다.

(5) 전략 강조

전략 강조에는 조직적인 전략 추동자으로서 (a) 장기적으로 인적자본 개발, (b) 혁신, (c) 안정성, (d) 경쟁력, (e) 성장과 획득, (f) 목표성취 등이 포함된다.

(6) 성공을 위한 기준

성공을 위한 기준에는 (a) 어떻게 성공을 정의할 것인가, (b) 누구 보상을 받을 것인가, (c) 고객에 대한 민감도, (d) 사람에 대한 관심, (e) 새로운 제품과 서비스의 개발, (f) 적정 비용 등이 포함된다.

이상의 경쟁가치모형에 따른 조직문화의 주요 차원을 측정하는 문항은 다음과 같다.

[표 1-4-7] 경쟁가치모형에 따른 조직문화 주요 차원 측정문항

유형	지배적인 특징	현재	선호
A	조직은 매우 개인적 것에 관심이 많다. 가족 문제에도 관심을 가지며, 사람들이 그들 서로 간 관심사항을 공유한다.	7	3
B	조직은 동태적이고 기업가적인 것에 관심이 많다. 사람들은 고통과 위험을 감수하려는 의지가 있다.	1	2
C	조직은 매우 결과 지향적이다. 직무의 결과에 관심을 가지며, 사람들은 매우 경쟁적이고 성취 지향적이다.	2	3
D	조직은 매우 통제적이고 구조적으로 운영된다. 사람들이 무엇을 해야 할 것인가는 공식적 절차에 따른다.	0	2
계		10	10

유형	조직 리더십	현재	선호
A	조직의 리더십은 일반적으로 조언자, 조장자, 보살핌의 특징을 가진다.	7	3
B	조직의 리더십은 일반적으로 기업가정신, 혁신, 위험감수자의 특징을 가진다.	1	2
C	조직의 리더십은 일반적으로 간단명료하고, 진취적, 결과지향적인 것에 초점을 둔다.	2	3
D	조직의 리더십은 일반적으로 조정, 조직화, 조화로운 능률을 지향한다.	0	2
계		10	10

유형	종업원의 관리	현재	선호
A	조직에서 관리 스타일의 특징은 팀워크, 컨센서스, 참여이다.	7	3
B	조직에서 관리 스타일의 특징은 개인의 위험감수, 혁신, 자유, 차별성, 독특성이다.	1	2
C	조직에서 관리 스타일의 특징은 경쟁력 강화, 높은 수요와 성취이다.	2	3
D	조직에서 관리 스타일의 특징은 고용안정, 복종, 예측성, 관계의 안정이다.	0	2
계		10	10

유형	조직적 접합	현재	선호
A	조직구성원들은 충성과 상호간 신뢰를 중요시 한다.	7	3
B	조직구성원들은 혁신과 발전을 위해 모두 몰입한다.	1	2
C	조직구성원들은 성취와 목표달성을 강조한다.	2	3
D	조직구성원들은 공식적 규칙과 정책에 따른다.	0	2
계		10	10

유형	전략 강조	현재	선호
A	조직은 인간 개발을 강조한다. 높은 신뢰, 개방성과 참여를 강조한다.	7	3
B	조직은 새로운 자원획득과 새로운 도전을 강조한다.	1	2
C	조직은 경쟁적인 행동과 성취를 강조한다.	2	3
D	조직은 지속성과 안정성, 효율성, 통제와 정례적인 운영을 중요시 한다.	0	2
계		10	10

유형	성공 기준	현재	선호
A	조직은 성공으로써 인적자원개발, 팀워크, 종업원의 몰입과 사람에 대한 관심에 바탕을 둔다.	7	3
B	조직은 성공으로써 최신이나 새로운 제품에 바탕을 둔다. 이것은 생산적인 리더와 혁신가이다.	1	2
C	조직은 성공으로써 시장과 경쟁하는 곳에서 승리는 것에 바탕으로 둔다. 경쟁적인 시장 리더십은 중심이다.	2	3
D	조직은 성공으로써 효율성에 바탕을 둔다. 낮은 비용을 수반하여 생산한다.	0	2
계		10	10

O'Reilly Ⅲ 등(1991)은 조직문화 구성요소를 정리하는 조직문화 프로파일(profile)을 다음과 같이 제시하였다.

[조직문화 프로파일 항목]

① 융통성(flexibility)

② 적응성(adaptability)

③ 안정성(stability)

④ 예측가능성(predictability)

⑤ 혁신가능성(being innovative)

⑥ 기회를 포착하기 위한 민첩성(being quick to take advantage of opportunities)

⑦ 실험 의지(a willingness to experiment)

⑧ 위험감수(risk taking)

⑨ 신중성(being careful)

⑩ 자율성(autonomy)

⑪ 규칙지향성(being rule oriented)

⑫ 분석력(being analytical)

⑬ 세심한 주의력(paying attention to detail)

⑭ 정확성(being precise)

⑮ 팀지향(being team oriented)

⑯ 자유로운 정보공유(sharing information freely)

⑰ 조직 전체에 단 하나의 문화 강조(emphasizing a single culture throughout the organization)

⑱ 인간지향(being people oriented)

⑲ 공평성(fairness)

⑳ 개인권리 존중(respect for the individual's right)

㉑ 관용(tolerance)

㉒ 비공식성(informality)

㉓ 안이한 자세/태만(being easy going)

㉔ 냉정함(being calm)

㉕ 지지(being supportive)

㉖ 공격(being aggressive)

㉗ 단호함/결정력(decisiveness)

㉘ 행동지향(action orientation)
㉙ 주도성(taking initiative)
㉚ 반성(being reflective)
㉛ 성취지향(achievement orientation)
㉜ 요구사항 많음(being demanding)
㉝ 개인책임성(taking individual responsibility)
㉞ 성과에 대한 높은 기대(having high expectations for performance)
㉟ 전문 직업을 위한 성장 기회(opportunities for professional growth)
㊱ 좋은 성과를 위한 고비용 지불(high pay for good performance)
㊲ 고용안전(security of employment)
㊳ 좋은 성과를 위한 칭찬(offers praise for good performance)
㊴ 낮은 수준의 갈등(low level of conflict)
㊵ 직접적 갈등(confronting conflict directly)
㊶ 동료와 친구관계로 발전(developing friends at work)
㊷ 적합성(fitting in)
㊸ 다른 사람들과의 협력적 근로(working in collaboration with others)
㊹ 직무에 대한 열정(enthusiasm for the job)
㊺ 장시간 근무(working long hours)
㊻ 유연성(not being constrained by many rules)
㊼ 품질 강조(an emphasis on quality)
㊽ 다른 사람과의 차별성(being distinctive-different from others)
㊾ 좋은 평판 갖기(having a good reputation)
㊿ 사회적 책임성(being socially responsible)
(51) 결과지향(being results oriented)
(52) 분명한 철학(having a clear guiding philosophy)
(53) 경쟁(being competitive)
(54) 높은 조직화(being highly organized)

제5장 조직학습

조직혁신은 일련의 학습이 지속되는 과정이다. 학습은 개인, 집단, 조직이 발전 및 혁신을 위해 변화에 대한 반응의 과정이자 변화 및 혁신을 창도하기 위한 행태를 변화시키는 것이다. 조직학습은 조직구성원들의 행태변화를 통해 조직 자체가 조직환경에 반응하고 능동적이고 적극적으로 조직혁신을 도모해 가는 일련의 과정이다.

1. 조직학습의 개념

1) 조직학습의 정의

조직학습(organizational learning)은 조직에서 일어나는 어떤 활동 유형을 설명하기 위해 사용되는 개념이다(Tsang, 1997). 조직학습에 관한 정의를 구체적으로 살펴보면 [표 1-5-1]과 같이 정리된다. 이들 정의는 크게 문화와 인식, 그리고 인식과 행동의 관점에서 접근되고 있다. 문화의 관점에서는 집단행동을 통한 상호주관적 의미의 획득, 유지, 교환(Cook & Yanow, 1993: 384)으로, 인식의 관점에서는 조직지식이 개발되고 형성되는 과정(Shrivastava, 1981: 15)으로 정의되고 있다. 그리고 인식과 행동의 관점에서는 정보처리 과정을 통해 학습되는 실체, 잠재적 행동이 변화되는 범위(Huber, 1991: 89)로 규정하고 있거나, 좋은 지식과 이해를 통해 행동을 개선하는 과정(Fiol & Lyles, 1985: 803)으로 보고 있다. 행동의 관점에서는 조직행동의 변화과정(Swieringa & Wierdsma, 1992: 33)을 조직학습으로 정의하고 있다.

[표 1-5-1] 조직학습의 정의

정의	관점	연구의 본질
집단행동을 통한 상호주관적 의미의 획득, 유지, 교환(Cook & Yanow, 1993: 384)	문화	기술적
조직지식이 개발되고 형성되는 과정(Shrivastava, 1981: 15)	인식	기술적
정보처리 과정을 통해 학습되는 실체, 잠재적 행동이 변화되는 범위(Huber, 1991: 89)	인식과 행동(잠재적)	리뷰
행동을 지도하는 루틴(Levitt & Lyles, 1988: 320)	인식과 행동(잠재적)	리뷰
좋은 지식과 이해를 통해 행동을 개선하는 과정(Fiol & Lyles, 1985: 803)	인식과 행동(실제적)	리뷰
조직행동의 변화과정(Swieringa & Wierdsma, 1992: 33)	행동(실제적)	규범적

자료: Tsang(1997)

이상의 정의를 종합하면, 조직학습의 구성요소는 (a) 인식의 변화, (b) 잠재적 행동변화, (c) 실제적 행동의 변화 등으로 이루어져 있으며 조직구성원들의 인식과 행동의 변화를 가져오는 활동을 조직학습이라고 정리할 수 있다.

한편 조직학습의 개념이 실제에서 어떻게 일어나는가에 초점을 맞춘 정의를 보면 다음과 같다. 개인학습에 초점을 맞춘 조직학습은 조직 안에 있는 개인들이 문제상황을 경험하고 그것을 조직행태로 전환할 때 일어나게 되는데(Argyris. and Schön, 1996: 16) 이런 조직학습은 종업원훈련에서 적용된다. 프로세스 및 시스템에 초점을 맞춘 조직학습은 조직이 조직의 경험을 이해하고 관리하는 과정으로써 보는데(Glynn et al., 1992) 정보처리와 문제해결 능력 증대를 가져온다는 것이다. 지식관리 초점을 맞춘 조직학습은 지식의 상태로 변화시키는 것이며(Lyles, 1992, 1998), 지식의 획득, 분배, 강화, 창출, 실행을 포함하게 된다(Fiol, 1994).

[표 1-5-2] 조직학습 개념과 실제

초점	조직학습의 개념	실제
개인학습	조직학습은 조직 안에 있는 개인들이 문제상황을 경험하고 그것을 조직행태로 전환할 때 일어난다(Argyris. and Schön, 1996: 16)	종업원훈련과 발전
프로세스/시스템	조직학습은 조직이 조직의 경험을 이해하고 관리하는 과정이다(Glynn et al., 1992)	정보처리와 문제해결 능력 증대
지식관리	조직학습은 지식의 상태로 변화시키는 것이다(Lyles, 1992, 1998). 조직학습은 지식의 획득, 분배, 강화, 창출, 실행을 포함한다(Fiol, 1994).	상호작용을 촉진시키고 지식기반을 강화한다

자료: Wang & Ahmed(2003: 10)

2) 조직학습의 접근

조직학습의 기본 가정은 '학습'으로부터 출발한다. 학습이 어느 수준에서 일어나느냐에 따라 개인학습, 집단학습, 조직학습으로 구분한다. 학습은 개인수준에 가까울수록 경험, 이미지, 은유성을 통해 이루어지며 조직수준에 가까울수록 제도화를 통해 학습하게 된다.

[표 1-5-3] 조직에서 학습의 4가지 프로세스

수준	프로세스	투입/산출
개인	직관	− 경험 − 이미지 − 은유성
집단	해석	− 언어 − 개념적 지도 − 대화
	통합	− 공유된 이해 − 상호조정 − 상호작용 시스템
조직	제도화	− 정례화 − 진단시스템 − 규칙과 절차

자료: Crossan et al.(1994: 10); Hong(1999: 177)

조직학습은 조직의 변화와 혁신을 도모하기 위한 일련의 과정이자 활동이다. 따라서 조직학습을 바라는 보는 시각도 과거와 달라져야 조직이 새로운 환경에 반응하고 오히려 환경을 창도해 나갈 수 있다. 기존의 학습은 단일고리와 이중고리 학습 관점에서 체계적 사고를 낳고 새로운 지식창출에 관심을 두었지만 새로운 관점에서는 학습에 학습으로 일컫는 삼중고리학습과 기존 학습의 폐기가 강조되고 있다. 또한 창의적 사고와 조직의 지속가능한 변화에 초점을 맞추고 있다.

[표 1-5-4] 조직학습 초점의 변화

기존의 초점	새로운 초점
단일고리와 이중고리 학습	삼중고리학습과 폐기학습
지식획득, 지식분배, 지식보유, 지식강화 그리고 점진적 변화를 통한 지식창출	급진적 변화를 통한 지식창출
체계적 사고	창의적 사고
경쟁기반 전략	능력기반 전략
조직성과에 있어서 지속적 개선	창의적 품질과 가치혁신을 통한 조직의 지속가능성

자료: Wang & Ahmed(2003: 14)

한편 조직학습 개념을 살펴보는 접근으로 학습조직과 비교를 통해 정리할 수 있다. 다음 [표 1-5-5]는 조직학습에 관한 기술적 접근과 학습조직에 관한 규범적 접근을 통해 살펴본다. 조직학습에 관한 기술적 접근에서는 학습방법을 탐색하는 활동으로 보고 잠재적 행동 변화에 관심을 가진데 반해 학습조직에 관한 규범적 접근은 정해진 좋은 학습방법이 조직을 창도하는 것으로 보고 실제적 행동변화에 관심을 가지게 된다.

[표 1-5-5] 기술적 접근과 규범적 접근에 의한 분류

구분	조직학습에 관한 기술적 접근	학습조직에 관한 규범적 접근
주요 질문	조직이 어떻게 학습하는가? (학습방법을 탐색하는 활동)	조직이 어떻게 학습해야 하는가? (정해진 좋은 학습방법이 창도)
타깃 관심자	학계	실무자
목적	이론구축	조직성과의 향상
정보소스	체계적인 자료수집	조직성과의 개선
방법론	엄밀한 연구방법	사례연구와 행동연구
학습의 결과	잠재적 행동변화	실제적 행동변화
학습과 성과 간의 관계	긍정적 또는 부정적	긍정적

자료: Tsang(1997)

2. 조직에서 사회학습

어느 조직을 막론하고 조직은 두 사람 이상의 인간이 모인 결합체이기 때문에 사람들 간의 관계를 통해 조직이 운영된다. 조직학습이 특정 변화와 혁신을 모색하기 위한 학습이라면 보편적이고 일상적으로 일어나는 학습이 사회학습이다.

Jordan(1996)은 인간의 모든 활동에서 일어나는 비공식적 학습을 설명하면서, 일상에

서 사회성에 기반을 둔 학습이 일어난다고 주장하였다. Lave & Wenger(1991)는 상황경험(situated experience) 또는 상황학습(situated learning)으로써 사람과 환경과의 상호작용을 언급한 바 있다. 요컨대, 우리 자신이 다른 상황을 경험함으로써 학습이 이루어지며 특히, 중요한 경험을 통해 우리 자신의 변화를 가져온다는 의미이다(Ali et al., 2002: 61).

사회학습(social learning)은 집단이나 조직 내에서 일어나는 일반적인 학습으로써 어떤 문화집단(cultural cluster)과 일반적인 학습을 촉진시키는 절차 및 지식과 실제가 횡단적으로 전달하는 절차 등을 포함하고 있다(Ali et al., 2002: 61).

Ali 등(2002: 61-62)는 효과적인 사회학습이 촉진된다면 다음과 같은 결과를 가져온다고 주장하였다. 이들은 조직풍토(organizational climate)나 조직문화(organizational culture)의 용어를 사용하지 않는 대신 이들 용어보다 상위 개념이자 가장 중요한 가치로 사회학습 개념을 제시하였다.

① 임파워먼트(empowerment)
② 실수에 대한 관대(forgiveness of mistake making)
③ 신뢰(trust)
④ 개인몰입과 조직몰입(individual and organizational commitment)
⑤ 정보공유(sharing of information)
⑥ 의사결정정의 공개(openness of decision making)
⑦ 문화적 결속(cultural cohesiveness)

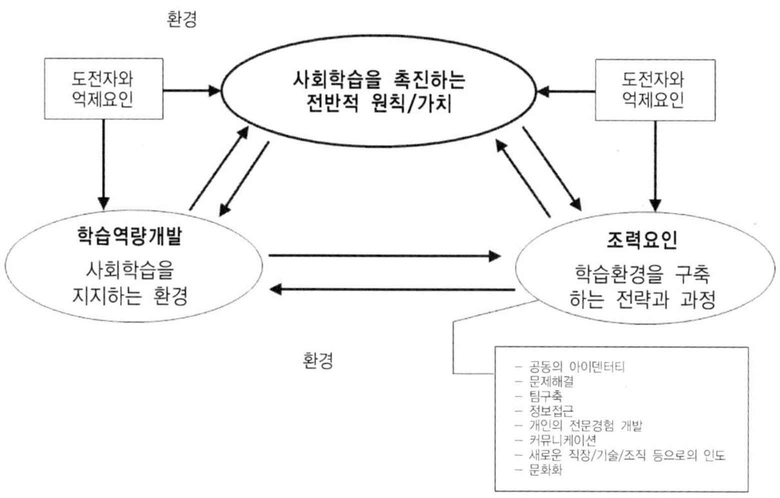

[그림 1-5-1] 조직에서 사회학습에 영향을 미치는 요인

3. 조직학습의 구조

조직학습 과정은 학습수준과 학습단계로 구분한다. 조직학습 수준은 개인, 집단, 조직으로 발전되고 학습단계는 획득, 이전, 통합이 상호작용을 통해 일어난다. 따라서 개인을 통해서 학습의 소스가 획득되어 집단으로 이전되고 조직으로 통합되지만 이런 과정이 상호순환적으로 일어나면서 학습의 결과로 나타나게 된다([그림 1-5-2]).

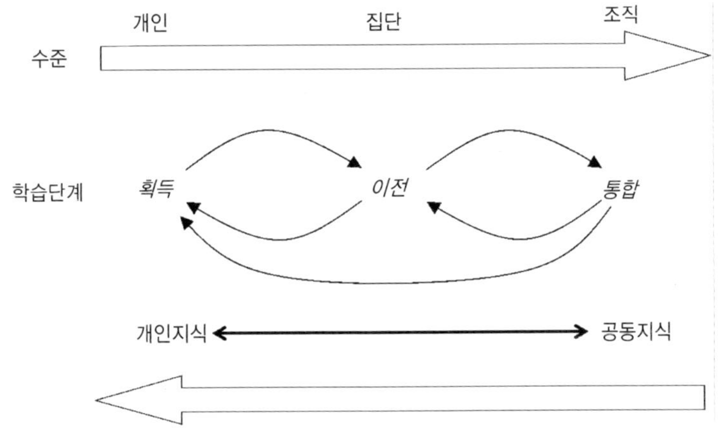

자료: Jerez-Gomez et al.(2005: 716)

[그림 1-5-2] 조직학습 과정

조직학습은 학습의 목표와 조직학습의 수준 그리고 조직학습의 과정이 같은 맥락을 가져야만 학습 효과를 가져올 수 있다. [표 1-5-6]에서 제시한 바와 같이 팀워크는 개인수준과 그룹수준 학습의 상호순환 과정으로 이루어지며 정보를 분배하고 해석함으로써 학습효과를 가져온다. 임파워먼트를 위해서는 개인수준의 학습이 조직수준의 학습으로 이전 및 변환되어야 하며 조직메모리를 통해 학습효과를 기대한다. 잠재적 커뮤니케이션을 위해서는 조직수준 학습이 개인수준 학습으로 이전되며 정보분배를 통해 학습효과를 가져온다.

[표 1-5-6] 조직학습을 위한 구조

구분	조직학습의 수준	조직학습의 과정
팀워크	개인수준 학습 → 그룹수준 학습 그룹수준 학습 → 개인수준 학습	정보분배 정보해석
임파워먼트	개인수준 학습 → 조직수준 학습	조직메모리
잠재적 커뮤니케이션	조직수준 학습 → 개인수준 학습	정보분배
미들업다운관리	개인수준 학습 → 조직수준 학습	지식획득

자료: Hong(1999: 182)

이와 같이 조직학습의 단계 및 과정은 개인, 집단, 조직 단위로 이전 및 확산하게 되는데, [그림 1-5-3]은 조직학습의 단계별 구조와 영향요인을 모형으로 나타내고 있다. 조직학습의 출발은 개인에서 집단으로, 집단에서 조직으로 이전 및 전파되지만 가장 선행적 요인은 조직의 비전과 직무의 특성 및 개인스킬에 따라 영향을 받게 된다. 즉, 조직의 비전과 개인이 담당하고 있는 직무범위와 일의 환경 그리고 개인스킬과 사고방식이 상호작용함으로써 개인에 초점을 맞춘 단일고리학습에 영향을 미치며 개인목표와 관련성 정도로 학습의 효과가 나타나게 된다. 계속해서 개인학습의 결과가 2단계인 이중고리학습으로 나타며 이중고리학습단계에서도 선행적 요인들에 의해 동시에 영향을 받게 되며 팀목표와 관련성 정도로 학습효과가 나타나게 된다. 팀학습에서 조직학습으로 이전되는 삼중고리학습단계에서는 선행적 요인들과 단일고리 및 이중고리학습에 영향을 받게되며 조직목표의 관련성 정도로써 행동변화라는 학습효과가 나타난다.

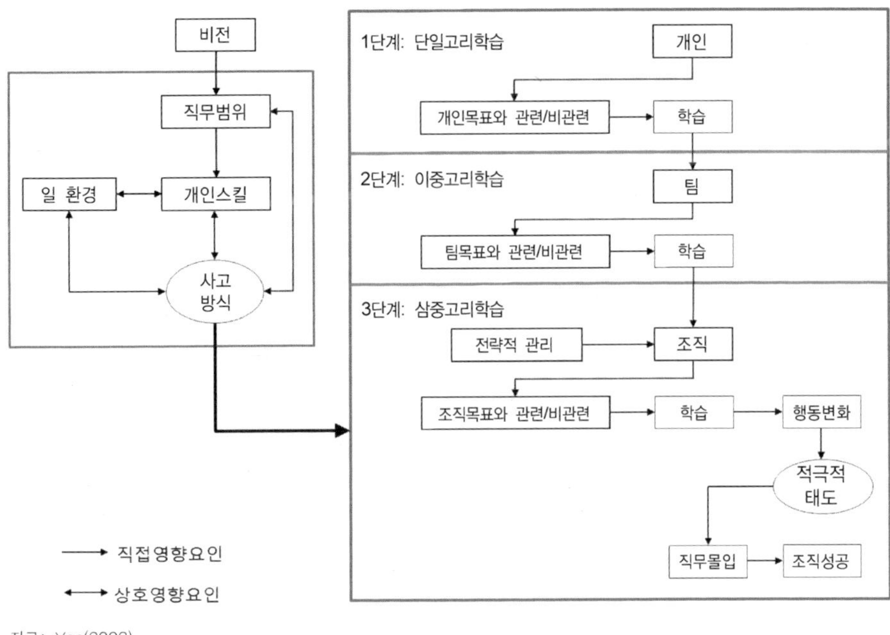

[그림 1-5-3] 조직학습의 단계와 단계별 영향요인

4. 조직학습의 단계

조직학습의 단계를 이해하는 데 있어서 중요한 개념은 이들 학습에 대한 개념적 구조를 파악하는 것이다. 전술한 바와 같이 Argyris & Schon(1974)가 제시한 단일고리학습(single-loop learning), 이중고리학습(double-loop learning) 그리고 삼중고리학습(triple-loop learning) 개념과 특징을 살펴봄으로써 조직학습의 발전단계를 파악할 수 있을 것이다.

1) 단일고리학습

단일고리학습은 전형적으로 규칙에 따른 학습(following the rules)을 의미한다. 예를 들어, 방이 너무 차갑게 되면 난방을 켜고, 방이 너무 뜨겁게 되면 난방을 끄는 경우이다. 즉, 어떤 시스템이 한 가지 방식으로 자동적으로 반응을 하거나 제한된 유형으로 반응하게 되는 경우이다. 이 경우에는 학습이 거의 일어나지 않고 통찰력 또한 거의 필요로 하지 않는다. 대부분의 조직들은 단일고리학습에 따라 작동되며 조직구성원들은 경직된 전략, 정책, 절차에 따르게 되고 '규칙'을 찾거나 규칙에서 벗어난 것을 수정하는 데 시간을 보내게 된다. 단일고리학습은 조직환경이 안정적이고 예측가능한 상태에서 조직운영 방식이 정형적이고 기계적으로 작동되는 경우에 찾아볼 수 있다.

2) 이중고리학습

이중고리학습은 규칙의 변화(changing the rules)를 포함하고 있다. 이중고리학습의 경우 조직구성원들은 자신들의 규칙이 변화되어야 하고 규칙에서 벗어난 일들이 일어날 수도 있으며 그것들을 어떻게 바로잡을 것인가를 고민하게 된다. 이와 같은 학습은 '틀에서 벗어난 사고'와 비판적 사고를 일으키게 한다. 그리고 이런 학습은 목표를 달성하거나 문제를 해결하는 데 있어서 왜 특별한 해결방안이 적용되어야 하는가를 이해하는 데 도움을 준다. 이중고리학습은 조직의 성공에 매주 중요하며, 특히 급격한 변화가 일어나는 시기에 매우 유효하다.

3) 삼중고리학습

삼중고리학습은 학습에 대한 학습(learning about learning)으로써 학습방법을 학습하는 것이다. 삼중고리학습에서는 규칙이 변화되어져야 하는지를 참여자들이 인식하는 것뿐만 아니라 참여자들이 그런 규칙을 어떻게 생각하는지에 관해 숙고한다. 이 같은 학습형태는 신념과 지각에 관하여 우리 자신이나 다른 사람을 더욱 잘 이해하는 데 도움을 준다. 삼중고리학습은 이중고리학습에 대해 이중고리학습으로써 설명될 수 있다.

5. 조직학습과 학습조직의 차이

조직학습(organizational learning)과 학습조직(learning organization)에 대해 많은 논자들은 동의어는 아니지만 두 개념을 상호교호적으로 사용하여 왔다(Boje, 1994: 433-434; Hawkins, 1994; Hedberg, 1981: 22; Levitt and March, 1988: 323; Nevis et al., 1995). 학습조직이란 용어가 사용되지 않을 때 학습조직은 언어의 변이로만 쉽게 설명되었다. 조직학습과 비교하면 학습조직은 단순히 배우는 조직으로 이해되었다(Örtenblad, 2001: 125). 그동안 조직학습과 학습조직 간의 차이를 구별하는 논의(Argyris, 1999; Argyris & Schön, 1996; Easterby-Smith, 1997; Easterby-Smith & Araujo, 1999; Easterby-Smith et al., 1998; Edmondson & Moingeon, 1998; Elkjaer, 1999; Finger & Bürgin Brand, 1999; Leitch et al., 1996; Tsang, 1997)가 있어 왔음에도 불구하고 용어가 혼용(Fulmer et al., 1998; Klimecki & Lassleben, 1998; Preskill & Torres, 1999)되어 온 것이 오히려 두 개념을 이해하기 어렵게 만들었다.

1) 기본적 차이

조직학습과 학습조직은 기본적으로 차이점을 가지고 있다. 조직학습은 하나의 정의를 가지고 있는 데 반해 학습조직은 여러 정의를 가지고 있다. 그리고 학습조직은 하나의 조직의 형태로 나타낸 데 반해 조직학습은 조직에서 학습의 활동 또는 프로세스 의미한다. 그리고 학습조직은 노력을 필요로 하지만 조직학습은 노력을 필요로 하지 않는다는 점이다.

2) 내용적 특징

조직학습은 조직에서 프로세스 또는 학습의 활동을 의미한 데 반해, 학습조직은 조직 그 자체를 의미한다.

> 조직학습은 조직에서 일어나는 어떤 활동의 유형을 설명하기 위해 사용된 개념인데 반해 학습조직은 조직의 특별한 유형을 포함한다(Tsang, 1997: 74-75; DiBella, 1995: 287; Elkjaer, 1999: 75; Finger & Bürgin Brand, 1999: 136-137; Lundberg, 1995: 10).

전술한 고리학습(loop learning)에서 제시한 바와 같이 조직학습 단계가 구분되듯이 조직학습이 개인에서 팀으로, 팀에서 조직으로 연계되는 하나의 프로세스이다. 이와 관련하여 고전적 관점에서 조직학습은 조직을 위한 에이전트로 개인의 학습이라고 하였으나(Argyris & Schön, 1978), 현대적 관점에서 조직학습 개념은 공동에 의한 학습(Cook & Yanow, 1993) 또는 사회적 존재로 인간에 의미를 갖는 학습(Brown & Duguid, 1991; Lave & Wenger, 1991; Richter, 1998; Wenger, 1991)으로까지 그 범위가 넓어지고 있다.

한편, 조직학습의 프로세스와 학습조직의 조직형태는 중복성을 가진다는 견해도 있다. 학습조직은 변화, 적응, 발전, 또는 학습을 위한 지속적인 프로세스로 설명을 하기도 한다(Swieringa & Wierdsma, 1992: 71-72). 이와 같은 시각은 조직학습이 궁극적으로 학습의 효과를 가져오기 위한 것으로 볼 수 있는 반면 학습조직은 효과를 극대화할 수 있는 하나의 조직형태로 해석할 수 있다.

Örtenblad(2001)은 위의 개념 정의를 명확히 하기 위해, 조직학습을 학습조직을 지속시키기 위한 프로세스(Jones & Hendry, 1994: 157)로 보는 데 반해 학습조직을 특별한 종류의 조직학습(Easterby-Smith, 1997; Huysman, 1996)으로 보았다.

이상과 같이 일반적으로 조직학습을 학습과정으로, 학습조직을 조직의 한 형태로 파악되기도 하지만 '조직의 형태'라는 개념도 분명하지 않다. 상황적합론의 관점에 의하면, 조직의 형태란 어떤 상황에서 적합한 형태라고 말하기도 하고(Mintzberg, 1983), 지식 인센티브 회사와 같이 어떤 종류의 조직을 말하기도 한다(Alvesson, 1993). 그러나 '무슨 형태'가 '상황'에 적합하다는 것인지, '어떤 상황'에 '어떤 형태'가 적합하다는 것인지, 그리고 지식 인센티브 회사가 어떤 차별적 특징을 가지는지 명확하지 않다.

3) 규범성

조직학습과 학습조직은 규범성에서 그 차이를 찾을 수 있다. 학습조직이 하나의 규범적인 개념인데 반해 조직학습은 여러 가지로 묘사된다는 것이다.

첫째, 어떤 노력을 했는지 여부에 차이가 있다. 조직학습이 노력 없이 이루어지는 데 반해 학습조직은 어떤 활동을 필요로 한다는 것이다. 모든 조직은 조직학습을 가질 수 있지만 그중에서 일부 조직만이 학습조직이 될 수 있다는 것이다. 조직학습은 '자연스러운 상태'이지만 학습조직은 '자연스러운 학습 이상'의 의미를 담고 있다(Dodgson, 1993: 380).

둘째, 이념에 있어서 조직학습은 중립적인데 반해 학습조직은 어떤 활동을 위해 더욱 선호적이라는 것이다. Tsang(1997)은 조직학습을 기술적인 것으로, 학습조직을 규범적인 것으로 구분하면서 '이념'이라고 이름을 붙였다(Tsang, 1997: 81). Easterby-Smith & Araujo(1999: 8)은 학습조직에 관한 저자들은 향상된 학습과정을 위한 규범적 모델을 발전시키는 데 집중한 반면, 조직학습의 저자들은 조직에서 학습의 본질과 프로세스를 이해하는 데 초점을 맞추었다고 주장하였다.

셋째, 이념적인 것은 바람직한 것이지만 반드시 필요하지 않는 데 반해 이와 반대되는 것은 숨 쉬는 것과 같이 반드시 존재해야만 한다는 의미이다. 그러므로 조직은 생존(조직학습)을 위해서 학습해야 하지만 반드시 학습조직을 해야 할 필요는 없다는 것이다. Kim(1993)는 회사는 조직학습 없이 존재할 수는 없다는 주장을 폈다.

이상의 논의를 정리 요약한 것이 [표 1-5-7]이다.

[표 1-5-7] 조직학습과 학습조직의 차이 비교

구분	조직학습	학습조직
내용의 특성	프로세스	조직형태
규범성	기술적	규범적(이념적)
	자연적으로 존재	활동 필요함
	중립적	더욱 선호적
	필수적	필수적이 아님
	획득할 수 있는	도달할 수 없는
	알려진	알려지지 않는
타깃집단	학문적	실무자, 컨설턴트

자료: Örtenblad(2001: 128)

6. 조직학습의 측정

조직학습 수준과 범위의 측정은 다양한 논의가 있지만, 본 고에서는 다음과 같이 [그림 1-5-3]에 따른 단계별 질문 문항을 제시한다(Yeo, 2002: 167). 이 질문으로 '면접방식'으로 이루어지기 때문에 정성적 값을 가질 수 있다.

(1) 단일고리학습

① 1단계 단일고리학습에 영향을 미치는 이슈는 무엇입니까?
② 단일고리학습 단계에서 개인스킬이 학습에 영향을 미칩니까?
③ 단일고리학습 단계에서 사고방식이 학습에 영향을 미칩니까?
④ 단일고리학습 단계에서 일 환경이 학습에 영향을 미칩니까?
⑤ 단일고리학습 단계에서 직무범위가 학습에 영향을 미칩니까?
⑥ 단일고리학습 단계에서 조직의 비전과 방향이 학습에 영향을 미칩니까?
⑦ 단일고리학습 단계에서 다른 학습에 영향을 미치는 다른 요인은 무엇입니까?
⑧ 단일고리학습 단계에서 이중고리학습 단계로 진행하려는 종업원들의 결정에 개인목표가 관련 되는가?

(2) 이중고리학습

① 2단계 이중고리학습에 영향을 미치는 이슈는 무엇입니까?
② 이중고리학습 단계에서 개인스킬이 학습에 영향을 미칩니까?
③ 이중고리학습 단계에서 사고방식이 학습에 영향을 미칩니까?
④ 이중고리학습 단계에서 일 환경이 학습에 영향을 미칩니까?
⑤ 이중고리학습 단계에서 직무범위가 학습에 영향을 미칩니까?
⑥ 이중고리학습 단계에서 조직의 비전과 방향이 학습에 영향을 미칩니까?
⑦ 이중고리학습 단계에서 다른 학습에 영향을 미치는 다른 요인은 무엇입니까?
⑧ 이중고리학습 단계에서 삼중고리학습 단계로 진행하려는 종업원들의 결정에 팀목표가 관련 되는가?

(3) 삼중고리학습

① 3단계 이중고리학습에 영향을 미치는 이슈는 무엇입니까?
② 삼중고리학습 단계에서 개인스킬이 학습에 영향을 미칩니까?
③ 삼중고리학습 단계에서 사고방식이 학습에 영향을 미칩니까?
④ 삼중고리학습 단계에서 일 환경이 학습에 영향을 미칩니까?
⑤ 삼중고리학습 단계에서 직무범위가 학습에 영향을 미칩니까?

⑥ 삼중고리학습 단계에서 조직의 비전과 방향이 학습에 영향을 미칩니까?

⑦ 삼중고리학습 단계에서 다른 학습에 영향을 미치는 다른 요인은 무엇입니까?

⑧ 이중고리학습 단계에서 삼중고리학습 단계로 진행하려는 종업원들의 결정에 조직목표가 관련 되는가?

한편 조직학습 역량을 통해 조직학습 수준을 측정할 수 있다. 조직학습은 '역량을 학습하기 위한 학습' 또는 '메타학습(meta-learning)'으로써 조직이 지속적인 변화모델에 따르고, 영구적으로 조직학습의 기본적인 가정과 이론에 도전하는 것으로 설명하고 있다(Swiering & Wiersma, 1992; Real et al. 2006). 이와 같은 개념에 의하여 도출된 조작화된 조직학습의 측정은 조직학습 역량을 측정하는 것으로 이해되며, 다음과 같은 조직학습 역량을 측정하는 차원으로 정리할 수 있다.

[표 1-5-8] 조직학습 역량 측정

저자	조직학습 차원(문항수)	분석 단위	연구목적
Goh(2003)	· 미션과 비전의 명확성(4) · 리더십 몰입과 임파워먼트(5) · 실험과 보상(5) · 효과적인 지식이전(4) · 팀워크와 그룹의사결정(3)	2개 민간회사의 개인	조직학습 역량을 측정하기 위한 툴 설명
Goh & Richards(1997)	· 목적과 비전의 명확성(4) · 리더십 몰입과 임파워먼트(5) · 실험과 보상(5) · 지식의 이전(4) · 팀워크와 그룹의사결정(3)	각각 2개 공공조직과 민간조직의 개인	조직학습을 촉진시키는 관리적 실제를 측정하고 또는 학습조직이 되기 위하여 조직에 도움을 줄 수는 조건과 요인을 파악하기 위함
Hult(1998)	· 팀지향(5) · 시스템지향(4) · 학습지향(4) · 메모리지향(4)	국제 전략기업	다국적 서비스 회사의 전략적 부품조달 과정에서 조직학습의 역할을 조사하기 위함
Hult & Ferrell(1997)	· 팀지향(5) · 시스템지향(4) · 학습지향(4) · 메모리지향(4)	국제 전략기업	다국적 회사의 구매과정에 이용하려는 조직학습 역량을 개발하고 측정하기 위함
Jerez-Gomez et al.(2004)	· 관리몰입(5) · 시스템지향(3) · 개방과 실험(4) · 지식이전과 통합(4)	111개 조직	조직학습 역량을 위한 측정 척도 개발
Yeung et al.(1999)	· 영향을 주는 아이디어의 일반화(24) · 학습 무능력(34)	전략적 기업	상황변수(산업, 기업전략, 조직문화)가 어떻게 영향을 미치고, 왜 조직학습을 하며, 조직학습 역량이 어떻게 기업성과에 영향을 미칠 수 있는가를 파악하기 위함

자료: Real et al.(2006)

[참고문헌]

김호정(2002). 한국행정문화연구와 경쟁가치모형. 「한국정책학회」, 11(3): 219-238.

도운섭(2006). 조직문화 유형과 조직 효과성 관계에 관한 실증적 분석: 문화관광부를 대상으로. 「한국거버넌스학회보」, 13(2): 271-290.

박노윤(1997). 조직문화 전략의 관계에 관한 탐색적 연구. 「경영학연구」, 26(2): 303-329.

서인덕(1986). 「한국기업의 조직문화유형과 조직특성간의 관련성 연구」. 박사학위논문, 서울대 대학원.

서현주 · 박종훈 · 양희동(2004). 사용자의 흡수능력이 ERP 사용성과에 미치는 영향: 지식이전 관점. 「경영정보학회 ERP SIG 모임 자료」. 2004. 3. 27.

설현도(2007). 반도체 장치 제조 중소기업의 신속한 기술능력 축적과정에 대한 사례연구. 「지식연구」, 5(1): 179-217.

신장호(2008). 「조직문화유형이 조직유효성에 미치는 영향에 관한 연구: 노사관계 안정성을 매개로」. 석사학위논문, 한국기술교육대학교 산업대학원.

장재윤(2000). 조직 창의성에 대한 개념적 모형 및 진단 척도 개발. 「한국산업 및 조직심리학회 춘계학술발표회 논문집」. 61-80.

장재윤(2001). 기업에서의 창의성 경영. 「한국지식경영학회 학술심포지엄」.

주효진 · 김옥일 · 박광국(2007). 행정조직의 문화유형에 대한 실증적 분석: 조직문화평가도구(OCAI)의 적용. 「한국사회와 행정연구」, 18(3): 41-59.

한세억(2003). 지능적 전자정부의 행정이념과 실천 - 창의성 - . 「2003년 하계학술대회발표논문집」, 한국행정학회.

황상재(1999). 방송3사의 조직문화 유형과 조직 효과성에 관한 연구. 「한국방송학보」, 13: 389-419.

Abou-Zeid, E-S. & Cheng, Q.(2004). The Effectiveness of Innovation: A Knowledge Management Approach. *International Journal of Innovation Management,* 8(3): 261-274.

Adair, J.(1990). *The Challenge of Innovation.* Kogan Page, London

Agle, B. R. & Caldwell, C. B.(1999). Understanding research on values in business. *Business and Society,* 38: 326-392.

Ahuja, G.(2000). The duality of collaboration: inducements and opportunities in the formation of interfirm linkages. *Strategic Management Journal,* 21(3), 317-343.

Aiken, M. & Hage, J.(1971). The organic organization and innovation. *Sociology,* 5: 63-82.

Aiken, M., Bacharach, S. B. & French, J. L.(1980). Organizational structure, work process, and proposal making in administrative bureaucracies. *Academy of Management Journal,* 23: 631-652.

Alavi, M. & Leidner, D.(2001). Knowledge management and knowledge management systems: conceptual foundations and research issues. *MIS Quarterly,* 25: 107 - 36.

Ali, I. M., Pascoe, C. & Warne, L.(2002). Interactions of organizational culture and collaboration in working and learning. *Educational Technology & Society,* 5(2): 60-68.

Alice, L.(2004). Organizational Innovation. *Working Paper No. 1.* http://mpra.ub.uni-muenchen.de/11539/

Allaire, Y. & Firsirotu, M. E.(1984). Theories of organizational culture. *Organization Studies,* 5(3): 193-226.

Alvesson, M.(1993). Organizations as rhetoric: knowledge-intensive firms and the struggle with ambiguity. *Journal of Management Studies,* 30(6): 997-1015.

Amabile, T. M.(1983). *The Social Psychology of Creativity.* NY.: Springer-Verlag.

Amabile, T. M.(1985). Motivation and creativity; Effects of motivational orientation on creative writers. *Journal of Personality and Social Psychology,* 48: 393-399.

Amabile, T. M.(1988). A model of creativity and innovation in organizations. In B. M. Staw & L. L. Cummings(eds.). *Research in Organizational Behavior,* 10: 123-167. Greenwich, CT: JAI Press.

Amabile, T. M.(1996a). *Creativity and innovation in organizations.* Boston: Harvard Business School Press.

Amabile, T. M.(1996b). *Creativity in context: Update to the social psychology of creativity.* Boulder, Colorado: Westview Press.

Amabile, T. M.(1998). How to kill creativity. *Harvard Business Review,* Sep.-Oct.: 76-87.

Amabile, T. M., Conti, R., Coon, H., Lazenby, J. and Herron, M.(1996). Assessing the work environment for Creativity. *Academy of Management Journal,* 39(5): 1154-1184.

Amabile, T. M., Hadley, C. N. & Kramer, S. J.(2002). Creativity under the gun. *Harvard Business Review,* 52-61.

Amabile. T. M.(1983). *The social psychology of creativity.* New York: Springer-Verlag.

Amabile. T. M.(1988). A model of creativity and innovation in organizations. In B. M. Staw & L. L. Cummings(Eds.). *Research in organizational behavior,* 10: 123-167. Greenwich. CT: JAI Press.

Amabile. T. M., Goldfarb. P. & Brackfield. S. C.(1990). Social influences on creativity: Evaluation, coaction, and surveillance. *Creativity Research Journal,* 3: 6-21.

Andersen, T. J. & Foss, N. J.(2005). Strategic opportunity and economic performance in multinational enterprises: The role and effects of information and communication technology. *Journal of International Management,* 11: 293-310.

Argote, L.(1999). *Organizational Learning: Creating, Retaining and Transferring Knowledge.*

Kluwer, Boston.

Argyris, C. & Schön, D. A.(1978). *Organizational Learning: A Theory of Action Perspective.* Addison- Wesley, London.

Argyris, C. & Schön, D. A. (1996). *Organizational Learning II: Theory, Method, and Practice.* Addison-Wesley, Reading, MA.

Argyris, C.(1999). *On Organizational Learning.* Blackwells, Oxford.

Arieti. S.(1976). *Creativity: The magic synthesis.* New York: Basic Books.

Armbrecht, F., Chapas, R., Chappelow, C., Farris, G., Friga, P. & Hartz, C.(2001). Knowledge management in research and development. *Research Technology Management,* 44(4): 28-48.

Askansasy, N. M., Broadfoot, L. E. and Falkus, S.(2000). Questionnaire measures of organisational culture. *Handbook of Organisational Culture and Climate,* 1-18. Sage.

Atuahene-Gima, K.(1996). Differential Potency of Factors Affecting Innovation Performance in Manufacturing and Services Firms in Australia. *Journal of Product Innovation Management,* 13(1): 35-52.

Balbontin, A., Yazdani, B., Cooper, R. & Souder, W. E.(1999). New Product Success Factors in American and British firms. *International Journal of Technology Management,* 17(3): 259-280.

Baldridge, J. V. & Burnham, R.(1975). Organizational innovation: Industrial, organizational, and environmental impact. *Administrative Science Quarterly,* 20: 165-176.

Barley, S. R., Meyer, G. W. & Gash, D. C.(1988). Cultures of control: academics, practitioners and pragmatics of normative control. *Administrative Science Quarterly,* 37: 24-60.

Barney, J. B.(1986). Organizational culture: can it be a source of sustained competitive advantage. *Academy of Management Review,* 11(3): 656-665.

Barron. F.(1969). *Creative person and creative process.* New York: Holt. Rinehart & Winston.

Baumard, P.(2001). *Tacit knowledge in organizations.* London: SAGE Publications.

Bettis, R. A. & Prahalad, C. K.(1995). The dominant logic: Retrospective and extension. *Strategic Management Journal,* 16: 5-14.

Birchall, D. W., Chanaron, J. J. & Soderquist, K.(1996). Managing Innovation in SMEs: A Comparison of Companies in the UK, France and Portugal. *International Journal of Technology Management,* 12(3): 291-305.

Blackler, F.(1995). Knowledge, knowledge work and organizations: an overview and interpretation. *Organization Studies,* 1(6): 1021-1046.

Blau, J. R. & McKinley, W.(1979). Idea, complexity, and innovation. *Administrative Science Quarterly,* 24: 200-219.

Blau, P. M. & Schoenherr, R. A.(1971). *The structure of organization.* New York: Basic

Books.

Bloor, G. & Dawson, P.(1994). Understanding professional culture in organizational context. *Organization Studies,* 15: 275-295.

Boer, M. de, Bosch, F.A.J. van den & Volberda, H.W. 1999: Managing Organizational Knowledge Integration in the Emerging Multimedia Complex. *Journal of Management Studies,* 36(3): 379-398.

Boisot, M. H.(1998). *Knowledge Assets.* Oxford: Oxford University Press.

Boje, D. M.(1994). Organizational storytelling: the strugglers of pre-modern, modern and post- modern organizational learning discourses. *Management Learning,* 25(3): 433-461.

Boynton, A., Zmud, R. & Jacobs, G.(1994). The Influence of IT management practice on IT use in large organizations. *MIS Quarterly,* 18: 299-320.

Bradley, L. & Parker, R.(2002). Organisational Culture in The Public Sector. *Report for the Institute of Public Administration,* Australia.

Bratton, J. & Gold, J.(2003). *Human Resource Management-Theory and Practice.* Palgrave Macmillan, New York, NY.

Brown, J. S. & Duguid, P.(1991). Organizational learning and communities-of-practice: toward a unified view of working, learning, and innovation. *Organization Science,* 2(1): 40-57.

Brown, S. L. & Eisenhardt, K. M.(1998). *Competing on the edge: Strategy as structured chaos.* Boston, MA: Harvard Business School Press.

Brown. R. T.(1989). Creativity: What are we to measure? In J. A. Glover. R. R. Ronning & C. R. Reynolds(Eds.). *Handbook of creativity,* 3-32. New York: Plenum Press.

Brunetto, Y.(2001). Mediating change for public-sector professionals. *The International Journal of Public Sector Management,* 14(6): 465-481.

Buono, A. F., Bowditch, J. L. and Lewis, J. W. (1985). When cultures collide: the anatomy of a merger. *Human Relations,* 38(5): 477-500.

Burgoyne, J.(1999). Design of the times. *People Management,* 5(11): 38-44.

Burns, T. & Stalker, G. M.(1961). *The management of innovation.* London: Tavistock Publications.

Calori, R., G. Johnson, G. & Sarnin, P.(1994). CEOs' cognitive maps and the scope of the organization. *Strategic Management Journal,* 15: 437-457.

Camerer, C. and Vepsalainen, A.(1988). The economic efficiency of corporate culture. *Strategic Management Journal,* 9: 115-126.

Cameron, K. S. & Quinn, R. E.(1999). *Diagnosing and changing organisational culture: based on the competing values framework.* Addison-Wesley Publishing.

Cameron, K. S.(2004). *A process for changing organizational culture.* Retrieved 23 August, 2005, from http://www.creativity-at-work.com/pdf/A%20Process%20 for %20Changing%20Organizational%

Campbell, J. P.(1977). On the nature of organisational effectiveness: new perspectives on organisational effectiveness. Jossey Bass, 13-55.

Cantwell, A. R., Mullen, T. R., Aiman-Smith(2007). Subcultures Tell the Story: Perceptions of Innovation-Capacity Culture. *Proceedings of 2007 SIOP Conference*, New York City, New York.

Capon, N., Farley, J., Donald, L., and Hulbert, J.(1992). Profiles of product innovators among large U.S. manufacturers. *Management Science, 36(2)*: 157-169.

Carlsson, B. and Jacobsson, S. 1994: Technological systems and economic policy: The diffusion of factory automation in Sweden. *Research Policy, 23(3)*: 235-249.

Carneiro, A(2000). How does knowledge management influence innovation and competitiveness? *Journal of Knowledge Management, 4(2)*: 87-98.

Cartwright, S. and C. L. Cooper(1996). *Managing Mergers, Acquisitions and Strategic alliances: Integrating People and Cultures.* Butterworth-Heinemann, Oxford.

Chatman, J. A. & Jehn, K. A.(1994). Assessing relationships between industry characteristics and organizational culture: how different can you be? *Academy of Management Journal, 37(June)*: 522-553.

Chen, Y. S., Lin, Ming-Ji J. & Chang, C. H.(2009). The positive effects of relationship learning and absorptive capacity on innovation performance and competitive advantage in industrial markets. *Industrial Marketing Management, 38*: 152-158.

Cho, N.(1996). How Samsung Organised for Innovation. *Long Range Planning, 29(26)*: 783-796.

Cockburn, I. M. & Henderson, R. M.(1998). Absorptive capacity, coauthoring behaviour, and the organization of research in drug discovery. *Journal of Industrial Economics, 46*: 157-182.

Cohen, W. M. & Levinthal, D.(1989). Innovation and learning: The two faces of R&D. *The Economic Journal, 99*: 569-596.

Cohen, W. M. & Levinthal, D.(1994). Fortune favors the prepared firm. *Management Science, 40(2)*: 227-251

Cohen, W. M. & Levinthal, D. A.(1990). Absorptive capacity: a new perspective on learning and innovation. *Administrative Science Quarterly, 35*: 128-152.

Cohen, W. M. & Levinthal, D. A.(1997). Reply to comments on fortune favors the prepared firm. *Management Science, 43*: 1463-1468.

Cohn, S. E. & Turyn, R. M.(1980). The structure of the firm and the adoption of process innovation. *IEEE Transactions on Engineering Management, 27*: 98-102.

Collins, H. M.(1993). The structure of knowledge. *Social Research, 60(1)*: 95-116.

Confessore, S. J. & Kops, W. J.(1998). Self-directed learning and the learning organization:

examining the connection between the individual and the learning environment. *Human Resource Development Quarterly,* 9(4): 365-375.

Cook, S. D. N. & Yanow, D. (1993). Culture and organizational learning. *Journal of Management Inquiry,* 2(4): 373-390.

Cooke, R. A.(1995). Organisational effectiveness inventory. *Human Synergistics/Center for Applied Research.*

Cooper, J. R.(1998). A Multidimensional Approach to the Adoption of Innovation. *Management Decision,* 36(8): 493-502.

Corwin, R. G.(1975). Innovation in organization: The case of schools. *Sociology of Education,* 4: 1-37.

Crossan, M. M., Lane, H. W., White, R. E. & Rush, J. C.(1994). Learning within organization. *Working paper no. 94-06,* The University of Western Ontario Richard Ivey School of Business, Ontario.

Czarniawska-Joerges, B.(1994). Narratives of individual and organizational identities. in Deetz, S. A.(Ed.). *Communication Yearbook,* Vol. 17, Sage, London, pp.193-221.

Czarniawska-Joerges, B.(1996). Organizing, process of. in Warner, M.(Ed.). *International Encyclopedia of Business and Management,* Vol. 4, Routledge, London, pp.3966-81.

Daft, R. L.(1982). Bureaucratic versus nonbureaucratic structure and the process of innovation and change. In S. B. Bacharach(ed.). *Research in the sociology of organizations*, vol. 1: 129-166. Greenwich, CT: JAI Press.

Daft, R. L. & Becker, S. W.(1978). *The innovative organization.* New York: Elsevier.

Daghfous, A.(2004). Absorptive capacity and the implementation of knowledgeintensive best practices. *S.A.M. Advanced Management Journal,* 69(2): 21-27.

Damanpour, F.(1987). The adoption of technological, administrative, and ancillary innovations: Impact of organizational factors. *Journal of Management,* 13: 675-688.

Damanpour, F.(1991). Organizational innovation: A meta analysis of effects of determinants and moderators. *Academy of Management Journal,* 34(3): 555-590.

Damanpour, F.(1996). Organizational complexity and innovation: Developing and testing multiple contingency models. *Management Science,* 42(5): 693-716.

Damanpour, F. and Evan, W. (1984). Organizational innovation and performance: The problem of "organizational lag". *Administrative Science Quarterly,* 29: 392-409.

Damanpour, F. & Wischnevsky, J. D.(2006). Research on innovation in organizations: Distinguishing innovation-generating from innovation-adopting organizations. *Journal Engineering and Technology Management,* 23: 269-291.

Davenport, T. & Prusak, L.(1998). *Working Knowledge: How Organizations Manage What They Know.* Boston: Harvard Business School Press.

Deal, T. E, and Kennedy, A. A.(1982). *Corporate Culture.* Reading, Mass: Addison-Wesley.

Deeds, D. L.(2001). The role of R&D intensity, technical development and absorptive capacity in creating entrepreneurial wealth in high technology start-ups. *Journal of Engineering and Technology Management,* 18, 29-47.

Denhardt, R. B.(1991). *Public Administration: An Action Orientation.* Brooks/Cole Publishing, Pacific Grove, CA.

Denison, D. R. & Spreitzer, G. M.(1991). Organizational culture and organizational development. *Research in Organizational Change and Development,* 5: 1-21.

Detert, J. R., Schroeder, R. G. & Mauriel, J. J.(2000). A framework for linking culture and improvement initiatives in organizations. *Academy of Management Review,* 25: 850-863.

Dewar, R. D. & Dutton, J. E.(1986). The Adoption of Radical and Incremental Innovations: An Empirical Analysis. *Management Science,* 32(11): 1422-1433.

Dewett, T.(2004). Employee creativity and the role of risk. *European Journal of Innovation Management,* 7(4):. 257-266.

Dhanaraj, C., Lyles, M. Steensma, K. & Tihanyi, L.(2004). The dynamics of relational embeddedness: Tacit and explicit learning in international joint ventures. *Journal of International Business Studies,* 35(5): 428-443.

DiBella, A. J.(1995). *Developing learning organizations: a matter of perspective.* Academy of Management: Best Papers Proceedings, pp.287-90.

Dijksterhuis, M. S., Van den Bosch, F. A. J. & Volberda, H. W.(1999). Where do new organizational forms come from? Management logics as a source of coevolution. *Organization Science,* 10: 569-582.

Dixon, N.(1994). *The Organizational Learning Cycle: How We Can Learn Collectively.* McGraw-Hill, Maidenhead.

Dodgson, M.(1993). Organizational learning: A review of some literature. *Organization Studies,* 14: 375-394.

Donate, M. J. & Guadamilla, F.(2010). The Effect of Organizational Culture on Knowledge Management Practices and Innovation. *Knowledge and Process Management,* 17(2): 82-94.

Douglas, M. & Wildavsky, A.(1982). *Risk and Culture: An Essay on the Selection of Technological and Environmental Dangers.* Berkeley, CA: University of California Press.

Drazin, R., Glynn, M. A. & Kazanjian, R. K.(1999). Multilevel theorizing about creativity in organizations: A sensemaking perspective. *Academy of Management Review,* 24: 286-307.

Drew, S. A. W. & Smith, P. A. C.(1995). The learning oraganisation: change proofing and strategy. *The Learning Organisation,* 2(1): 4-14.

Drucker, P.(1999). *Management Challenges for the 21st Century.* New York: Harper Collins

Publishers.

Drucker, P. F.(1993). *Post-capitalist society*. New York: Butterworth Heineman.

Dyer, J. H. and Singh, H.(1998). The Relational View: Cooperative Strategy and Resources of Interorganizational Competitive Advantage. *Academy of Management Review*, 23: 660-679.

Easterby-Smith, M. & Araujo, L.(1999). Organizational learning: current debates and opportunities. in Easterby-Smith, M., Burgoyne J. and Araujo L.(Eds). *Organizational Learning and the Learning Organization: Developments in Theory and Practice*, Sage, London, pp.1-21.

Easterby-Smith, M.(1997). Disciplines of organizational learning: contributions and critiques. *Human Relations*, 50(9): 1085-1113.

Easterby-Smith, M., Snell, R. and Gherardi, S.(1998). Organizational learning: diverging communities of practice? *Management Learning,* 29(3): 259-272.

Edmondson, A. & Moingeon, B.(1998). From organizational learning to the learning organization. *Management Learning,* 29(1): 5-20.

Edmondson, A.(2001). Psychological safety and learning behavior in work teams. *Administrative Science Quarterly*, 44(2): 350-384.

Elkjaer, B.(1999). In search of a social learning theory. in Easterby-Smith, M., Burgoyne J. and Araujo L.(Eds). *Organizational Learning and the Learning Organization: Developments in Theory and Practice*, Sage, London, pp.75-91.

Ernest, R. C.(1985). Corporate Culture and Effective Planning. *Personnel Adminstrator*, Mar.: 50.

Ettlie, J. E. & O'Keefe, R. D.(1982). Innovative attitudes, values, and intentions in organizations. *Journal of Management Studies.* 19: 163-182.

Ettlie, J. E.(1980). Adequacy of Stage Models for Decisions on Adoption of Innovation. *Psychological Report,* 46(8): 991-995.

Ettlie, J. E. & Bridges, W. P. & O'Keefe, R. D.(1984). Organization strategy and structural difference for radical versus incremental innovation. *Management Science*, 30: 682-695.

Ettlit, J,, Bridges, W. & O'Keefe, R.(1984). Organization strategy and structural differences for radical versus incremental innovation. *Management Science,* 30(6): 682-695.

Ettlit, J. E. & Reza, E.(1992). Organizational integration and process innovation. *Academy of Management Journal,* 35: 795-827.

Feinberg, S. E. & Gupta, A. K.(2004). Knowledge spillovers and the assignment of R&D responsibilities to foreign subsidiaries. *Strategic Management Journal,* 25: 823-845.

Fichman, R. G.(2004). Real options and IT platform adoption: Implications for theory and practice. *Information Systems Research*, 15(2): 132-154.

Fichman, R. G. & Kemerer, C.(1999). The illusory diffusion of innovation: An examination ol assimilation gaps. *Information Systems Research,* 10: 255-275.

Finger, M. and BuÈrgin Brand, S.(1999). The concept of the learning organization applied to the transformation of the public sector: conceptual contributions for theory development. in Easterby-Smith, M., Burgoyne J. and Araujo L.(Eds). *Organizational Learning and the Learning Organization: Developments in Theory and Practice*, Sage, London, pp.130-56.

Fiol, C. M. & Lyles. M. A.(1985). Organizational learning. *Academy of Management Review,* 10: 803-813

Fiol, C. M.(1994). Consensus, diversity, and learning in organisations. *Organisation Science,* 5: 403-437.

Floyd, S. W. & Lane, P. J.(2000). Strategizing throughout the organization: Managing role conflict in strategic renewal. *Academy of Management Review,* 25: 154-177.

Foss, N. J. & Pedersen, T.(2004). Organizing knowledge processes in the multinational corporation: An introduction. *Journal of International Business Studies,* 35: 340-349.

Fulmer, R.M., Gibbs, P. & Keys, J. B.(1998). The second generation learning organizations: new tools for sustaining competitive advantage. *Organizational Dynamics,* 27(2): 6-20.

Galbraith, J.(1982). Designing the innovating organization. *Organizational Dynamics,* 11 (3): 5-25.

Garratt, B.(1990). *Creating a Learning Organisation: A Guide to Leadership, Learning and Development.* Director Books, Cambridge.

Garud, R. & Nayyar, P. R.(1994). Transformative capacity: Continual structuring by intertemporal knowledge transfer. *Strategic Management Journal*, 15: 365-385.

Garvin, D. A.(1988). *Managing quality.* New York: Free Press.

Garvin, D. A.(1993). Building a learning organization. *Harvard Business Review*, 71(4): 78-91.

Gherardi, S.(1999). Learning as problem-driven or learning in the face of mystery? *Organization Studies,* 20(1): 101-124.

Gherardi, S., Nicolini, D. & Odella, F.(1998). Toward a social understanding of how people learn in organizations: the notion of situated curriculum. *Management Learning,* 29(3): 273-297.

Glass, A. J. & Saggi, K.(1998). International technology transfer and the technology gap. *Journal of Development Economics*, 55: 369-398.

Glover, J., Shames, G. and Friedman, H.(1994). *Developing cultural assets.* Cultural Assets Management Inc.

Glynn, M. A.(1996). Innovative genius: A framework for relating individual and organizational intelligence to innovation. *Academy of Management Review,* 21: 1081-1111.

Glynn, M., Milliken, F. & Lant, T.(1992). Learning about organisational learning theory:

an umbrella of organising prosesses. *paper presented at the Academy of Management Meetings,* Las Vegas, NV.

Golann. S. E.(1963). Psychological study of creativity. *Psychological Bulletin,* 60: 548-565.

Goodenough, W. H.(1957). Cultural anthropology and linguistics. in P. Garvin(ed.). *Report of the seventh annual round table meeting on linguistics and language study,* Garvin(ed.). Washington, D. C.

Gopalakrishnan, S. & Bierly, P.(2001). Analyzing innovation and adoption using a knowledge-based approach. *Journal of Engineering and Technology Management,* 18: 107-130.

Gopalakrishnan, S. & Damanpour, F.(1997). A review of innovation research in economics, sociology and technology management. *Omega: The International Journal of Management Science,* 25(1): 15-28.

Gordon, G. G.(1991). Industry determinants of organizational culture. *Academy of Management Review,* 16: 396-415.

Grant, R. M.(1996a). Toward a knowledge-based theory of the firm. *Strategic Management Journal,* 17: 109-122.

Grant, R. M.(1996b). Prospering in dynamically-competitive environments: Organizational capability as knowledge integration. *Organization Science,* 7: 375-387.

Gray, J. H., Densten, I. L. and Sarros, J. C.(2003). A matter of size: does organisational culture predict job satisfaction in small organisations? *Working Paper,* Monash University.

Gronhaug, K. & Kaufmann, G.(1988). *Innovation: A Cross-Disciplinary Perspective(eds.).* Norwegian University Press, Oslo.

Groth, J. C. & Peters, J.(1999). What Blocks Creativity: A Managerial Perspective. *Creativity and Innovation Management,* 8(3): 179-187.

Guerras, L. A. & Navas, J. E.(2007). *Dirección Estratégica de la Empresa.* Thomson-Civitas: Madrid.

Gupta, A. K. & Govindarajan, V.(2000). Knowledge flows within multinational corporations. *Strategic Management Journal,* 21(4): 473-496.

Gurteen, D.(1998). Knowledge, creativity and innovation. *Journal of knowledge Management,* 2: 5-13.

Hage, J. & Aiken, M.(1967). Program change and organizational properties: A Comparative analysis. *American Journal of Sociology,* 72: 503-519.

Hage, J. & Dewar, R.(1973). Elite values versus organizational structure in predicting innovation. *Administrative Science Quarterly,* 18: 279-290.

Handy, C.(1978). *Gods of Management.* London: Souvenir Press. pp.25-41.

Harper, G. H.(2000). *Assessing information technology success as a function of organisational culture.* Ph. D dissertation, University of Alabama, Huntsville, AL.

Harrington. D. M.(1990). The ecology of human creativity: A psychological perspective. In M. A. Runco & R. S. Albert (Eds.). *Theories of creativity*, 143- 169. Newbury Park. CA: Sage.

Harris, S. G. & Mossholder, K. W.(1996). The affective implications of perceived congruence with culture dimensions during organizational transformation. *Journal of Management*, 22: 527-547.

Harrison, R.(1972). Understanding Your Organization's Character. *Harvard Business Review*, May-June: 25-43.

Hawkins, P.(1994). Organizational learning: taking stock and facing the challenge. *Management Learning*, 25(3): 433-461.

Hayes. J. R.(1989). Cognitive processes in creativity. In J. A. Glover. R. R. Ronning. & C. R. Reynolds (Eds.). *Handbook of creativity*, 135- 145. New York: Plenum Press.

Hedberg, B. L. T.(1981). How organizations learn and unlearn. in Nystrom P. C. and Starbuck, W. H. (Eds). *Handbook of Organizational Design*, Oxford University Press, Oxford, pp.3-27.

Hedlund, G.(1994). A model of knowledge management and the N-form corporation. *Strategic Management Journal*, 15: 73-90.

Hofstede, G., Geert, Neuijen, B., Ohayv, D. D. & Sanders, G.(1990). Measuring organizational cultures: a qualitative study across twenty cases. *Administrative Science Quarterly*, 36: 286-316.

Hofstede, G., Neuijen, B., Ohayv, D. D. & Sanders, G.(1990). Measuring organizational cultures: a qualitative and quantitative study across twenty cases. *Administrative Science Quarterly*, 35(1): 286-316.

Hong, F.(1999). Structuring for organizational learning. *The Learning Organization*. 6(4): 173-185.

Howard, L. W.(1998). Validating the competing values model as a representation of organizational cultures. *The International Journal of Organizational Analysis*, 6: 231-250.

Huber, G. P.(1991). Organizational learning: The contributing processes and the literatures. *Organizational Science*, 2(1): 88-115.

Hull, F. & Hage, J.(1982). Organizing for innovation: Beyond Burns and Stalker's organic type. *Sociology*, 16: 37-58.

Hurley, R. F. & Hult, G. T.(1998). Innovation, Market Orientation, and Organisational Learning: An Integration and Empirical Examination. *Journal of Marketing*, 62(3): 42-54.

Huygens, M., Baden-Fuller, C., Van den Bosch, F. A. J. & Volberda, H. W.(2001). Co-evolution of firm capabilities and industry competition: Investigating the music industry, 1877-1997. *Organization Studies,* 22: 971-1011.

Huysman, M.(1996). Dynamics of organizational learning. *unpublished doctoral dissertation,* University of Vrije, Amsterdam.

Inkpen, A. C. & Dinur, A.(1998). Knowledge management processes and international joint ventures. *Organization Science,* 9: 454-468.

Jansen, J. J. P., Van den Bosch, F. A. J. & Volberda, H. W.(2005). Managing potential and realized absorptive capacity: How do organizational antecedents matter? *Academy of Management Journal,* 48: 999-1015.

Jaskyte, K. & Kisieliene, A.(2006). Determinants of Employee Creativity: A Survey of Lithuanian Nonprofit Organizations. *Voluntas,* 17: 133-141.

Jaworski, B. J. & Kohli, A. K.(1993). Market Orientation: Antecedents and Consequences. *Journal of Marketing,* 57: 53-70.

Jerez-Gomez, P., Cespedes-Lorente, J. & Valle-Cabrera, R. (2005). Organizational learning capability: a proposal of measurement. *Journal of Business Research,* 58: 715-725.

Jermier, J. M., Slocum, J. W., Fry, L. W. & Gaines, J. (1991). Organizational subcultures in a soft bureaucracy; resistance behind the myth and facade of an official culture. *Organizational Studies,* 2: 170-194.

Jervis, P.(1975). Innovation and technology transfer: The roles and characteristic of individuals. *IEE Transactions on Engineering Management,* 22: 19-27.

Johannessen, J. A.(2008). Organisational innovation as part of knowledge management. *International Journal of Information Management,* 28: 403-412.

Johannessen, J. A., Olsen, B. & Olaisen, J.(1999). Aspects of innovation theory based on knowledge-management. *International Journal of Information Management,* 19: 121-139.

Jones, A. M. & Hendry, C.(1992). *The Learning Organization: A Review of Literature and Practice.* Centre for Corporate Strategy and Change, University of Warwick, Coventry.

Jones, A. M. & Hendry, C.(1994). The learning organization: adult learning and organizational transformation. *British Journal of Management,* 5(June): 153-162.

Jones, G.(1983). Transaction costs, property rights, and organizational culture: an exchange perspective. *Administrative Science Quarterly,* 28: 454-467.

Jones, M.(1995). Organisational learning: collective mind or cognitivist metaphor? *Accounting, Management & Information Technology,* 5(1): 61-77.

Jones, O. & Craven, M.(2001). Expanding Capabilities in a Mature Manufacturing Firm: Absorptive Capacity and the TCS. *International Small Business Journal,* 19: 39-55.

Jones, R. A., Jimmieson, N. L. & Griffiths, A.(2005). The Impact of Organizational Culture and Reshaping Capabilities on Change Implementation Success: The Mediating Role of Readiness for Change. *Journal of Management Studies,* 42(2):

361-386.

Jordan, B.(1993). Ethnographic workplace studies and computer supported cooperative work. Presented at the Interdisciplinary Workshop on Informatics and Psychology. Scharding, Austria.

Jreisat, J. E.(1997). *Public Organization Management: The Development of Theory and Process.* Praeger, Westport, CT.

Ju, T. T. & Li., C. Y. & Lee, T. S.(2006). A contingency model for knowledge management capability and innovation. *Industrial Management & Data System*, 106(6): 855-877.

Kalliath, T. J., Bluedorn, A. C. & Gillespie, D. F.(1999). A confirmatory factor analysis of the competing values instrument. *Educational and Psychological Measurement*, 59: 143-158.

Kaluzny, A. D., Veney, J. E. & Gentry, J. T.(1974). Innovation of health services: A Comparative study of hospitals and health departments. *Health and Society*, 52: 51-82.

Kamien, M. I. & Zang, I.(2000). Meet me halfway: research joint ventures and absorptive capacity. *International Journal of Industrial Organization*, 18: 995-1012.

Kanter, R. M.(1988). *The change masters: Innovation and entrepreneurship in the American corporation.* New York: Simon & Schuster.

Kavanagh, M. H. & Ashkanasy, N. M.(2006). The Impact of Leadership and Change Management Strategy on Organizational Culture and Individual Acceptance of Change during a Merger. *British Journal of Management*, 17: S81-S103.

Kedia, B. L. & Bhagat, R. S.(1988). Cultural constraints on transfer of technology across nations: Implications for research in international and comparative advantage. *Academy of Management Review,* 13: 559-571.

Keller, W.(1996). Absorptive capacity: On the creation and acquisition of technology in development. *Journal of Developmental Economics,* 49: 199-227.

Keogh, W.(1999). Understanding Processes and Adding Value Within Innovative Small Firms. *Knowledge and Process Management,* 6(2): 114-125.

Kets de Vries, Manfred F. R & Miller, D.(1986). Personality, Culture and Organization. *Academy of Management Review,* 11(2): 266-279.

Kim, D. H.(1993). The link between individual and organizational learning. *Sloan Management Review,* Fall: 37-50.

Kim, L.(1980). Organizational innovation and structure. *Journal of business Research*, 8: 225-245.

Kim, L.(1995). Absorptive capacity and industrial growth: A conceptual framework and

Kore's experience. In B. Koo & D. Perkins(Eds.). *Social capability and long term economic growth: 266-287,* London: St. Martin's Press.

Kim, L.(1997a). The dynamics of Samsung's technological learning in semiconductors. *California Management Review,* 39(3): 86-100.

Kim, L.(1997b). *From imitation to innovation: The dynamics of Korea's technological learning.* Cambridge, MA: Harvard Business School Press.

Kim, L.(1998). Crisis construction and organizational learning: Capability building in catching-up at Hyundai Motor. *Organization Science,* 9: 506-521.

Kim. L. & Dahlman, C.(1992). Technology policy for industrialization: An integrative framework and Korea's experience. *Research Policy,* 21: 437-453.

Kimberly, J. R. & Evanisko, M.(1981). Organizational Innovation: The Influence of Individual Organizational and Contextual Factors on Hospital Adoption of Technological and Administrative Innovations. *Academy of Management Journal,* 24(4): 689-713.

Kimberly, J. R.(1981). Managerial innovation. In P. C. Nystrom & W. H. Strabuck(eds.). *Handbook of organizational design,* vol. 1: 84-104. New York: Oxford University Press.

Klein, K. J., Damereau, F. & Hall, R. J.(1994). Levels issues in theory development: data collection and analysis. *Academy of Management Review,* 19(2): 195-229.

Klein, K. J., Tosi, H. & Cannella, A. A.(1999). Multilevel theory building: Benefits, Barriers, and New Developments. *Academy of Management Review,* 24 (2), 243-248.

Klimecki, R. & Lassleben, H.(1998). Modes of organizational learning: indications from an empirical study. *Management Learning,* 29(4): 405-430.

Koc, T.(2007). Organizational determinants of innovation capacity in software companies. *Computers & Industrial Engineering,* 52: 373-385.

Koestler, A.(1966). *The act of creation.* London; Hutchinson.

Kogut, B. & Zander, U.(1992). Knowledge of the firm, combinative capabilities, and the replication of technology. *Organization Science,* 3: 383-397.

Koza, M. P. & Lewin, A. Y.(1998). The coevolution of strategic alliances. *Organization Science,* 9(3): 255-264.

Koza, M. P. & Lewin, A. Y.(1999). The coevolution of network alliances: A longitudinal analysis of an international professional service network. *Organization Science,* 10(5): 638-653.

Kumar, S. & Seth, A.(2001). Knowledge, absorptive capacity, and the theory of the diversified firm. *Academy of Management Proceedings,* 2001, Best Papers BPS, BPS:E1-E6.

Kusunoki, K.(1997). Incapability of Technological Capability: A Case Study on Product Innovation in the Japanese Facsimile Machine Industry. *Journal of Product Innovation*

Management, 14(5): 368-382.

Kusunoki, K., Nonaka, I. and Nagata, A.(1998). Organizational Capabilities in Product Development of Japanese Firm: A Conceptual Framework and Empirical Findings. *Organization Science,* 9(6): 699-718.

Lam, A.(2000). Tacit Knowledge, Organizational Learning, Societal Institutions: an Integrated Framework. *Organization Studies,* 21/3: 487-513.

Lane, P. J. & Lubatkin, M.(1998). Relative absorptive capacity and inter-organizational learning. *Strategic Management Journal,* 19(5): 461-477.

Lane, P. J., Koka, B. R. & Pathak, S.(2006). The reification of absorptive capacity: A critical review and rejuvenation of the construct. *Academy of Management Review,* 31(4): 833-863.

Lane, P. J., Salk, J. E. & Lyles, M. A.(2001). Absorptive capacity, learning, and performance in international joint ventures. *Strategic Management Journal,* 22(12): 1139-1161.

Lave, J. & Wenger, E.(1991). *Situated Learning: Legitimate Peripheral Participation.* Cambridge University Press, Cambridge.

Lave, J. & Wenger, E.(1991). *Situated learning: Legitimate peripheral participation.* Cambridge, UK: Cambridge University Press.

Leitch, C., Harrison, R., Burgoyne, J. and Blantern, C.(1996). Learning organizations: the measurement of company performance. *Journal of European Industrial Training,* 20(1): 31-44.

Lenox, M. & King, A.(2004). Prospects for developing absorptive capacity through internal information provision. *Strategic Management Journal,* 25: 331-345.

Leonard-Barton, D.(1995). *Wellsprings of knowledge.* Boston: Harvard Business School Press.

Levinthal, D. A. & March, J. G.(1993). The myopia of learning. *Strategic Management Journal,* 14: 95-112.

Levitt, B. &. March, J. G.(1988). Organizational learning. *Annual Review of Sociology,* 14: 319-340.

Lewin, A. Y. & Volberda, H. W.(1999). Prolegomena on coevolution: A framework for research on strategy and new organizational forms. *Organization Science,* 10: 519-534.

Lewin, A. Y. & Volberda, H. W.(1999) Prolegomena on Coevolution: A Framework for Research on Strategy and New Organizational Forms. *Organization Science,* 10(5): 519-534.

Lewin, A. Y., Long, C. P. & Carroll, T. N.(1999). The coevolution of new organizational forms. *Organization Science,* 10: 535-550.

Lewis, D.(1992). Communicating organizational culture. *Australian Journal of Communication.*

19(2): 47-57.

Lewis, D.(1998). How useful a concept is organizational culture? *Strategic Change*, 7: 251-260.

Lewis, M. W., Welsh, M. A., Dehler, G. E. & Green, S. G.(2002). Product development tension: exploring contrasting styles of project management. *Academy of Management Journal*, 45: 546-564.

Leymann, H.(1989). Towards a new paradigm of learning in organizations", in Leymann, H. and Kornbluh, H(Eds.). *Socialization and Learning at Work: A New Approach to the Learning Process in the Workplace and Society*, Avebury, Aldershot, pp.281-99.

Lgo, T. & Skitmore, M.(2006). Diagnosing the organizational culture of an Australian engineering consultancy using the competing values framework. *Construction Innovation*, 6: 121-139.

Lin, H. F.(2007). Knowledge sharing and firm innovation capability: an empirical study. *International Journal of Manpower*, 28(3/4): 315-332.

Lipsky, M.(1980). *Street-Level Bureaucracy: Dilemmas of the Individual in Public Services*. Russell Sage Foundation, New York, NY.

Liu, X.. & White, R. S.(1997). The relative contributions of foreign technology and domestic inputs to innovation in Chinese manufacturing industries. *Technovation*, 17: 119-125.

Lundberg, C. C.(1984). Strategies for Organizational Transitioning. in J. R. Kimbery and R. E. Quinn(eds.). *New Futures: The Challenges of Managing Corporate Transitions*, Dow, Jones-Irwin. pp.60-82.

Lundberg, C. C.(1995). Learning in and by organizations: three conceptual issues. *The International Journal of Organizational Analysis*, 3(1): 10-23.

Lundvall, B. A.(1992). *National Systems of Innovation: Towards a Theory of Innovation and Interactive Learning(ed.)*. Pinter Publishers, London.

Lundvall, B. A.(1995). *Inaugural lecture, Department of Business Studies*. Aalborg University, November 10.

Luo, Y.(1997). Partner selection and venturing success: The case of joint ventures with lirms in People's Republic of China. *Organization Science*, 8: 648-662.

Lyles, M. & Salk, J.(1996). Knowledge Acquisition from Foreign Parents in International Joint Ventures: an empirical examination in the Hungarian context. *Journal of International Business Studies*, 27: 877-903.

Lyles, M. A. & Salk, J. E.(1996). Knowledge acquisition from foreign parents in international joint ventures: an empirical examination in the Hungarian context. *Journal of International Business Studies*, 27(5): 877-904.

Lyles, M. A. & Salk, J. E.(1996). Knowledge acquisition from foreign partners in international joint ventures. *Journal of International Business Studies*. 27(5): 877-904.

Lyles, M. A. & Schwenk, C. R.(1992). Top management, strategy and organizational knowledge structures. *Journal of Management Studies,* 29: 155-174.

Lynne, G., Morone, J. & Paulson, A.(1997). Marketing and discontinuous innovation: The probe and learn process. In Tushman, M. I. & O'Reilly, C. A., III. (1997). *Winning through innovation,* Boston: Harvard Business School Press: 353-375.

Malhotra, A., Gosain, S. & El Sawy, O. A.(2005). Absorptive capacity configurations in supply chains: Gearing for partner-enabled market knowledge creation. *MIS Quarterly,* 29: 145-187.

March, J. G.(1991). Exploration and exploitation in organizational learning. *Organization Science,* 2(1): 71-78.

Matusik, S. F. & Heeley, M. B.(2005). Absorptive capacity in the software industry: Identifying dimensions that affect knowledge and knowledge creation activities. *Journal of Management,* 31: 549-572.

Matusik. S. F.. & Heeley. M.(2001). Absorptive capacity and firm knowledge: Separating the multiple components of the absorptive capacity construct. *Paper presented at the annual meeting of the Academy of Management.* Washington, DC.

McGill, M. E. & Slocum Jr, J.W.(1993). Unlearning the organization. *Organizational Dynamics,* 22(2): 52-66.

McGourty, J., Tarshis, L. A. & Dominick, P.(1996). Managing Innovation: Lessons From World Class Organisations. *International Journal of Technology Management,* 11(3/4): 354-368.

McInerney, C. (2002). Knowledge Management and the Dynamic Nature of Knowledge. *Journal of The American Society for Information Science and Technology,* 53(12):1009-1018.

Meyer, A. D. & Goes, J. B.(1988). Organizational assimilation of innovations: A multilevel contextual analysis. *Academy of Management Journal,* 31: 897-923.

Meyer-Krahmer, F. & Reger, G.(1999). New perspectives on the innovation strategies of multinational enterprises: lessons for technology policy in Europe. *Research Policy,* 28, 751-776.

Miller, D. & Friesen, P. H.(1982). Innovation in conservative and entrepreneurial firms: Two models of strategic momentum. *Strategic Management Journal,* 3: 1-25.

Minbaeva, D., Pedersen, T., Bjöorkman, I., Fey, C. F. & Park, H. J.(2001). *The MNC Knowledge Transfer, Subsidiary Absorptive Capacity and HRM.* WP 14-2001. www.cbs.dk/content/download/29528/417420/file/MNC%20knowledge%20transfer.pdf

Minbaeva, D., Pedersen, T., Björkman, I., Fey, C. F. & Park. H. J.(2003). MNC knowledge transfer, subsidiary absorptive capacity, and HRM. *Journal of International Business Studies*, 34: 586-599.

Mintzberg, H.(1979). The Structuring of Organization. Englewood Cliffs, N.J.: Prentice Hall.

Mintzberg, H.(1983), Structure in Fives: Designing Effective Organizations, Prentice-Hall, Englewood Cliffs, NJ.

Mintzberg, H.(1989). *Mintzberg on Management,* The Free Press, New York, NY.

Miron, E., Erez, M. & Naveh, E.(2004). Do personal characteristics and cultural values that promote innovation, quality, and efficiency compete or complement each other?. *Journal of Organizational Behavior*, 25: 175-199.

Montresor, S.(2001). Technological-globalism, technological-nationalism and technological systems: organizing the evidence. *Technovation*, 21: 399-412.

Morgan, M. S. & Morrison, M.(1999). *Models as Mediators, perspectives on natural and social sciences(eds.).* Cambridge: Cambridge University Press.

Morgeson, F. P. & Hofmann, D. A.(1999). The structure and function of collective constructs: implications for multi-level research and theory development. *Academy of Management Review,* 24(2): 249-265.

Moss Kanter, R.(1983). *The Change Masters*. Unwin, London.

Mowery, D. C. & Oxley, J. E. 1995. Inward technology transfer and competitiveness: The role of national innovation systems. *Cambridge Journal of Economics,* 19: 67-93.

Mowery, D. C, Oxley, J. E. & Silverman. B. S.(1996). Strategic alliances and interfirm knowledge transfer. *Strategic Management Journal,* 17: 77-91.

Mowery, D. C. & Oxley, J. E.(1995). Inward technology transfer and competitiveness: The role of national innovation systems. *Cambridge Journal of Economics,* 19, 67-93.

Mowery, D., Oxley, J. & Silverman, B.(1996). Strategic Alliances and Interfirm Knowledge Transfer. *Strategic Management Journal*, Winter Special Issue 17(Winter Special Issue): 77-91.

Muffatto, M. & Panizzolo, R.(1996). Innovation and Product Development Strategies in the Italian Motorcycle Industry. *Journal of Product Innovation Management*, 13(1): 348-361.

Mumford, M. D. & Gustafson, S. B.(1988). Creativity syndrome: integration, application, and innovation. *Psychological Bulletin.* 1039(1): 27-43.

Nevis, E. C., DiBella, A. J. & Gould, J. M.(1995). Understanding organizations as learning systems. *Sloan Management Review,* Winter: 73-85.

Nielsen, A. P.(2006). Understanding dynamic capabilities through knowledge management. *Journal of Knowledge management,* 10(4): 59-71.

Nobel, R. & Birkinshaw, J.(1998). Innovation in Multinational Corporations: Control and

Communication Patterns in International R&D Operations. *Strategic Management Journal,* 19(5): 479-496.

Nonaka, I. & Takeuchi, H.(1995). *The Knowledge-Creating Company: How Japanese Companies Create the Dynamics of Innovation.* New York: Oxford University Press.

Nonaka, I. (1994). A Dynamic Theory of Organizational Knowledge Creation. *Organization Science,* 5:14-37.

Nonaka, I., Ryoko Toyama & Akiya Nagata.(2000). A Firm as a Knowledge − Creating Entity: A New Perspective on the Theory of the Firm. *Industrial and Corporate Change,* 9(1): 1-20.

Nonaka, I., Ryoko Toyama & Konno, N.(2000b). SECI, Ba and Leadership: A Unified Model of Dynamic Knowledge Creation. *Long Range Planning,* 33: 5-34.

O'Neill, R. M. & Quinn, R. E.(1993). Editors' note: Applications of the competing values framework. *Human Resource Management,* 32(1): 1-7.

O'Reilly, C. A., Chatman, J. & Caldwell, D. F.(1991). People and organizational culture: a profile comparison approach to assessing person-organization fit. *Academy of Management Journal,* 14(3): 487-516.

Oldham, G. R. & Cummings, A.(1996). Employee creativity: personal and contextual factors at work. *Academy of Management Journal.* 39(3): 607-634.

Ott, J. S.(1989). *The Organizational Culture Perspective.* Chicago, IL: Dorsey Press.

Ouchi, W.(1980). Markets, Bureaucracies and Clans. *Administrative Science Quarterly,* 25: 129-141.

Ozsomer, A., Calantone, R. J. & Di Bonetto, A.(1997). What Makes Firms More Innovative? A Look at Organizational and Environmental Factors. *Journal of Business and Industrial Marketing,* 12(6). vailable: http://www.emeraldlibrary.com/brev/08012fd1.htm, [Accessed 29 July 1999].

Padmore, T., Schuetze, H. & Gibson, H.(1998). Modeling Systems of Innovation: An Enterprise- Centered View. *Research Policy,* 26(6): 605-624.

Panayides, P.(2006). Enhancing innovation capability through relationship management and implications for performance. *European Journal of Innovation Management,* 9(4): 466-483.

Park, H. J., Ribiere, V. & Schulte Jr., W. D.(2004). Critical attributes of organizational culture that promote knowledge management technology implementation success. *Journal of Knowledge Management,* 8(3): 106-117.

Pedler, M., Burgoyne, J. & Boydell, T.(1991). *The Learning Company: A Strategy for Sustainable Development.* McGraw-Hill, London.

Pedler, M., Burgoyne, J. & Boydell, T.(1991). *The Learning Company.* McGraw-Hill, London.

Pennings, J. M. & Harianto, F.(1992). Technological networking and innovation implementation. *Organization Science*, 3, 356-82.

Perry, J.(1993). Strategic human resource management. *Review of Public Personnel Administration*, 13(4): 59-71.

Peters, T. & Waterman, R.(1984). *In Search of Excellence*. New York: Harper and Row.

Pierce, J. L. & Delbecq, A. L.(1977). Organizational structure, individual attitude, and innovation. *Academy of Management Review*, 2: 26-37.

Polanyi, M.(1962). *Knowledge and being*. New York: Routledge.

Polanyi, M.(1983). *The tacit dimension*. Gloucester, MA: Peter Smith.

Prahalad, C. K. & Krishnan, M. S.(1999). The new meaning of quality in the information age. *Harvard Business Review*, September-October: 109-118.

Preskill, H. & Torres, R. T.(1999). The role of evaluative enquiry in creating learning organizations. in Easterby-Smith, M., Burgoyne J. and Araujo L(Eds.). *Organizational Learning and the Learning Organization: Developments in Theory and Practice*, Sage, London, pp.92-114.

Pritchard, R. D., Jones, S. D., Roth, P. L., Stuebing, K. K. & Ekeberg, S. E.(1988). Effects of group feedback, goal setting, and incentives on organizational productivity. *Journal of Applied Psychology*, 73: 337-358.

Quinn, J. B.(1985). Managing innovation: controlled chaos. *Harvard Business Review*, May-June: 73-84.

Quinn, J. B., Anderson, P. & Finkelstein, S.(1996). Leveraging intellect. Academy of *Management Executives*, 10(3): 7-27.

Quinn, R. E. & Cameron, K. S.(1983). Organisational life cycles and some shifting criteria of effectiveness. *Management Science*, 29: 31-51.

Quinn, R. E. & Hall, R. H.(1983). Environments, organizations, and policymakers: toward an integrative framework. In Hall, R. H. and Quinn, R. E(Eds.). *Organizational Theory and Public Policy*, 281-298. Beverly Hill, CA: Sage.

Quinn, R. E. & Kimberly, J. R.(1984). Paradox, planning, and perseverance: guidelines for managerial practice. In Kimberly, J. R. and Quinn, R. E(Eds.). *Managing Organizational Translations*, 296-313. Homewood, IL: Dow Jones-Irwin.

Quinn, R. E. & Rohrbaugh, J.(1981). A competing values approach to organisational effectiveness. *Public Productivity Report*, June: 122-140.

Quinn, R. E. & Rohrbaugh, J.(1983). A spatial model of effectiveness criteria: toward a competing values approach to organizational analysis. *Management Science*, 29: 363-377.

Quinn, R. E. & Spreitzer, G. M.(1991). The psychometrics of the competing values culture instrument and an analysis of the impact of organizational culture on quality of life. in Woodman, R. W. and Pasmore, W. A(Eds.). *Research on Organizational Change and Development*, 115-142. Greenwich, CT: JAI Press.

Quinn, R. E.(1988). *Beyond Rational Management: Mastering the Paradoxes and Competing Demands of High Performance.* Jossey-Bass, San Francisco, CA.

Quinn, R., Faerman, S., Thompson, M. and McGrath, M.(1996). *Becoming A Master Manager(2nd ed).* Wiley, New York, NY.

Read, A. (2002). Determinants of Successful Organisational Innovation: A Review Of Current Research. *Journal of Management Practice,* 3(1), 95-119.

Reagans, R. & McEvily, B.(2003). Network structure and knowledge transfer: The effects of cohesion and range. *Administrative Science Quarterly,* 48: 240-267.

Real, J. C., Leal, A. & Roldan, J. L.(2006). Measuring Organizational Learning as a Multidimensional Construct. In D. Schwartz(ed.). *Encyclopedia of Knowledge Management(2nd Ed),* pp.614-620. Idea Group.

Real, J. C., Leal, A. & Roldan, J. L.(2006). Measuring Organizational Learning as a Multidimensional Construct. In D. Schwartz(ed.). *Encyclopedia of Knowledge Management*(2nd), pp.614-620. Idea Group.

Richter, I.(1998). Individual and organizational learning at the executive level: towards a research agenda. *Management Learning,* 29(3): 299-316.

Robbins, S. P.(1989). *Organizational Behavior-Concepts, Controversies and Application*(4th ed.). Prentice-Hall.

Roberts, B.(1988). Managing Invention and innovation. Research Technology Management, January-February: 1-19.

Robinson, A. G. & Stern, S.(1997). Corporate Creativity: How Improvement and Innovationt Actually Happen. CA: Berrett-Koehler. 장재윤 외 역.(1999). 「조직의 창의성」. 서울: 지식공작소.

Rodgers, E. M.(1983). *Diffusion of Innovation.* Free Press, New York.

Romme, G.(1996a). A note on the hierarchy-team debate. *Strategic Management Journal,* 17: 411-417.

Romme, G.(1996b). Making organizational learning work: Consent and double linking between circles. *European Management Journal,* 14(1): 69-75.

Rosner, M. M.(1968). Economic determinants of organizational innovation. *Administrative Science Quarterly,* 12: 614-625.

Ross, P. F.(1974). Innovation adoption by organizations. *Personnel Psychology,* 27: 21-47.

Rousseau, D. M.(1985). Issues of level in organizational research: Multi-level and cross-level perspectives. In L. L. Cummings & B. M. Staw(eds). *Research in organizational behavior,* 7(1-37). Greenwich, CT: JAI Press.

Örtenblad, A.(2001). On differences between organizational learning and learning organization. *The Learning Organization,* 8(3): 125-133.

Sanchez, R.(2001). *Knowledge Management and Organizational Competence(ed.)*. Oxford University Press, Oxford.

Schein, E. H.(1981). Does Japanese Management Style Have a Message for American Managers? *Sloan Management Review*. Fall.

Schein, E. H.(1988). *Organizational Culture.* http://dspace.mit.edu/bitstream/handle/1721.1/2224/SWP-2088-24854366.pdf?sequence =1.

Schein, E. H.(1990). *Organizational culture.* American Psychologist, 45: 109-119.

Schein, E. H.(1996). Culture: the missing concept in organization studies. *Administrative Science Quarterly*, 41: 229-241.

Schein, E. H.(1999). *The corporate culture survival guide: Sense and nonsense about culture change.* San Francisco, CA: Jossey-Bass.

Schraeder, M., Tears, R. S. & Jordan, M. H.(2005). Organizational culture in public sector organizations: Promoting change through training and leading by example. *Leadership & Organization Development Journal*, 26(6): 492-502.

Scott, S. G. & Bruce, R. A.(1994). Determinants of innovative behavior: a path model of individual innovation in the workplace. *Academy of Management Journal,* 37(3): 580-607.

Senge, P. M.(1990a). *The Fifth Discipline: The Art and Practice of the Learning Organization.* Century Business, London.

Senge, P. M.(1990b). The leader's new work: building learning organizations. *Sloan Management Review*, Fall: 7-23.

Shane, S.(2000). Prior knowledge and the discovery of entrepreneurial opportunities. *Organization Science,* 11(4): 448-469.

Shaw, B.(1998). Innovation and New Product Development in the UK Medical Equipment Industry. *International Journal of Technology Management,* 15(3/4/5): 433-445.

Shrivastava, P.(1981). Strategic Decision Making Process: The Influence of Organizational learning and Experience. *Unpublished Phd dissertation,* University of Pittsburgh.

Simon, H. A.(1991). Bounded rationality and organizational learning. *Organization Science*, 2(1): 125-134.

Sinclair, A.(1991). After excellence: models of organizational culture for the public sector. *Australian Journal of Public Administration*, 65(3): 321-332.

Sirilli, G. & Evangelista, R.(1998). Technological Innovation in Services and Manufacturing: Results from Italian Surveys. *Research Policy*, 27(8): 881-899.

Smith, K. A. & DeGregorio, D. D.(2002). Bisociation, discovery, and entrepreneurial action. In M. Hitt, D. Ireland. M. Camp & D. Sexton(eds.). *Strategic entrepreneurship:*

Creating an integrated mindset, Oxford: Blackwell.

Soderquist, K., Chanaron, J. J. & Motwani, J.(1997). Managing Innovation in French Small and Medium-sized Enterprises: An Empirical Study. *Benchmarking for Quality Management and Technology,* 4(4). Available: http://www.emeraldlibrary. com/brev/13104dc1.htm, [Accessed 29 July 1999].

Spivey, W. A., Munson, J. M. & Wolcott, J. H.(1997). Improving the New Product Development Process. *Journal of Product Innovation Management,* 14(3): 203-218.

Starbuck, W. H.(1992). Learning by knowledge-intensive firms. *Journal of Management Studies,* 29: 713-740.

Sternberg, R. J., Lubart, T. I.(1991). An investment theory of creativity and its development. *Human Development.* 34: 1-31.

Stock, G. N., Greis, N. P. & Fischer, W. A.(2001). Absorptive capacity and new product development. *The Journal of High Technology Management Research,* 12(1): 77-91.

Subramanian, A. & Nilakanta, S.(1996). Organisational Innovativeness: Exploring the Relationship Between Organisational Determinants of Innovation, Types of Innovations, and Measures of Organisational Performance. *Omega: International Journal of International Management,* 24(6): 631-647.

Swan, F., Newell, S., Scarbrough, H., and, Hislop, D.(1999). Knowledge management and innovation: networks and networking. *Journal of Knowledge Management,* 3(4): 262-275.

Swiering, J. & Wiersma, A. F.(1992). Becoming a learning organization. MA: Addison-Wesley.

Swieringa, J. & Wierdsma, A.(1992). *Becoming a learning organization.* Wokingham: Addison-Wesley.

Szeto, E.(2000). Innovation capacity: Working towards a mechanism for improving innovation within an inter-organizational network. *The TQM Magazine,* 12(2): 149-157.

Szulanski, G.(1996). Exploring Internal Stickiness: impediments to the transfer of best practice within the firm. *Strategic Management Journal,* 17(Winter Special Issue): 27-43.

Tang, H. K.(1999). An Inventory of Organisational Innovativeness. *Technovation,* 19(1): 41-51.

Teece, D. J.(1981). The multinational enterprise: Market failure and market power considerations. *Sloan Management Review,* 22(3): 3-17.

Thompson, V. A.(1965). Bureaucracy and innovation. *Administrative Science Quarterly,* 10: 1-20.

Tidd, J., Bessant, J. & Pavitt, K.(1997). *Managing Innovation.* Chichester: John Wiley&Sons.

Trice, H. M. & Beyer, J. M.(1993). *The Cultures of Work Organizations.* Prentice-Hall, Englewood Cliffs, NJ.

Tsai, W.(2001). Knowledge transfers in Intra-Organizational Networks. *Academy of Management Journal,* 44(5): 996-1004.

Tsang, E. W. K.(1997). Organizational Learning and the Learning Organization: A Dichotomy between Descriptive and Prescriptive Research. Human Relations, 50(1): 73-89.

Tsoukas, H.(1996). The firm as a distributed knowledge system, a constructionist approach. *Strategic Management Journal,* 17(Winter Special Issue): 11-25.

Tushman, M. I. & Anderson, P.(2004). *Managing Strategic Innovation and Change: A Collection of Readings(2nd ed).* New York: Oxford University Press.

Tushman, M. I. & O'Reilly, C. A., III.(1997). *Winning through innovation.* Boston: Harvard Business School Press.

Tushman, M. L.(1977). Special boundary roles in the innovation precess. *Administrative Science Quarterly,* 22: 587-605.

Valle, M.(1999). Crisis, culture and charisma: the new leader's work in public organizations. *Public Personnel Management,* 28(2): 245-257.

Van de Ven, A. & Rogers, E.(1988). Innovations and organizations: Critical perspectives. *Communication Research,* 15: 623-651.

Van de Ven, A. H., Polley, E. D., Garud, R. & Venkataraman, S.(1999). *The innovation journey.* New York: Oxford University Press.

Van den Bosch, F. A. J. & Van Wijk, R.(2001). Creation of Managerial Capabilities through Managerial Knowledge Integration: A Competence-Based Perspective. In R. Sanchez(ed). *Knowledge Management and Organizational Competence,* 159-176. Oxford: Oxford University Press.

Van den Bosch, F. A. J., Volberda, H. W. & De Boer, M.(1999). Coevolution of firm absorptive capacity and knowledge environment: Organizational forms and combinative capabilities. *Organization Science,* 10(5): 551-568.

Van den Bosch, Frans A.J., van Wijk, Raymond & Volberda, Henk W.(2003). *Absorptive Capacity: Antecedents, Models and Outcomes.* April, ERIM Report Series Research In Management.

Van Maanen, J. & Barley, S. R.(1984). Occupational communities: Culture and control in organizations. In *Research in Organizational Behavior*, Vol 6. Cummings, L.L. & Staw, B. M(Eds.). 287-365. Greenwich, CT: JAI Press.

Van Vianen, A. E. M.(2000). Person-organization fit: the match between newcomers' and recruiters' preferences for organizational cultures. *Personnel Psychology,* 53: 1-32.

van Vuuren, M., Veldkamp, B. P., de Jong, Menno D. T. & Seydel, E. R.(2008). Why work?: Aligning foci and dimensions of commitment along the axes of the competing values framework. *Personnel Review,* 37(1): 47-65.

Van Wijk, R. A. & Van den Bosch, F. A. J.(1998). Knowledge Characteristics of Internal

Network-based Forms of Organizing. In S. Havlovic(ed.). *Academy of Management Best Paper Proceedings*.

Van Wijk, R. A. & Van den Bosch, F. A. J.(2000). The emergence and development of internal networks and their impact on knowledge flows: The case of Rabobank Group. In A.M. Pettigrew and E.M. Fenton (eds), *The Innovating Organization*, London: Sage, 144-177.

Van Wijk, R. A., Van den Bosch, F. A. J. & Volberda, H. W.(2003). Knowledge and networks. M. Easterby-Smith, M. A. Lyles(eds). *The Blackwell Handbook of Organizational Learning and Knowledge Management*, Blackwell, Malden, 428-453.

Van Wijk, R. A., Van den Bosch, F. & Volberda, H.(2001). The impact oi knowledge depth and breadth of absorbed knowledge on levels of exploration and exploitation. *Paper presented at the annual meeting of the Academy of Management*, Washington, DC.

Vandenberghe, C. & Peiro, J. M.(1999). Organizational and individual values: their main and combined effects on work attitudes and perceptions. *European Journal of Work and Organizational Psychology*, 8: 571-583.

Vandenberghe, C., Bentein, K. and Stinglhamber, F.(2004). Affective commitment to the organization, supervisor, and work group: antecedents and outcomes. *Journal of Vocational Behavior*, 64: 47-71.

Veugelers, R. & Kesteloot, K.(1996). Bargained shares in joint ventures among asymmetric partners: Is the Matthew effect catalyzing? *Journal of Economics,* 64(1): 23-51.

Veugelers, R.(1997). Internal R&D expenditures and external technology sourcing. *Research Policy,* 26: 303-315.

Vinding, A. L.(2006). Absorptive capacity and innovative performance: A human capital approach. *Economics of Innovation & New Technology*, 15(4/5): 507-517.

Volberda, H. W. & Lewin, A. Y.(2003). Co-evolutionary dynamics within and between firms: From evolution to co-evolution. *Journal of Management Studies*, 40: 2111-2136.

Volberda, H. W.(1998). *Building the flexible firm: How to remain competitive.* Oxford: Oxford University Press.

Volberda, H. W., C. Baden-Fuller & Van den Bosch, F.A.J.(2001). *Mastering Strategic Renewal: mobilizing renewal journeys in multi-unit firms.* Long Range Planning, 34(2): 159-178.

Volberda, H. W., Foss, N. J. & Lyles, M. A.(2009). Absorbing the Concept of Absorptive Capacity: How To Realize Its Potential in the Organization Field. *SMG Working Paper*, November 25. Center for Strategic Management and Globalization Copenhagen Business School.

Volberda, H. W., Van den Bosch, F.A.J., Flier, B. & Gedajlovic, E.(2001). Following the herd or not? Patterns of renewal in The Netherlands and the UK. *Long Range Planning,* 34 (2), 209-229.

von Braun, C.(1997). *The innovation war.* Upper Saddle, NJ: Prentice-Hall.

Wallach, E. J.(1983). Individuals and organizations: The cultural match. *Training and Development Journal,* February: 29-36.

Wang, C. L. & Ahmed, P. K.(2003). Organisational learning: a critical review. *The Learning Organization,* 10(1): 8-17.

Wang, E. T. G.(2001). Linking organizational context with structure: A preliminary investigation of the information processing view. *Omega,* 29(5): 429-443.

Watkins, K. E. & Golembiewski, R. T.(1995). Rethinking organization development for the learning organization. *The International Journal of Organizational Analysis,* 3(1): 86-101.

Watkins, K. E. & Marsick, V. J.(1993). *Sculpting the Learning Organization: Lessons in the Art and Science of Systemic Change.* Jossey-Bass, San Francisco, CA.

Weber, M.(1948). *From Max Weber: Essays in Sociology.* London: Routledge, 1991 edition, introduction by H. H. Gerth and C. Wright Mills.

Wegloop, P.(1995). Linking firm strategy and government action: Towards a resource-based perspective on innovation and technology policy. *Technology In Society,* 17(4): 413-428.

Wenger, E.(1991). Communities of practice: where learning happens. *Benchmark,* Fall: 6-8.

West, M. & Farr, J. L.(1989). Innovation at Work: Psychological Perspectives. *Social Behavior.* 4(1).

West, M. A.(2002). Sparkling fountains or stagnant ponds: an integrative model of creativity and innovation implementation in work groups. *Applied Psychology: An International Review,* 51: 355-386.

Wilson, J. Q.(1966). Innovation in organizations: Notes toward a theory. In J. D. Thompson(Ed.). *Approaches to organizational design,* 193-218. Pittsburgh: University of Pittsburgh Press.

Winter, S.(1987). Knowledge and competence as strategic assets. In D. Teece(Ed.), *The competitive challenge: Strategies for industrial innovation and renewal,* Cambridge, MA: Ballinger.

Woodman, R. W. & Schoenfeldt. L. F.(1990). An interactionist model of creative behavior. *Journal of Creative Behavior,* 24: 279-290.

Woodman, R. W., Sawyer, J. E. & Griffin, R. W. (1993). Toward a theory of organizational creativity. *Academy of Management Review.* 18(2): 293-321.

Woodman. R. W. (1981). Creativity as a construct in personality theory. *Journal of Creative Behavior,* 15: 43-66.

Woodman. R. W. & Schoenfeldt, L. F.(1989). Individual differences in creativity: An interactionist perspective. In J. A. Glover. R. R. Ronning. & C. R. Reynolds(Eds.). *Handbook of creativity,* 77-92. New York: Plenum Press.

Yamin, S., Gunasekaran, A. & Mavondo, F. T.(1999). Innovation Index and Its Implications on Organisational Performance: A Study of Australian Manufacturing Firms. *International Journal of Technology Management,* 17(5): 495-503.

Yeo, R.(2002). From individual to team learning: practical perspective on the learning organization. *Team Performance Management: An International Journal,* 8(7/8): 157-170.

Zahra, S. A. & George, G.(2002). Absorptive capacity: A review, reconceptualization, and extension. *Academy of Management Review,* 27(2): 185-203.

Zaltman, G., Duncan, R. & Holbek, J.(1973). *Innovation in open organizations.* New York: Wiley.

Zammuto, R. F., Gifford, B. D. and Goodman, E. A.(2000). Managerial ideologies, organization culture, and outcomes of innovation: a competing values perspective. In Ashkanasy, N. M., Wilderom, C. and Peterson, M. F(Eds.). *The Handbook of Organizational Culture and Climate,* 261-278. Thousand Oaks, CA: Sage.

Zhuang, L., Williamson, D. & Carter, M.(1999). Innovate or Liquidate Are All Organisations Convinced: A Two-phased Study into the Innovation Process. *Management Decision,* 37(1). http://www.emeraldlibrary.com/brev/00137ag1.htm, [Accessed 28 July 1999].

Zien, K. A. & Buckler, S. A.(1997). Dreams to Market: Crafting a Culture of Innovation. *Journal of Product Innovation Management,* 14(4): 274-287.

Zollo, M. & Winter, S. G.(2001). *From organizational routines to dynamic capabilities.* http://www2.dse.unibo.it/montreso/paper/DCsurvey.pdf

제2부

관계성 찾기

제1장 조직혁신 관련 요인

1. 조직혁신과 지식관리

성공적인 조직혁신을 가져오기 위해서는 조직환경을 둘러싸고 있는 혁신환경으로 조성하는 것뿐만 아니라 여러 가지 관리전략이 뒷받침되어야 하는데, 그중의 하나가 지식관리이다. 지식관리 활동이 조직혁신을 위해 어떻게 작용되어야 하는지를 파악하기 위해서는 먼저 조직혁신에서 지식관리의 역할에 대한 본질을 이해할 필요가 있다. du Plessis(2007: 23-26)는 혁신에서 지식관리의 주요 역할에 대해 다음과 같이 제시하였다.

첫째, 지식관리를 통해 지식을 공유하며 암묵지식(tacit knowledge)의 코드화(codification)가 가능하다. 암묵지식의 공유는 조직의 혁신역량에 중요하다(Cavusgil et al., 2003). 내부고객이나 외부고객으로 창출된 암묵지식은 조직혁신 프로그램의 중요한 소스가 된다. 특히, 조직구성원들 간의 협력은 암묵지식의 공유에 중요한 역할을 하며, 문제해결이나 업무처리의 팁과 같은 유용한 공유지식은 혁신역량을 높이는 데 긍정적인 영향을 미친다(Cavusgil et al., 2003). 혁신자원으로써 암묵지식의 공유는 형식지식이 거의 없는 연구 부문에서 매우 중요하다. 형식지식이 없는 조직에서 관리자는 새로운 제품과 프로세스 혁신을 선도하게 되는 횡적인 기능 팀 혹은 실천학습 역량과 같은 코드화된 지식을 부분적으로 조합할 수 있어야 한다(Cardinal et al., 2001). Cardinal 등(2001)은 횡적인 기능팀 간의 협력을 통해 혁신을 가져오기 위해서는 암묵지식의 사용이 필수적이며 횡적인 기능 팀 간의 상호작용은 새로운 해결방안을 창출하는 데 기여한다고 주장하였다. 새로운 해결방안을 모색하기 위한 지식이 반드시 코드화될 필요는 없지만 혁신을 위해서는 필요하다. 이와 같이 조직혁신을 위한 지식관리는 암묵지식과 암묵지식의 코드화에 접근할 수 있도록 지원되어야 한다.

둘째, 혁신과정에서 지식관리가 중요한 이유는 형식지식(explicit knowledge)과 관련이 있다. 혁신과정에서는 새로운 방안이 필요하게 되는데, 형식지식의 재조합을 통해 혁신과정에 적용할 수 있다. 지식관리 활동이 조직혁신에 기여하기 위해서는 기존의 형식지식을 새로운 방안이나 혁신적인 아이디어로 재조합(recombinations)할 수 있도록 하는 역할이어야 한다.

셋째, 지식관리가 혁신과정에서 중요한 역할 중의 하나는 협력을 통해 기여하게 된다. 협력은 조직 내부에서 뿐만 아니라 조직의 횡적인 경계를 초월하여 지식공유 커뮤니티에서 암묵지식을 이전하고 공동의 노하우를 이끌어 내는 역할을 한다(Cavusgil et al., 2003; Pyka, 2002; Rodan, 2002; Scarbrough, 2003). 내부고객들 간, 내부고객과 외부고객들 간의 협력관계가 강할수록 암묵지식의 이전 정도는 높아진다(Cavusgil et al., 2003; Scarbrough, 2003). 협력적 활동을 통해 암묵지식이 이전되고 수집되면 혁신 추진 과정에서 위험을 줄여주고 비용을 감소시켜준다. Pyka(2002)는 협력적 관계가 혁신에서 매우 중요하다고 하면서, 협력의 형태가 공식적인 것보다는 비공식적 형태에서 혁신에 유용한 정보와 지식이 이전되고 공유된다고 주장하였다. Cavusgil 등(2003)과 Scarbrough(2003)에 의하면 협력적 경험은 지식이전의 효과성을 증대시키는 데 토대가 되는 지식관리 실제(지식수집, 지식해석, 지식확산)의 메커니즘을 인지하고 이해하는 데 요구되는 조직 역량에 긍정적인 효과를 미친다고 주장하였다. 지식관리는 혁신을 조장할 수 있는 메커니즘으로써 협력을 촉진할 수 있어야 한다.

넷째, 지식관리가 혁신과정에서 중요한 역할을 하는 이유 중의 하나는 지식창출, 지식수집, 지식공유, 지식효과를 구성하고 있는 지식관리 사이클이 혁신과정을 지원하는 데 있다. 지식관리는 혁신과정에서 필요로 하는 지식이 유용하고 접근할 수 있도록 하는 활동이다. Cavusgil 등(2003)에 의하면, 지식관리는 혁신팀이 지식을 유용하게 활용할 수 있도록 조직 내·외부의 암묵지식을 수집하는 역할을 한다. 이와 같은 활동은 혁신의 위험을 줄여주고 비용을 감소시키는 데 기여한다.

조직은 지식에 접근하고 획득할 수 있도록 인트라넷, 데이터베이스, 커뮤니티 등과 같은 지식관리 활동과 툴을 이용한다(Adams & Lamont, 2003). Adams & Lamont(2003)에 의하면 지식관리시스템(KMS)은 혁신개발에 직접적으로 기여할 수 있는 지식관리 라이프사이클 활동의 한 유형이라고 하였다. 조직이 새로운 가치와 외부정보를 인정하는 능력, 정보를 흡수할 수 있는 능력인 흡수능력은 새로운 제품과 서비스 개발에 적용할 수 있다.

다섯째, 혁신환경에서 지식관리가 중요한 역할을 하는 것은 협력, 지식창출, 지식공유를 위한 조직문화를 조성한다는 데 있다. 지식관리는 지식창출과 공유 행동을 측정하고 보상하는 방식을 통해 혁신문화를 조성하는 데 기여한다. 문화는 혁신과 같은 지식기반 프로세스와 프로그램을 조장한다. 지식공유 문화는 지식창출, 지식공유, 지식효과에 관한 행동적 변화를 가져온다.

de Alwis 등(2004)은 성공적인 혁신을 위해서는 혁신과정에 암묵적 지식관리가 적용되어야 한다는 [그림 2-1-1]과 같은 개념적 모델을 제시하였다. 혁신관리에 있어서 혁신의 성공을 가져오기 위해서는 암묵적 지식에 대한 체계적인 관리가 뒷받침되어야 한다는 설명이다. 암묵적 지식은 무형의 지식으로써 새로운 아이디어를 포함하고 있기 때문에 혁신과정에 적용하는 경우 혁신의 효과를 증가시키거나 향상된 결과를 가져온다.

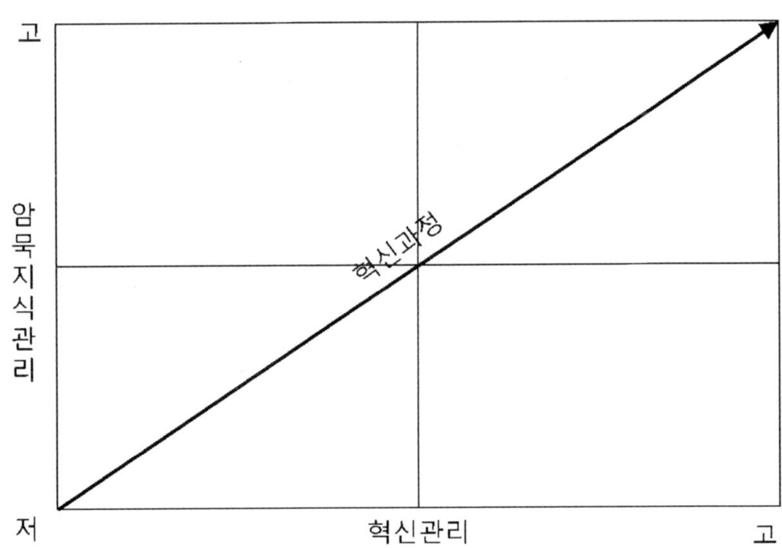

자료: de Alwis et al.(2004: 17)

[그림 2-1-1] 혁신과정에서 암묵지식의 역할

Basadur & Gelade(2006)은 지식관리와 조직학습 개념의 중요성을 강조하면서 이들 개념이 조직의 창의성과 혁신으로 통합될 수 있다는 개념적 틀을 제시하였다. 이 개념적 관계는 지식의 이해와 창의적인 활용(utilization)의 조합이라는 통합적 틀이다. [그림 2-1-2]는 혁신적 사과과정의 사이클에서 지식관리의 접근 틀이 적용되어야 한다는 점에 주목하고 있다. 혁신적 사고과정은 4단계로 구분된다. 1단계에서는 새로운 가능성에 대한 기회를 창출하는 활동이고 2단계는 창출된 기회나 아이디어를 확인하고 정의하며 이해하는 활동이다. 3단계에서는 정의되고 이해된 기회나 아이디어를 실제 업무에 적용할 수 있는 방식으로 전환하며 4단계에서는 그런 아이디어를 실행으로 옮기고 결과로 도출하는 활동으로 맺어진다.

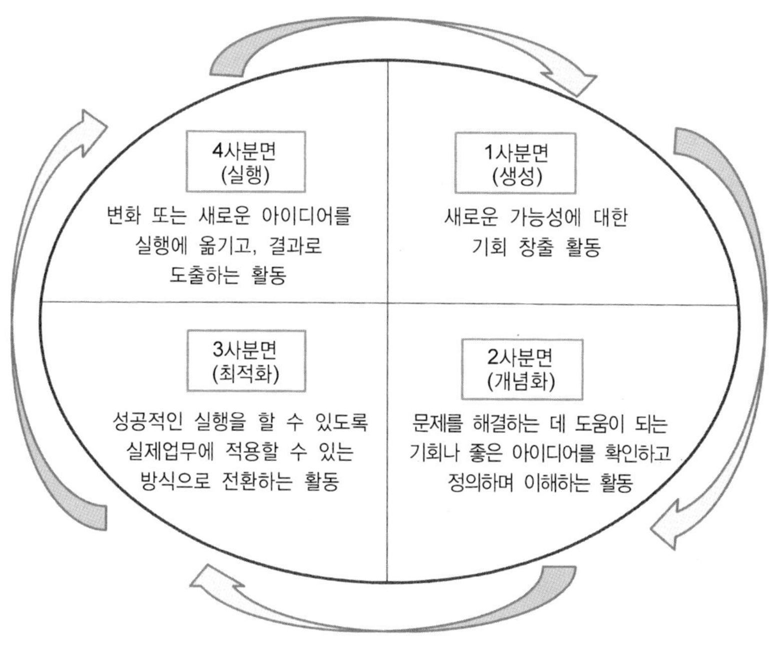

자료: Basadur & Gelade(2006: 50)

[그림 2-1-2] 혁신적 사고과정의 4단계

Johannessen 등(1999)은 조직혁신이 지식관리에 기반을 두어야 한다고 하면서, 조직혁신을 위해서는 조직의 비전이 수립되어야 하며 지식창출, 지식통합 그리고 지식활용이 유기적으로 작동되어야 한다는 모델을 [그림 2-1-3]과 같이 제시하였다. 비전은 조직혁신을 지지하고 지식창출의 방향을 제시하며, 지식창출은 조직혁신을 지지하고 지식통합과 활용을 가능하게 하며 지식통합과 활용은 조직혁신을 주도하는 요인이자 비전을 강화하는 요인이다.

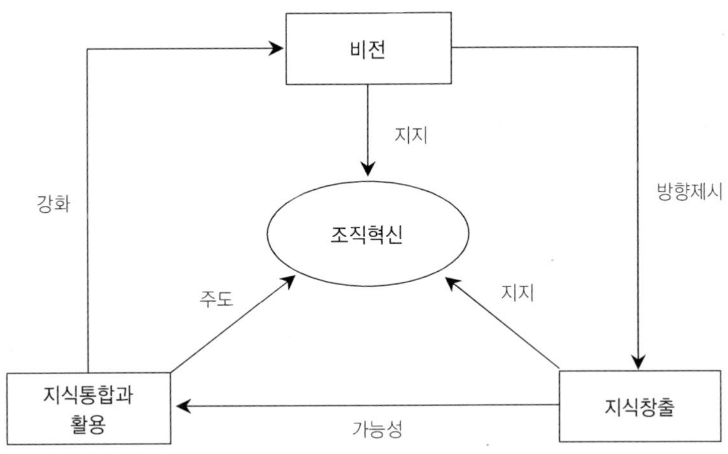

자료: Johannessen et al.(1999: 124)

[그림 2-1-3] 비전, 지식, 조직혁신의 개념적 관계

또한 Johannessen 등(1999)은 [그림 2-1-3]과 같은 개념적 모델을 토대로 무한경쟁 (hypercompetition)의 환경에서 실제 혁신을 가져오기 위한 지식관리의 모델로 [그림 2-1-4]와 같이 제시하였다. 조직혁신을 가져오기 위해서는 조직의 비전, 지식관리, 네트워크 구축, 새로운 정보와 커뮤니케이션 구조, 그리고 조직구성원의 몰입과 태도 변화가 촉진되어야 하고, 이런 요인들은 순환적 과정으로 이루어지며, 각 단계는 이전의 요인으로부터 영향을 받아 조직혁신을 촉진한다.

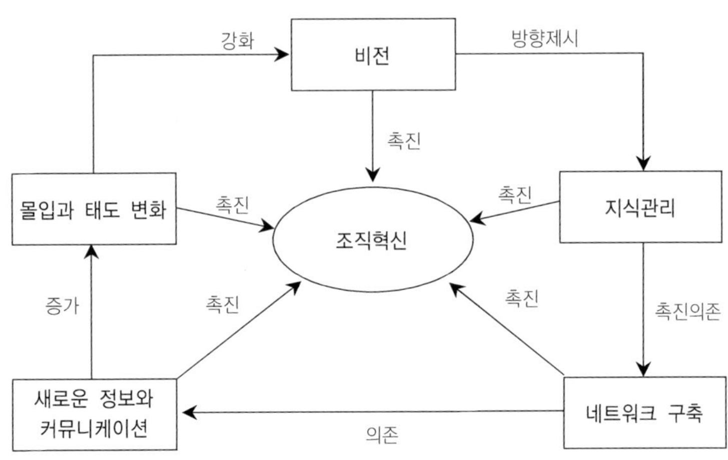

자료: Johannessen et al.(1999: 133)

[그림 2-1-4] 지식관리 모델

　　Carneiro(2000)은 지식관리가 혁신 및 경쟁력에 미치는 영향 관계에 대한 개념적 모델로 [그림 2-1-5]와 같이 제시하였다. 그는 개인적 요인에 의해 영향을 받은 지식관리는 혁신하려는 데 자극을 받아 혁신노력과 혁신의 성과에 영향을 미친다는 것이다. 지식관리를 위해서는 조직전체 구성원들이 지적자본의 중요성과 지식을 전략적 틀로써 인식해야 한다. 또한 지식개발에 관한 평가가 이루어져야 한다. 조직전체 구성원들에 대한 지식관리 준비가 마련되었으면 개인의 특성과 개인발전을 위한 노력이 이루어져야 하며 혁신과 경쟁을 위한 자극이 이루어져 혁신노력과 경쟁력 노력으로 이어진다. 이와 같은 일련의 과정은 각 단계가 상호작용을 거쳐 다음 단계로 이루어진다.

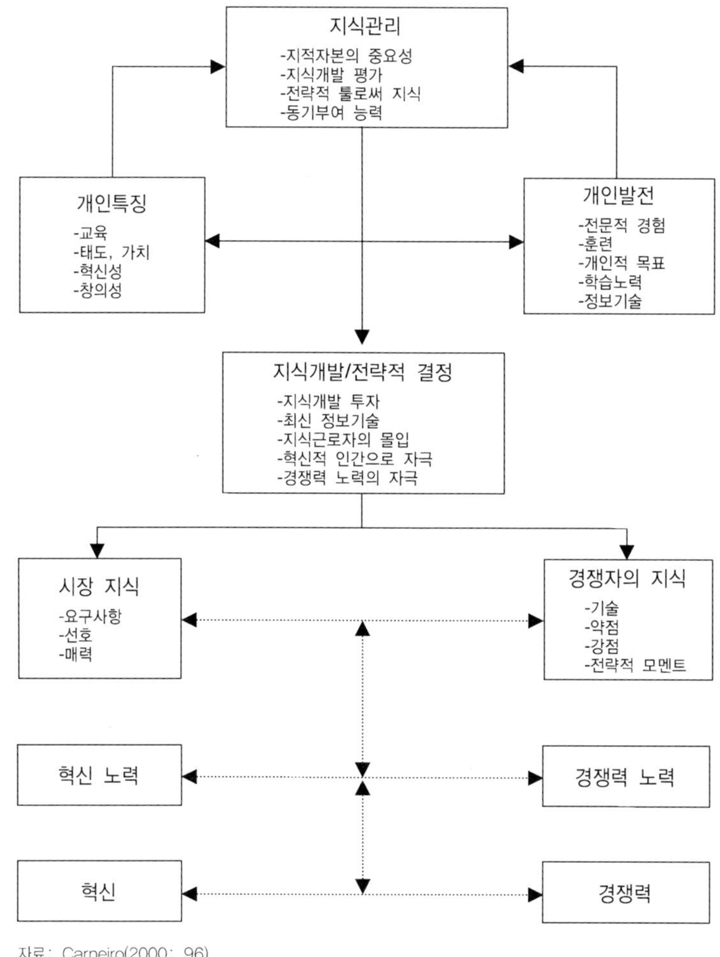

자료: Carneiro(2000: 96)

[그림 2-1-5] 지식관리가 혁신과 경쟁력에 미치는 영향 관계

2. 혁신역량과 지식흡수역량

조직혁신의 성과는 조직구성원들의 행동 결과로 나타난다. 조직구성원들의 행동은 기존의 행동과 다른 모습을 가질 때 혁신으로 이어지게 되며 기존의 행동과 다른 모습과 자세 그리고 실천행동을 갖도록 하는 것은 조직구성원들의 '역량'이 어느 정도인지에 따라 달라진다. 본 란에서는 혁신의 성과를 가져오기 위해서는 혁신역량이 갖추어져야 하고 그런 혁신역량은 외부의 새로운 지식을 인지하고 흡수하여 적용할 수 있는 지식흡수역량에 영향을 받을 것이라는 가정에서 출발한다.

지식사회의 무한경쟁이라는 조직환경에서 조직이 생존하고 지속적으로 성장하기 위해서는 급변하는 환경에 순응하고 조직의 미래 방향과 실천전략을 개발해야만 하는 데 조직혁신은 조직의 생존전략 중의 하나이다. 조직혁신은 급변하는 외부 환경을 흡수하고 새로운 조직환경을 개척하는 것으로써 외부의 새로운 지식을 어떻게 흡수하고 그것을 조직지식으로 내재화 하는 것과 맥락을 같이 한다(March, 1991; Escribano et al., 2005). 조직의 업무환경이 급변할 때는 기존의 지식 기반은 경쟁력 있는 자산으로써 가치가 없다. 조직이 변화하는 환경에서 기존에 소유하고 있는 지식자원은 그 유용성이 없거나 또는 부분적으로 적합하지 않을 수 있기 때문에 조직의 가치를 극대화시키기 위해서는 외부 지식에 대한 흡수역량을 개발해야 한다. 또한 외부 지식에 대한 조직의 흡수역량을 높이기 위해서는 조직의 소유하고 있는 지식 기반을 효과적으로 재창조하는 능력도 필요하다. 조직이 지식을 획득, 동화(흡수), 활용하는 과정은 조직을 새롭게 하는 중심 역할이다(Jantunen, 2005: 339). 조직의 관점에서 조직 외부의 새로운 지식흡수를 통해 조직지식으로 체화함으로써 조직의 문제해결 및 일하는 방식 그리고 성과향상에 기여할 수 있어야 한다.

조직 외부의 시장수요와 조직의 역량을 조화시키기 위해서는 가장 먼저 외부 정보의 수집이 이루어져야 한다(Jantunen, 2005: 340). Huber(1991)는 지식획득을 위해서는 다른 조직을 조사하는 과정에서 학습을 통해, 다른 조직이 소유한 지식을 결합하는 방법, 또는 의도적인 탐색과 모니터링을 통해 이루어질 수 있다고 주장하였다. 일반적으로 지식획득 역량은 조직 내·외부의 소스로부터 정보수집과 지식창출을 위한 프로세스와 메커니즘으로 구성되어 있다. 혁신에 관한 많은 논의들은 혁신활동에서 외부지식 소스를 활용하는 능력을 강조하고 있으며(Cohen et al., 2002; Caloghirou et al., 2004; Cockburn & Henderson, 1998; Chesbrough, 2003; Tripsas, 1997; von Hippel, 1988), 조직의 흡수역량은 조직의 혁신성과에 유의적으로 관련된다고 주장하였다(Jantunen, 2005: 339).

한편 지식획득이 혁신활동에서 중요한 것으로 인정되지만, 효과적인 지식획득 역량이 성과 향상에 직접적으로 어떻게 반영되는지에 관해서는 분명하지 않다는 주장도 있다(Jantunen, 2005: 340). 지식획득 역량이 혁신을 촉진하는 데 직접적인 영향보다는 간접적일 수 있다는 점과(Darroch & McNaughton, 2003), 혁신 강화를 위해 필요조건일 수는 있지만 충분조건은 아닐 수 있다는 것이다(Zahra and George, 2002).

Soo 등(2004)은 경험적 연구를 통해 모델 1([그림 2-1-6])에서 모델 3([그림 2-1-8])을 통해 혁신의 성과가 지식획득, 지식창출, 조직혁신 등과 어떻게 연관되어 있는지에 대한 개념적 관계를 제시하였다. [그림 2-1-6]은 조직의 프로젝트 성과를 위해서는 조직 외부의 지식이 획득되어야 하고 획득된 지식으로 문제해결역량을 높이게 되며, 지식획득과 문제해결역량 증대는 창출된 새로운 지식이 프로젝트 성과에 기여한다는 가설적 개념 관계를 제시하였다.

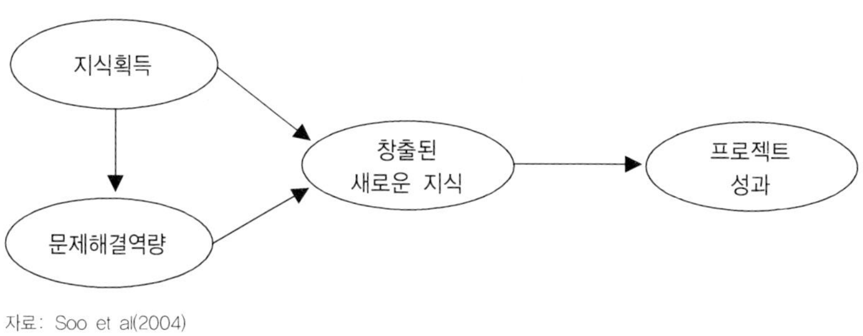

[그림 2-1-6] 조직지식 창출과 프로젝트 성과

Soo 등(2004)은 계속해서 조직의 흡수역량과 지식획득이 조직의 성과라는 혁신, 새로운 지식창출, 그리고 문제해결역량 증대에 기여하는 가설적 개념 관계도 제시하였다. 조직이 지식획득을 증대하기 위해서는 선행적으로 조직적 흡수역량을 높여야 하고, 이로 인해 지식획득이 증대됨으로써 조직의 혁신을 가져오는 것은 물론 새로운 지식이 창출되는 효과를 가져오며 문제해결역량을 높이는 데 기여하게 된다는 관계이다.

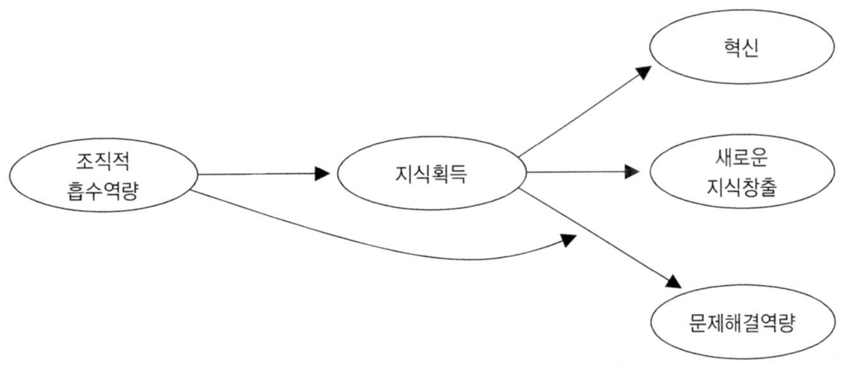

[**그림 2-1-7**] 지식획득과 조직흡수역량 간의 관계

[그림 2-1-8]은 위 두 개의 개념적 관계를 조직성과로 연계한 모형이다. 지식획득은 문제해결역량 증대는 물론 혁신에 영향을 미치고, 문제해결역량은 창출된 새로운 지식이 된다. 계속해서 창출된 새로운 지식은 혁신과 조직성과에 영향을 미치며, 동시에 혁신도 조직성과에 영향을 미치는 관계를 도식화하고 있다.

이상과 같이 지식흡수역량은 지식획득, 문제해결역량, 혁신역량, 조직성과에 유의적 영향을 미칠 것이라는 가설적 주장이다. Levinthal(1990)은 흡수역량에 대해 조직목표를 위해 새로운 정보에 대하여 가치를 인식하고, 동화하며, 흡수하는 능력으로 정의하면서 이런 능력은 혁신역량에 중요한 영향을 미치는 요인이라고 주장하였다(Liao et al., 2010: 76). 흡수역량은 조직 환경을 인지하고 수용하기 위하여 조직 외부에 있는 지식을 평가하고 활용하는 능력으로써 높은 흡수역량은 높은 성과를 가져온다(Colin, 2006).

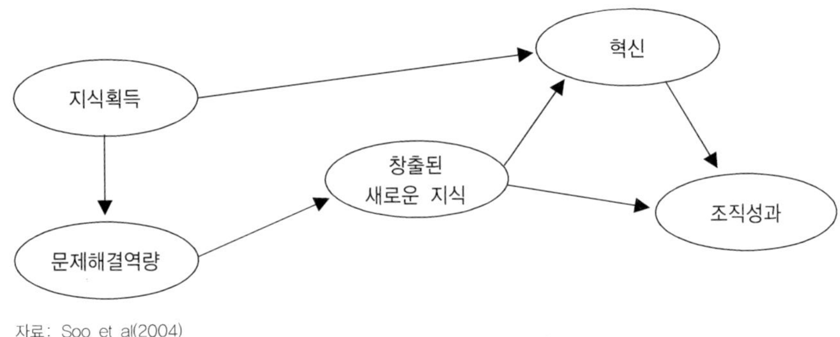

[**그림 2-1-8**] 조직지식 창출과 조직성과

    조직 외부의 정보 및 지식이 획득된다고 하더라도 획득된 정보 및 지식을 그대로 조
직활동에 적용할 수 있는 것은 아니다. 획득된 정보와 지식은 조직 내부의 업무에 이용
될 수 있도록 하기 위해서는 조직 내의 부서 및 조직구성원들에게 이전 및 분배할 수
있는 형태로 변환되어져야 한다. 지식코드화는 지식분배를 촉진시킨다. 지식은 사회적
상호작용을 통해 암묵지식이 명시지식으로 변환된다(Nonaka & Takeuchi, 1995). 조직
혁신과 새로운 변화를 시도하기 위해서는 획득된 지식을 통합하고 변환하는 능력도 지
식흡수역량을 혁신역량으로 이어지도록 하기 위한 기본이 된다. 외부 환경의 변화를
인지하는 감각과 기회를 확인하는 능력도 필요하지만, 획득된 지식을 조직이 필요로
하는 지식으로 변환하는 역량은 더욱 중요하다. 요컨대, 조직이 획득하고 있는 많은 지
식을 제품개발과 서비스 개선 그리고 조직의 경쟁력 강화를 위해 필요로 할 때 활용하
는 역량이 중요하다. 지식활용 역량은 획득된 지식을 효과적으로 어떻게 활용하는가를
가리킨다. 지식활용 역량이 높은 조직은 외부 새로운 환경적 요소에 신속히 반응하게
된다. 뜻밖의 기회를 잡는 것은 지식활용 절차에 대한 체계적인 사용 없이도 가능하지
만 높은 수준의 혁신을 지속시키시 위해서 반드시 필요로 하는 것은 획득된 지식을 구
체적으로 적용할 수 있도록 하는 과정이 필요하다(Jantunen, 2005: 340). 외부 지식에
대한 반응(Jaworski & Kohli, 1993), 전략적 유연성(Kogut & Kulatilaka, 2001)과 역량
의 변경(Teece et al., 1997) 등은 모두 조직의 쇄신 역량의 필수적 요소이다.

    이상과 같이 지식흡수역량은 조직이 동태적인 조직역량을 산출하기 위해 지식을 획
득, 동화, 변환, 이용하는 일상적 조직활동이다(Zahra & George, 2002; Chen et al.,
2009: 153). 지식의 획득역량은 조직운영에 주요한 외부 지식을 인식하고, 가치를 인정
하며 획득하는 능력을 말하고(Lane & Lubatkin, 1998; Zahra & George, 2002), 지식의
동화역량은 외부 소스로부터 지식을 이해하고, 분석하며, 해석할 수 있는 마련된 조직
의 일상적 프로세스를 의미하며, 지식의 변환역량은 새롭게 획득하고 동화된 지식에 기
존의 지식의 조합을 촉진할 수 있는 능력을 의미한다(Zahra & George, 2002). 그리고
지식의 이용역량은 조직의 목적을 달성하기 위해 새로운 외부 지식을 활용할 수 있는
능력을 의미한다(Lane & Lubatkin, 1998).
    지식의 획득, 동화, 변환, 그리고 이용은 조직혁신에 매우 중요하다. 흡수역량은 조
직의 혁신성과를 증대하기 위해 새로운 지식을 획득, 동화하며 적절하게 활용하는 능

력을 결정하는 매우 중요한 요인이며(Chen et al., 2009: 154), 지식에 대한 흡수역량의 증대는 조직의 혁신을 가져올 수 있다(Daghfous, 2004). 그러므로 흡수역량은 외부 지식을 효과적으로 획득하고 활용하는 능력을 향상시켜줄 뿐만 아니라 조직의 혁신능력에 영향을 미치며(Daghfous, 2004), 흡수역량은 혁신활동의 효과성에 영향을 미칠 수 있으며(Cockburn & Henderson, 1998), 조직의 혁신과 경쟁력 수준을 결정하는 주요 요인으로 작용할 수 있다(Cohen & Levinthal, 1990; Daghfous, 2004; Fichman, 2004; Vinding, 2006; Chen et al., 2009: 154). Cohen & Levinthal(1990)과 Daghfous(2004)는 조직의 흡수역량은 조직학습과 연구개발 활동에 유의적 요인으로 제시하였으며, Schilling(1998)은 흡수역량은 지식과 스킬을 확장시키며, 정보를 받아들이고 활용하는 능력을 향상시켜 궁극적으로 기술개발의 성과를 증대시킨다는 주장을 폈다. 그리고 Chen 등(2009: 154)은 조직의 흡수역량이 높을수록 혁신 성과는 증대될 수 있다는 주장을 하였고(Cohen & Levinthal, 1990; Chen et al., 2009: 154), 흡수역량은 조직의 적응성에 유의적 영향을 미치는 요인으로 제시하는(Cohen & Levinthal, 1990; Daghfous, 2004) 등 흡수역량은 혁신성과에 긍정적인 영향을 미치는 관계로 파악되고 있다.

Liao 등(2010)은 흡수역량과 혁신역량 사이에서 지식획득을 조절변수로 제시하였다. 흡수역량이 혁신역량 증대에 긍정적인 영향을 미치게 되지만 지식획득이 개입됨으로써 흡수역량과 혁신역량 간의 관계를 더욱 높아진다는 것을 보여주고 있다.

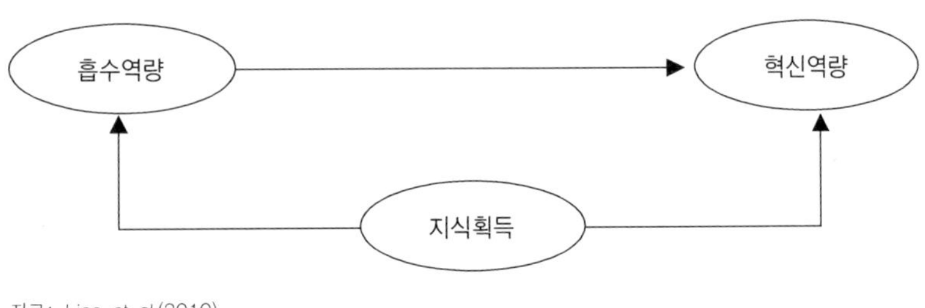

자료: Liao et al.(2010)

[그림 2-1-9] 흡수역량과 혁신역량에서 지식획득의 조절효과 관계

또한 Liao 등(2010)은 흡수역량과 혁신역량 간의 관계에서 조직학습과 조직문화가 조절변수로 작용하는 것으로 제시하였다. 흡수역량은 외부환경에 의해 영향을 받는 한편 조직문화와의 상호관계에 의해서도 영향을 받는다. 그리고 흡수역량과 혁신역량 간

의 관계는 조직문화에 의해 조절되는데, 환경의 불확실성 요소에 따라 그 결과가 달라진다는 개념적 관계도 제시하였다.

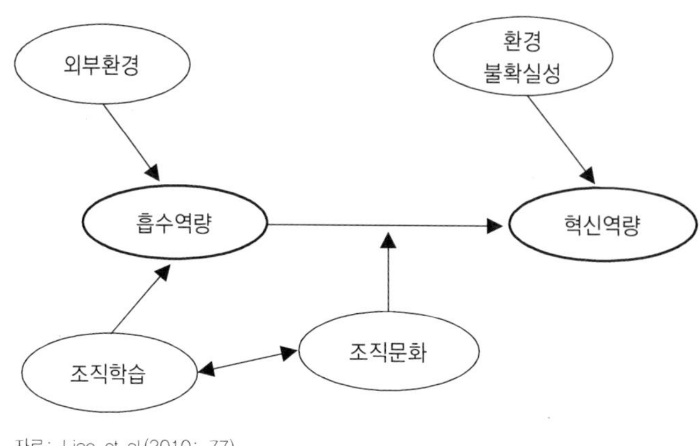

자료: Liao et al.(2010: 77)

[그림 2-1-10] 조직학습과 조직문화의 조절효과 관계

흡수역량에 대한 논의를 정리하면,

① 흡수역량은 인적자본과 기술을 포함하여 조직이 기존에 소유하고 있는 내부 지식과 관련된다(Boynton et al., 1994; Keller et al., 1996; Lenox & King, 2004).

② 흡수역량은 정부의 정책과 규칙, 산업의 상호작용과 위기 등과 같은 외부 환경과 관련된다(Kim, 1998; Nieto & Quevedo, 2005; Mowery et al., 1996; Veugelers, 1997).

③ 흡수역량은 조직전략과 관련된다(Lenox & King, 2004).

④ 흡수역량은 혁신과 경쟁력을 증대시킨다(Colin, 2006; Lenox & King, 2004; Nieto & Quevedo, 2005).

3. 조직혁신과 조직문화

조직혁신의 성공을 위해서는 조직구성원들의 행태가 변화되어야 한다. 조직구성원의 행태가 형성되고 변화되는 저변에는 조직문화가 있다. 조직문화는 조직구성원의 신념, 이념, 규범 및 제도의 총화로 조직구성원의 행동과 태도에 영향을 미친다.

조직문화는 전형적으로 조직의 특징을 나타낸다. 조직 내에서 수용되고 있는 가정

(assumptions)이라고 할 수 있으며, 이런 가정은 조직구성원의 태도와 신념을 나타내는 지속적인 인간 상호작용 과정으로 나타나게 되고, 그런 가정은 조직이 당면한 일하는 방식과 문제해결 방식의 지침이고 조직을 이해하는 토대가 된다(Martins & Terblanche, 2003: 65). 조직문화는 조직이 기능할 수 있는 근본적 토대로써, 어떤 강한 문화는 조직 모든 성원들이 같은 방향으로 나갈 수 있도록 하는 공유된 가치를 제공한다(Robbins, 1996). 조직문화의 역할은 조직의 프로세스에 영향을 미친다. 조직문화는 행동, 규범, 가치, 철학, 개임의 규칙, 감정으로 이루어져 있다(Hellrigel et al., 1998; Smit & Cronhe, 1992).

많은 연구자들(Schuster, 1986; Shaughnessy, 1988; Martell, 1989; Pheysey, 1993; Johnson, 1996; Robbins, 1996; Judge et al., 1997; Tesluk et al., 1997; Tushman & O'Reilly, 1997; Ahmed, 1998; Martins & Terblanche, 2003)은 조직문화가 창의성과 혁신을 조장하는 중요 요인으로 강조하였다. 조직문화는 혁신의 잠재 능력에 많은 영향을 미친다. 조직문화는 조직의 사회적·역사적 배경과 조직구성원들 상호작용함으로써 체화되는 규범의 총합이다(Feldman, 1988). 혁신적인 환경은 조직구성원들을 생각하게 하고 새로운 것에 접근하게 하며 혁신을 실현할 수 있도록 조장한다(Cook, 1998; Ong et al., 2003). 또한 혁신적인 문화와 신념은 조직혁신의 성공에 긍정적인 영향을 미친다(Jung et al., 2003).

Furnham & Gunter(1993)는 조직문화의 기능으로써 내적 통합과 조정을 제시하였다. 조직문화는 커뮤니케이션과 상호 이해를 토대로 하여 공유된 의미체계를 제공한다. 만약 조직문화가 만족스런 방식으로 기대하는 기능을 하지 못하면, 조직의 능률성은 상당히 감소된다(Furnham & Gunter, 1993). 조직문화는 행동에 영향을 미치는 역할인자로 합리적 관리 도구를 보충해 준다(Martins & Terblanche, 2003: 65).

Schein(1998: 42-43)은 조직문화와 혁신과의 관계에서 몇 가지 가정을 제시하였다.

① 세상은 변화하며 관리될 수 있다.

② 인간은 적극적인 문제해결자의 본질을 가지고 있다.

③ 실용이 진리이다.

④ 미래에 대한 적절한 시야를 가져야 한다.

⑤ 시간 단위에서 혁신을 고려해야 한다.

⑥ 인간본질은 중립적이거나 좋은 것이다.

⑦ 인간관계는 개인주의와 다양성의 가치에 바탕을 두어야 한다.

⑧ 의사결정은 참여적이어야 한다.

⑨ 다양한 하위문화는 장려되어야 한다. 그리고 하위문화는 현재의 문화와 연계되어야 한다.

혁신에 영향을 미치는 문화의 특성을 정리하면 [표 2-1-1]과 같이 제시된다. 높은 혁신역량을 가져오는 문화의 특성으로는 높은 개인주의, 위기감수 의지, 변화를 수용하는 준비, 장기적 관점, 낮은 계서주의 및 권한, 새로운 정보공개 등으로 제시된다.

[표 2-1-1] 혁신에 관한 문화의 영향

문화의 특성		혁신의 효과
Barnett(1953)	− 높은 개인주의	− 높은 혁신역량
Rothwell & Wissema(1986)	− 위기감수 의지 − 변화수용 준비 − 장기적 관점	− 높은 혁신역량
Hofstede(1984); Shane(1992)	− 높은 개인주의 − 낮은 권한/지위/계서	− 높은 혁신역량
Hofstede(1980)	− 약한 불확실성 회피	− 높은 사업가
Haiss(1990), Schneider(1989), Hofstede(1980)	− 남성적 대 여성적	− 혁신에 차이 보임
Beteille(1977)	− 정치적 민주주의, 자본주의 경쟁과 개인주의	− 관련된 변수
Mokyr(1991)	− 새로운 정보의 공개 − 위기를 견디는 의지 − 종교 − 사회에 대한 교육의 가치	− 높은 혁신역량
Herbig & Miller(1991)	− 개인주의 − 낮은 권한 − 동질성의 사회	− 높은 급진적 혁신 − 높은 급진적 혁신 − 낮은 질서
Twaalfhoven & Hattori(1982)	− 집합주의자	− 높은 프로세스 − 낮은 급진적 혁신
Chol Lee(1990)	− 조기 수용자 − 높은 교육수준 − 낮은 수준의 집권화된 정부 − 과학에 대한 긍정적 태도	− 높은 혁신역량

자료: Herbig & Dunphy(1998)

Martins & Terblanche(2003: 70)은 창의성과 혁신에 영향을 미치는 조직문화 요인으로 조직의 전략(비전과 임무, 목적의식), 조직구조(유연성, 자율성, 협동, 집단상호작용), 지원장치(보상, 자원의 유용성), 혁신장려행동(실수관용, 아이디어 생성, 지속적인 학습문화, 위험감수, 경쟁력, 변화를 위한 지원, 갈등조정), 공개적 커뮤니케이션 등을 제시하였다. 또한 이런 조직문화 결정요인에 영향을 미치는 선행요인으로 전략적 비전과 임무, 고객에의 초점, 목적달성을 위한 수단, 관리프로세스, 조직구성원의 니즈, 조직구성원 간의 상호관계, 리더십에 따라 달라진다는 개념적 모델을 [그림 2-1-11]과 같이 제시하였다.

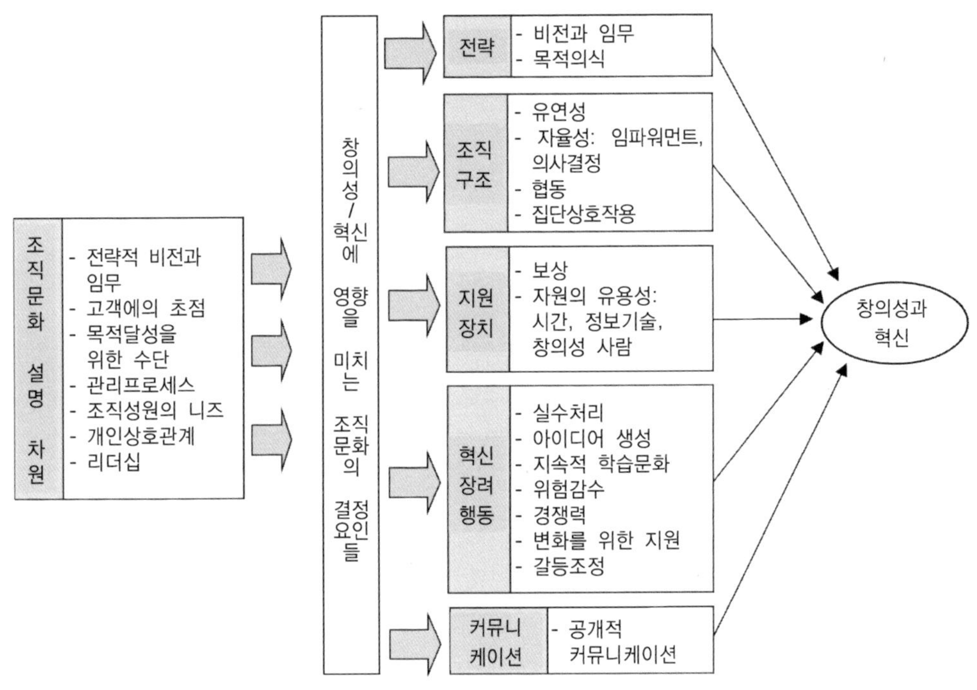

자료: Martins & Terblanche(2003: 70)

[그림 2-1-11] 창의성과 혁신에 영향을 미치는 조직문화 요인

4. 조직혁신과 조직학습

조직학습도 조직혁신에 유의적인 영향을 미친다는 논의들이 많다. 조직학습이 좋은 지식과 이해를 통해 조직행동을 개선하는 과정이기 때문에, 새로운 변화와 혁신을 위해서는 무엇이 필요하고 그것을 어떻게 적용하여 개선할 것인가에 대한 조직학습이 수반되어야 한다. 또한 학습을 추진하는 하나의 형태인 학습조직도 새로운 변화와 발전

을 위한 방법 및 수단으로 작용되어야 하기 때문에 조직혁신을 위한 하나의 방안이다.

Lundvall & Nielsen(2007)은 조직특징을 소개한 후 학습조직의 특징을 가질수록 더 혁신적이라고 주장하였다. 첫째, 유기적이고 통합적 조직은 내부기능의 유연성에 초점을 맞추게 되는데 이런 조직은 횡적인 업무집단, 기능의 통합, 경계의 완화, 그리고 책임위임 등이 일어나는 특징을 가지고 있다. 둘째, 열정적 종업원에게 초점을 맞추는 품질관리는 품질 사이클과 집단 그리고 종업원의 제안을 수집하기 위한 체계를 가지고 있다. 셋째, 능력 구축에 초점을 맞추는 인간개발은 교육활동을 강조하고 장기적인 교육계획을 가지는 특징을 가진다. 넷째, 인센티브에 초점을 맞춘 보상시스템은 자격과 기능에 의한 임금과 결과에 의한 임금을 지급을 하는 특징을 가진다. 다섯째, 외부 기능적 유연성에 초점을 맞춘 외재적 커뮤니케이션은 고객, 하급기관, 대학, 연구기관 등과 긴밀한 협력에 관심을 가지게 된다.

이상과 같이 조직특성과 실제에 적합한 학습조직의 형태를 가지는 것이 조직혁신으로 이어지게 된다.

[표 2-1-2] 이론적 관점과 조직특징

학습조직의 관점	조직특징과 실제
유기적이고 통합적 조직은 내부기능의 유연성에 초점을 맞춤(Burns & Stalker, 1961; Moss Kanter, 1983)	− 횡적인 업무집단 − 기능의 통합 − 경계의 완화 − 자기관리 팀 − 책임위임
품질관리는 열정적 종업원에게 초점을 맞춤(Nonaka & Takeuchi, 1995)	− 품질 사이클과 집단 − 종업원의 제안을 수집하기 위한 체계
인간개발은 그들의 능력 구축에 초점을 맞춤(Bratton & Gold, 2003)	− 교육활동 강조 − 장기적인 교육계획
보상시스템은 인센티브에 초점을 맞춤(Bratton & Gold, 2003)	− 자격과 기능에 의한 임금 − 결과에 의한 임금
외재적 커뮤니케이션은 외부 기능적 유연성에 초점을 맞춤(Lundvall, 1992)	− 고객과의 긴밀한 협력 − 하급기관과의 긴밀한 협력 − 대학, 연구기관과의 긴밀한 협력

자료: Lundvall & Nielsen(2007: 217)

제2장 조직문화 관련 요인

1. 조직문화와 지식관리의 관계 중요성

많은 지식관리 연구에서 논의되고 있는 공통된 요인는 조직문화이다. 지식관리를 조장할 수 있는 문화의 특성이 존재하지 않는다면 지식관리 활동이 일어날 수 없다(Hurley & Green, 2005). 지식관리는 조직구성원의 신념과 태도의 변화를 수반해야 하기 때문에 신념과 태도 및 규범의 총체인 조직문화는 지식관리를 촉진하는 중요 요인이다.

지식관리에서 문화의 중요성에 대해 많은 논자들(KPMG, 1998; Leidner et al., 2006: 18; Hasan & Gould, 2001; Schultze & Boland, 2000; Brown & Duguid, 2000; Davenport, DeLong & Beers, 1998; DeLong & Fahey, 2000; Gupta & Govindarajan, 2000; Hargadon, 1998; von Krogh, 1998)은 지식관리 실제에서 문화가 중요한 영향을 미치며, 지식관리 프로그램 운영에서 상급관리자들이 문화적 행동을 조장하는 역할이 중요하다고 강조하였다.

지식관리에서 문화의 역할에 관한 연구들은 조직문화가 지식공유 행동에 영향을 미치는지(DeLong & Fahey, 2000; Jarvenpaa & Staples, 2001), 조직문화가 지식관리 주도의 성공뿐만 아니라(Baltahazard & Cooke, 2003) 지식관리 역량에 영향(Gold, Malhotra & Segars, 2001)을 미치는지에 초점을 맞추고 있다. Baltahazard & Cooke(2003)는 건설적인 문화(격려, 협력, 성위, 자아실현)는 지식관리 성공에 높은 성과를 보인다고 주장하였고, 이와 비슷하게 Gold 등(2001)은지지하고 격려의 조직문화가 지식관리 인프라 역량에 긍정적 영향을 미치며 그 결과로 지식관리의 성공을 가져다주는 것으로 발견하였다. 그리고 Jarvenpaa & Staples(2001)는 공유된 목표를 추구하려는 결속력이 높은 조직문화는 높은 지식공유 수준을 가져온다는 것을 확인하였다(Leidner et al., 2006: 18).

문화 관점	문화가 지식관리에 미치는 영향
관료문화(Wallach, 1983)	– 최초 지식관리에 접근에 대한 지지 – 상급관리자의 비전은 효과적인 지식관리에 필수적이라는 구성원들간 사이의 기대 유발
혁신문화(Wallach, 1983)	– 지식관리를 시범적으로 시행하려는 하위 그룹에 유용하고, 이들 집단들의 지식관리 유용성 개발에 기여
개인주의적 문화(Earley, 1994)	– 공유습관, 오너십, 지식의 재사용
협력문화(Earley, 1994)	– 프로세스지향 지식관리를 실제지향 지식관리로 진화에 기여 – 가상공동체 창조에 기여

자료: Leidner et al.(2006: 37)

지식관리를 촉진하는 문화의 하위요소는 무엇인가? Hurley & Green(2005)은 Leavitt (1965)의 조직변화모델을 이용하여 효과적인 지식관리 문화에 영향을 미치는 요인으로 과업, 구조, 기술, 사람 등을 제시하였다. 이들 4가지 요인은 상호작용을 하면서 지식관리를 조장하는 문화로 변동된다. 지식관리를 조장하는 문화는 단순히 특정 요인으로만 형성되고 변동되는 것이 아니라 이들 4가지 요인들이 상호작용 과정을 통해 이루어진다는 점이다. 따라서 지식관리를 조장하는 문화를 형성하고 발전시키기 위해서는 사람을 비롯하여 과업, 기술, 구조에 대한 변화 전략이 모색될 필요가 있다.

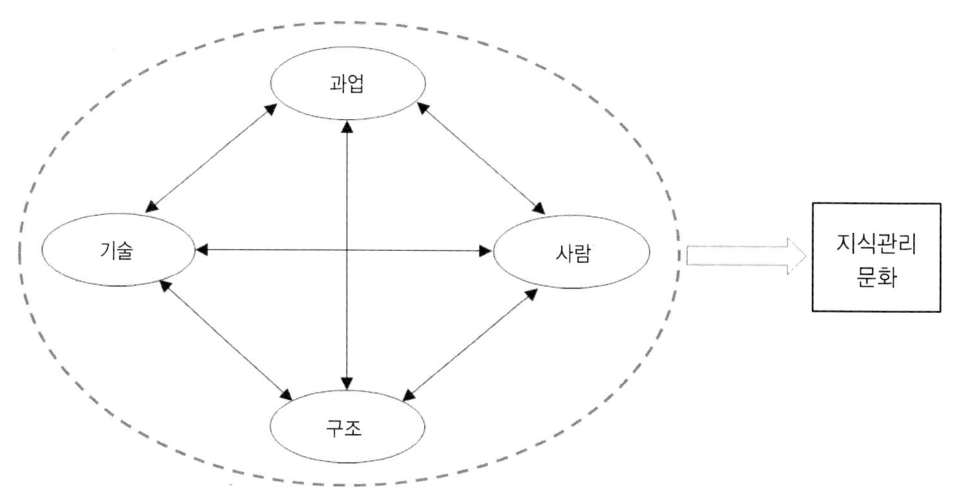

자료: Hurley & Green(2005)

[그림 2-2-1] 지식관리 문화에 영향을 미치는 조직변화모델

조직문화는 조직의 규범(norm)과 가치(values)가 내재되어 있다. Alavi 등(2005:

220)은 조직의 가치가 지식관리 행동에 영향을 미치고, 지식관리 행동은 지식관리 성과에 영향을 미친다는 개념적 모델을 제시하였다. 이들은 [그림 2-2-2]와 같은 개념적 모델을 토대로 민간부문의 조직을 대상으로 지식관리 성공을 위한 조직문화의 사례 연구에서 조직의 가치는 개인의 지식관리 툴 사용에 영향에 미쳐 개인적 지식관리 성과 및 조직의 지식관리 성과에 영향을 미치고, 조직의 지식관리 성과는 다시 조직의 가치에 영향을 미치는 순환관계로 제시하였다. 결국 조직가치를 포함하고 있는 조직문화가 개인 및 조직의 지식관리에 영향을 미치는 요인이면서 동시에 그로 인해 지식관리를 위한 조직문화가 형성되고 정착되는 것으로 파악된다.

자료: Alavi et al.(2005: 198)

[그림 2-2-2] 조직가치와 지식관리 행동 및 성과 간의 관계 모델

지식관리에서 조직가치의 중요성을 주장하는 많은 논자들(Barrett et al., 2004; Davenport et al., 1998; DeTiene & Jackson, 2001; Janz & Prasarnphanich, 2003; Knapp & Yu, 1999; Levinthal & March, 1993; Miles et al., 1987)은 조직구성원들 사이에 효과적인 지식공유를 촉진하는 데 중요한 요인으로 조직가치(organizational values)를 제시하였다(Alavi et al., 2005: 196). Gold 등(2001)은 조직가치, 지식관리 역량, 그리고 지속적인 조직성과 간의 관계를 설명하면서, 조직이 더욱 개방적이고 지지적인 가치를 지향할수록 조직구성원들이 적극적인 지식행동 경향을 보인다고 소개하였다. 조직문화 구성요인 중의 하나인 조직의 가치는 조직의 지식인프라 역량의 일부분으로써 혁신할 수 있는 조직역량과 빠른 변화에 반응하며 새로운 시장 수요에 반응하는 데 영향을 미칠 수 있다는 것이다.

Delong & Fahey(2000)은 조직의 특별한 가치가 지식공유를 촉진할 수도 있고 방해할 수 있다고 하였다. 이들은 신뢰와 협력과 같은 가치 지향은 조직구성원이 서로 간 통찰력과 전문지식을 공유하려는 의지를 갖도록 하는 데 반해, 구성원들 간 개인적 권한과 경쟁을 강조하는 가치체계에서는 지식축적(독점) 행동을 유발시킨다고 하였다.

지식공유 행동을 촉진할 수 있는 문화적 가치를 찾고 강화해야 할 필요성을 엿볼 수 있다. 이와 유사하게 Jarvenpaa & Staples(2001)는 대학 구성원들을 대상으로 실시한 연구에서 지식을 공유하는 조직의 가치는 성원들 간 지식을 공유하려는 경향을 가진다고 제시하였다.

지식관리 활동 중 지식창출과 관련해서도 조직문화가 긍정적 영향을 미친다고 한다. Lee & Choi(2003)의 연구에 의하면 협력, 신뢰, 학습과 같은 조직문화는 지식창출을 자극한다고 보고한 바 있다. 즉, 조직문화와 지식창출은 긍정적인 관계에 있으며, 조직문화를 구성하는 요인들은 지식을 효과적으로 관리할 수 있도록 하는 주요 요인이라고 하였다(Alavi et al., 2005: 196).

2. 경쟁가치모델과 지식관리 활동

Gray & Densten(2005)은 Nonaka과 Takeuchi(1995)의 지식의 창출 및 변환모델과 Quinn (1984, 1988)의 경쟁가치모델(CVF)을 통합하는 모델을 제시하였다. 이들은 조직지식을 관리할 수 있는 모델을 제안하면서, 지식창출을 추동하고 조직효과성을 지지하는 사회적 · 조직적 문화 프로세스를 이해하는 모델로써 제안하였다.

1) 경쟁가치모형에 기반한 조직가치와 조직문화

경쟁가치모형은 조직이 중요하다고 생각하는 반대의 가치 차원을 강조하고 있다(Cameron & Quinn, 1999). 예를 들면, 조직은 적응성과 유연성을 필요로 하지만 안정과 통제도 필요하다. 그리고 조직은 성장, 자원획득, 외부의 지원도 필요하지만 내부정보관리와 공식적 커뮤니케이션도 필요하다(Gray & Densten, 2005: 595).

[그림 2-2-3]의 경쟁가치모형은 조직의 복잡한 본질을 2개 차원 즉, 내부적/외부적, 안정성 구조/유연성 구조 등으로 구분하고 있다. 이 두 가지 차원을 합쳐 4개 가치로 나타내는 사분면으로 분류된다(Cameron & Quinn, 1999; Gray & Densten, 2005: 595). 각 사분면은 가장 특징을 잘 나타내는 것으로 이름이 붙여진다. 먼저 왼쪽 상단은 '인간관계'(human relations) 관점으로 대표되고, 유연성(flexibility)과 내부초점(internal focus)을 특징으로 하며 정보공유와 참여적 의사결정을 강조한다. 여기에서 구성원들은 공동사회시스템이나 씨족의 일부분이며 동맹과 귀속감 발전을 통해 서로 함께 결속을 다진다.

오른쪽 상단은 '개방체제'(open system) 관점으로 대표되고, 유연성(flexibility)과 외부초점(external focus)을 특징으로 하며 적응적 애드호크라시(adaptive adhocracy)로서 혁신, 창의성, 적응성, 성장, 외부지지, 자원획득을 강조한다. 여기에서 구성원들은 영감을 받고 도전적인 자세를 취함으로써 서로 결속을 다진다.

오른쪽 하단은 '합리적 목표'(rational goal) 관점으로 대표되고, 예측가능성(predictability)과 외부초점(external focus)을 특징으로 하며 시장형(market type)의 조직으로서 경쟁력, 생산성, 목표명확성, 효율성, 성취 등을 강조한다. 여기에서 구성원들은 목표지향과 경쟁을 통해 서로 결속을 다진다.

왼쪽 하단은 '내부과정'(internal process) 관점과 계서문화(hierarchy culture)로 대표되고, 예측가능성과 내부초점을 특징으로 하며 정보관리, 문서화, 안정성, 정형화, 집중화, 지속성, 통제 등을 강조한다. 이 계서문화에서 구성원들은 규칙, 정책, 절차로 유지되는 내부통제로써 서로 결속을 다진다(Quinn, Faerman, Thompson & McGrath, 2003; Gray & Densten, 2005: 595).

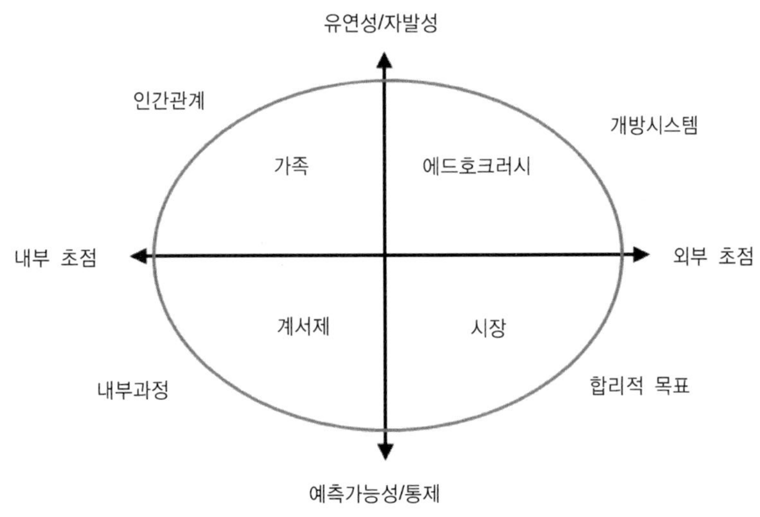

자료: Quinn(1988); Gray & Densten(2005: 596)

[그림 2-2-3] 경쟁가치모형

어느 조직이든 단 하나의 문화유형으로 특징될 수는 없다. 조직은 환경에 적응하고 도전함으로써 그 조직만의 독특한 문화를 발전시켜 나간다(Schein, 1985). 경쟁가치모형에서 제시한 것과 같이 어느 조직이든 조직은 4개의 사분면상에서 배타적인 문화 특징을 가지는 것보다는 조직의 존속과 발전을 위해 여러 특징들이 균형과 조화를 이루는 과정에서 사분면상의 어느 문화 특징을 조금씩 가지고 있으면서 어떤 문화 양상을 두드러지게 나타내는 것으로 이해된다.

2) 지식창출의 과정

Nonaka & Toyama(2003: 2)는 다양한 이질적인 요인들이 개인, 조직, 환경 사이에 동태적 상호작용을 통해 종합화되는 과정으로써 지식창출 모형을 개념화하였다. 그들은 지식은 '질서와 무질서, 거시와 미시, 부분과 전체, 마음과 육체, 암묵과 형식, 연역과 귀납, 창의성과 효율성'으로써 상호 반대의 개념이 통합하여 나선형으로 진행되는 과정에서 창출된다는 것이다([그림 2-2-4]). 이 접근법은 지식은 개인으로부터 출발하며 조직의 다른 사람에게 유용하도록 만들어진다는 지식 흐름에 초점을 맞추고 있다. 지식이 생성되어 유용하게 사용할 수 있도록 되는 과정은 암묵지식이 형식지식으로 전환되는 것과 관련되며, '지식이 이동되는 현상'의 견해를 가지고 있다(Patriotta, 2004: 10). 암묵지식(tacit knowledge)은 개인의 통찰력, 경험, 직관에 토대를 두고 있으며 (Polanyi, 1966), 단어와 상징으로 의사소통을 하는 데 있어서 이로 인해 어려움을 겪는 경우가 있다. 반면에 형식지식(explicit knowledge)은 명문화(코드화)와 의사소통이 가능하기 때문에 다른 사람과 공유가 가능하며 활용하는 데도 유용하다(Kakabadse, Kouzmin & Kakabadse 2001).

Nonaka & Takeuchi(1995)의 지식창출과 변환 모델 즉, SECI 모델[사회화(Socialization) – 외재화(Externalization) – 조합(Combination) – 내재화(Internalization)]은 Byosiere & Luethge (2004)에 의해 개선되었는데, 이들은 지식변환은 개인 간의 사회적 과정이며 개인에게만 한정되지 않는다는 것을 강조하였다(Nonaka & Takeuchi, 1995: 61). [그림 2-2-4]는 지식이 변환되는 4개 방식을 나타내고 있는데, 지식변환이 시작되는 사회화 (Socialization)는 환경속에서 개인들이 경험한 결과를 공유함으로써 암묵지식을 창출하는 방식이다. 암묵지식은 외재화의 과정을 통해 형식지식으로 변환하게 되는데 이

과정에서는 암묵지식의 개념이 구체화되고 다른 사람들에게 공유되며, 새로운 지식이 창출된다(Byosiere & Luethge, 2004: 246). 조합과 지식의 세련 방식에서는 지식이 명확하게 되고 공유되며 구체적인 설명이 이루어지게 되는데(McIntyre, Gauvin & Waruszynski, 2003), 형식지식이 더욱 세련된 형식지식으로 변경되는 것을 포함한다. 마지막으로, 내재화는 형식지식을 해석함으로써 내재화되는 방식을 의미하며 형식지식이 암묵지식으로 변환되는 과정이다(Byosiere & Luethge, 2004).

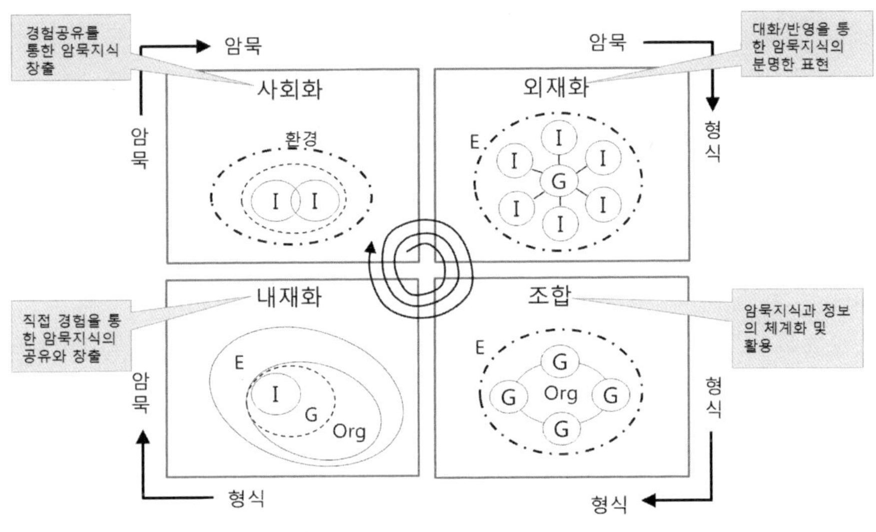

자료: Byosiere & Luethge(2004: 245); Nonaka & Toyama(2004: 98); Gray & Densten(2005: 597)

[그림 2-2-4] 지식창출 SECI 프로세스 모델

3) 모델의 통합: 경쟁가치모형(CVF)과 지식창출 SECI 프로세스 모델의 결합

조직에서 지식 창출과 이전은 커뮤니케이션과 실험을 장려하는 환경에 달려있다 (Davenport & Prusak, 1997). 경쟁가치모형(CVF)과 SECI 모델의 통합은 지식창출 과정에서 조직문화의 영향을 설명할 수 있는 기회를 제공하게 된다.

경쟁가치모형은 조직문화의 다원성을 설명하는 데 초점을 맞추고 있는 데 반해, SECI 모델은 조직 의도에 따른 지식창출과 지식이전을 설명하는 데 초점을 맞추고 있다. 이 두 모델의 공통점은 조직은 외부환경과의 상호작용뿐만 아니라 내부 운영과 관련된 동태적 과정에도 초점을 맞추는 시도를 하고 있다는 점이다. 경쟁가치모형과 SECI 모델은 조직구성원들이 상반되는 요구에 균형을 맞추어야 한다는 것을 전제하고 있다(Gray & Densten, 2005: 597). 예를 들면, 경쟁가치모형은 높은 성과를 위해서는 겉보기에 상반되는 역량에 대한 능숙성을 필요로 하는 것으로 제시하고 있는 데 반해 (Quinn & Spreitzer, 1991), SECI 모델은 질서와 무질서, 암묵과 형식, 창의성과 효율성과 같은 반대되는 개념을 통합하는 과정에서 지식이 창출되는 것으로 접근되고 있다 (Nonaka & Toyama, 2003; Gray & Densten, 2005: 597).

경쟁가치모형은 효과적인 관리를 위한 리더십은 4개 사분면의 어느 국면에서 주어진 역할을 충실하게 하는 역량개발에 달려있다고 한다(Denison et al., 1995). SECI는 연속적인 지식변환 모델이지만 4개의 방식들이 나선형의 지식변환 사이클에서 동시에 작동된다(Byosiere & Luethge, 2004). [그림 2-2-5]는 조직의 지식관리모델로서 위 두 가지 모델을 통합하는 모델이다.

두 모델이 뒷받침하고 있는 근본적 가정은 지식공유를 위해서는 인간관계와 사회적 과정이 중요하다는 것이다. 경쟁가치모형은 지식공유를 촉진시키기 위해서는 집단문화(clan culture)에서 신뢰와 귀속감을 발전시키는 관리적 리더십 행태가 중요하다고 강조하고 있다(Cameron & Quinn, 1999). 비슷하게 SECI 모델에서 사회화 과정 (Nonaka & Takeuchi, 1995)은 암묵지식 축적의 필요성을 강조하고 있다. 그러므로 이 두 모델은 지식관리 인프라를 잘 구축하기 위한 것으로 알 수 있으며, 문제에 대한 해결책을 제공하기 위해서는 사람과 사람 간의 관계와 교환이 중요하다는 것이다. 경재가치모형과 SECI 모델은 조직의 효과성과 지식창출 및 지식이전에 영향을 미치는 개인의 공유된 경험을 비공식적 상호작용을 통해 파악하고자 하는 것이다(Gray & Densten, 2005: 597).

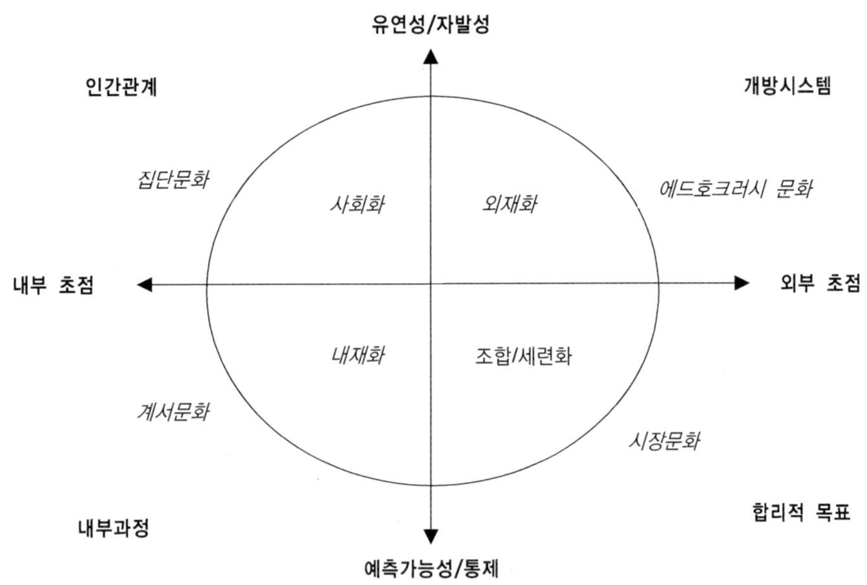

자료: Gray & Densten(2005: 598)

[그림 2-2-5] 조직의 지식관리 모델

경쟁가치모형에서 유연성, 혁신, 창의성을 특징으로 하는 개방체제 문화는 SECI 모델에서 암묵지식이 형식지식으로 변환되는 과정인 외재화(externalization)에 적합하다는 것에 토대를 두고 있다. Takeuchi & Nonaka(2004: 98-99)에 의하면 외재화는 개인들이 추론적 의식(discursive consciousness)을 사용하고 그들 주변을 둘러싸고 있는 세계를 합리적으로 설명하려고 할 때 일어난다는 것이다. 외재화 과정에서는 암묵지식이 창출된 다음 암묵지식이 구체화되고 다른 사람들과 공유하게 되면 새로운 형식지식이 창출된다고 한다(Byosiere & Luethge, 2004). 이러한 외재화 과정은 개방체제 문화에서 이루어지게 된다고 한다(Gray & Densten, 2005: 599).

경쟁가치모형에서 시장문화(market culture)는 경쟁력, 생산성, 목표 명확성, 효율성, 성취를 강조하는 합리적 목표에 기반하고 있다. 조직의 분명한 방향은 지식을 가진 개인들이 조직의 성과에 영향을 미치는 노력을 어떻게 해야 되는가를 알려준다. Nonaka & Toyama(2003: 5)에 의하면 SECI 모델에서 합리주의(rationalism)란 조직의 지식을 조작화하기 위하여 형식지식을 조합, 편집하는 효과적인 방법을 의미한다고 하였다. 결국 시장문화와 지식조합의 과정은 형식지식을 형식지식으로의 변환을 통해 지식을 획득, 조작화, 종합화, 배포한다는 점에서 이론적으로 같은 맥락을 가지는 것으로 파악하고 있다(Gray & Densten, 2005: 599).

경쟁가치모형의 마지막 사분면은 계서문화(hierarchy culture)의 내부과정에 초점을 맞추고 있으며 정보관리, 문서화, 안정성, 정형화, 통제를 강조한다(Cameron & Quinn, 1999). 계서문화에서 전문직업 관료제(Quinn et al., 2003)라고 할 수 있는 내부과정은 SECI 모델에서 내재화 방식과 같은 맥락을 가지게 되는데, 내재화 단계에서 지식은 실제 상황에 적용되고 새로운 루틴의 기반이 된다(Nonaka & Toyama, 2003: 5). 이 과정에서는 책임성, 측정, 문서화, 기록유지 등을 통해 형식지식을 암묵지식으로 변환하게 된다. 그러므로 경쟁가치모델에서 내부과정 문화와 SECI 모델의 내재화 과정은 개념적으로 지식 표준화(knowledge standardization)의 중요성을 강조하는 맥락에서 유사하다(Gray & Densten, 2005: 599). [그림 2-2-6]은 프로세스 관점에서 지식관리 통합모델로 제시된 것이다.

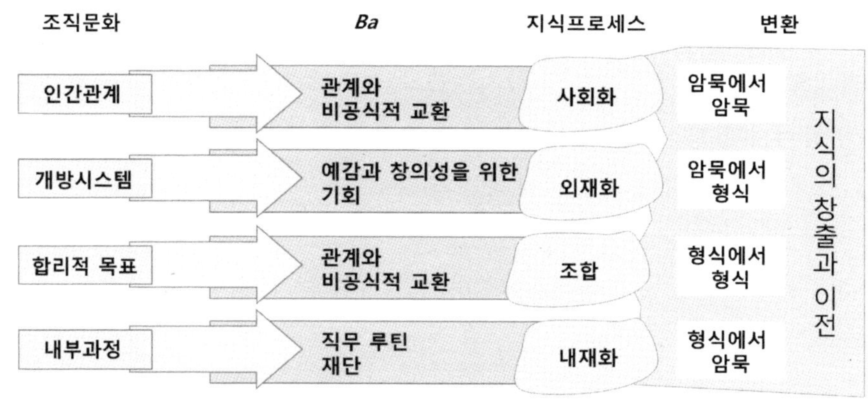

자료: Gray & Densten(2005: 599)

[그림 2-2-6] 프로세스 관점의 지식관리 통합모델

4) 이론적, 실제적 함의

조직문화 특징과 지식관리와의 관계에 대한 고찰에서 몇 가지 이론적, 실제적 함의를 제시할 수 있다. 경쟁가치모형과 SECI의 통합은 조직 효과성에 영향을 미치는 사회적 과정을 이해하는 데 도움을 줄 수 있다는 것이다. SECI 모델은 지식의 생성과 변환에 대한 이론적 안내 및 지침을 제공하고 있으며 조직 내에서 지식의 생성과 변환이 동시에 일어나는 과정을 제시하고 있다. 이에 반해 경쟁가치모형은 복잡하고 상반되는 사항들을 다루는 데 주안점을 두고 있다. 이 두 모델의 통합은 조직구성원들이 지식관리 체계의 복잡성을 이해하는 데 도움을 줄 수 있을 것이다.

3. 지식관리를 조장하기 위한 조직문화 점검사항

Holowetzki(2002)는 지식관리 전략을 개발하는 데 있어서 반드시 고려해야 될 사항으로써 조직문화 요인을 제시하면서, 지식관리와 조직문화에 관한 연구결과물을 통한 내용분석 결과를 통해 지식관리 주도에 영향을 미치는 문화적 요인에 대한 점검사항을 [표 2-2-2]와 같이 종합화하였다.

[표 2-2-2] 지식관리 주도에 영향을 미치는 주요 문화적 요인

문화적 요인		지식관리 주도에 미치는 영향
정보시스템	– 사람, 프로세스, 기술의 조합 – 획득된, 공유된, 창출된 지식을 유형화하는 일 – 공식적, 비공식적 접근의 가능성	– 조직구성원 간의 대화, 관계, 신뢰를 조장하는 네트워크 구축 정도 – 신속하고 효과적으로 문제를 해결하기 위하여 지식을 사용하는 일 – 조직구성원들이 누가 무엇을 알고 있는지를 알 수 있도록 협력적인 환경을 조성하는 일
조직 구조	– 조직의 저장고에 접근 가능성 – 학습지원과 지식의 공유 – 팀, 직무그룹, CoP 형성 조장	– 성원들의 역할, 업무기능, 다른 전통적 경계에 상관없이 지식흐름 허용 – 지식의 공유 및 지식을 더 잘 창출할 수 있는 학습 촉진 – 성원들이 정보와 지식을 공유하고, 문제를 해결하도록 사회적·기술적으로 유대를 맺도록 하는 일
보상시스템	– 내재적, 외재적 동기요인 간의 균형유지 – 역할과 기능적 경계를 초월하여 횡단적으로 지식공유의 조장: 지속적인 지식공유 노력 – 지식관리 목적에 대한 공식적 성과의 사정	– 재정적 인센티브와 보상구조와 같은 공식적 시스템과 동료들 간의 인식과 같은 비공식적 시스템을 통한 지식공유 장려 – 지식공유의 가치를 인정하고, 정보나 지식 소유 독점 의식 재고 – 혁신을 발전할 수 있도록 성원들에게 동기유발
프로세스	– 다른 지식을 가진 사람과의 연결 – 정보를 가진 사람과의 연결 – 정보를 지식으로 변환하는 능력 – 지식의 보호 – 전체 조직에 대한 지식 배포	– 협력적인 문제해결 촉진, 유선형의 작업흐름, 통합된 정보, 성과 향상 – 학습, 기능적 전문지식의 횡단적 공유, 근로자들 간의 지식공유 – 전통적 저장고의 정보가 횡단으로 막힘없이 교류될 수 있는 정보시스템 개발

사람	– 지식관리 체계의 가장 중요한 요소
	– 조직구성원 개인들이 가지고 있는 지식의 본질
	  적 요소 파악(지식이 없을 것으로 하찮게 여기
	  는 일은 조심)
	– 지식공유에 영향을 미치는 신뢰수준
		– 종업원들이 가진 지식에 대해 가치를 인정받고 있는 신뢰 환
		  경 조성
		– 유요한 정보를 수집하고 필요로 하는 사람에게 유용한 정
		  보를 제공하는 일을 담당하는 종업원의 가치 인정

리더십	– 지식관리 주도에 대한 몰입 – 신뢰 환경구축을 통한 개방적 지식공유 장려 – 조직학습과 지식관리가 중요하다는 신념 장려 – 고객중심 업무지향 발전	– 조직의 지식관리 체계를 발전시킬 수 있도록 하는 조직의 비전, 미션, 목표, 윤리규약 마련 – 지식관리에 관한 코치와 맨토의 역할 – 지식관리 수행에 장애요인 제거 – 지식관리에 충실히 이행하는 사람에 대한 강화와 보상 – 전체 조직이 지식관리에 몰입할 수 있도록 함

자료: Holowetzki(2002: 54)

4. 학습문화와 지식관리

조직문화는 효과적인 지식관리 및 조직학습을 조장하는 가장 중요한 요인이다. 조직문화는 지식관리 활동을 지지하고 장려하며 자극을 주는 기반이다(Janz & Prasarnphanich, 2003: 353). 효과적인 지식관리 전략은 조직문화의 토대에서 비롯되며 지식 중심의 문화 또는 학습문화로 발전되어야 한다(DeTienne & Jackson, 2001; Pitman, 1994). 학습문화는 조직이 경쟁력을 갖출 수 있도록 하는 데 있어서 가장 중요한 기반 요인이기 때문에 조직은 급변하는 조직 외부 환경 속에서 생존하고 경쟁력을 갖추기 위해서는 학습문화를 발전시켜야 한다(Hult et al., 2002; Janz & Prasarnphanich, 2003: 353).

학습문화는 지식축적과정에 영향을 미치는 상황요인이다. 학습문화로 대표되는 상황요인들은 연구자마다 매우 다양하게 접근되고 있는 데, 이들이 제시한 요인들에 대한 유형과 특징을 분류하면 [표 2-2-3]과 같이 정리된다. 이와 같은 상황요인으로 하여 다른 조직보다 학습의 효율성과 효과성이라는 측면에서 더 높은 우위를 얻을 수 있다고 한다. 그것은 지식을 창출하는 주체는 결국 개인이며 조직은 그러한 개인들이 학습을 잘할 수 있는 토대와 풍토를 조성해 주어야 한다는 주장(Hedberg, 1981; Stata, 1983; Nonaka, 1994)과도 일맥상통한다고 볼 수 있다(설현도, 2006: 206).

[표 2-2-3] 지식축적과정에 영향을 미치는 상황요인(조직문화)

개념	요인	연구자	설명
조직 문화	학습분위기	Stata(1983)	팀워크를 형성시켜줄 수 있는 개방성, 객관성을 유지하고 태도변화를 통해 학습분위기를 만들어야 한다.
	실험장려	Nevis et al.(1995), Redding & Catalanello(1994), Virany et al. (1992)	소규모의 변화노력과 실험에 대한 인정, 지원이 학습에 중요하다.
	개방적 분위기	Nevis et al.(1995)	정보에 대한 접근가능성, 개방적 의사소통, 정보의 공유 등이 학습에 중요하다.
	자기성찰	Wishardt et al.(1996)	자기성찰을 통해서 이중고리(double loop) 학습이 가능하다.
	신뢰와 가치관	Friedlander(1983), Dodgson(1993)	신뢰와 가치는 자기방어보다는 차이의 원인과 대책에 대한 탐색을 가능하게 한다.

자료: 설현도(2006: 207)

이상의 논의를 정리하면 지식관리 행동을 조장하는 조직문화는 어떤 유형이 존재하며, 그런 유형은 공유성, 개방성, 신뢰 등을 요소를 담고 있고, 이런 요소들이 체화된 조직문화는 지식관리 행동과 혁신행동에 긍정적 영향을 미치는 것으로 파악된다. 또한 조직문화 및 지식관리 행동에 영향을 받은 혁신행동은 다시 조직문화에 영향을 미치는 순환적 관계로 파악할 수 있다.

[그림 2-2-7] 조직문화, 지식관리, 조직혁신의 관계

제3장 조직학습 관련 요인

1. 조직학습과 지식관리 관계의 중요성

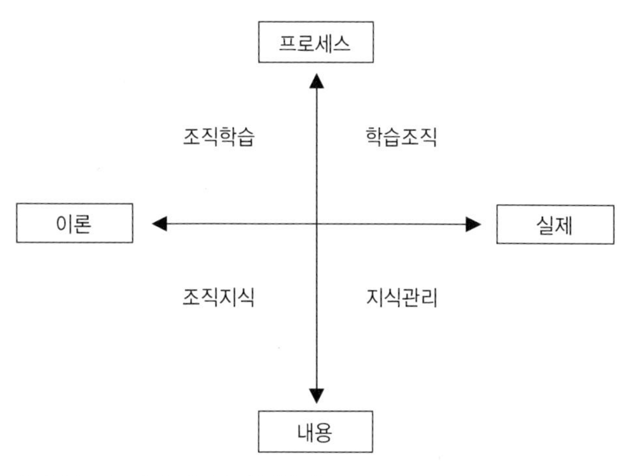

자료: Easterby-Smity & Lyles(2003: 3)

[그림 2-3-1] 조직학습과 지식관리의 관계

조직문화와 함께 조직학습 또는 학습조직은 조직혁신 및 지식관리 부문에서 필요 요인으로 논의되고 있다. [그림 2-3-1]에서 제시한 바와 같이 조직학습과 지식관리 의 관계는 이론과 실제, 그리고 프로세스와 내용 면에서 그 특징을 조금씩 달리하고 있다. 이론과 실제라는 두 축을 놓고 보면 조직학습과 조직지식은 이론에 해당되고, 학습조직과 지식관리은 실제에 가깝다. 또한 프로세스와 내용의 두 축을 놓고 보면 조직학습과 학습조직은 프로세스에 해당되고 조직지식과 지식관리는 내용에 해당된다.

이와 같이 조직활동의 총체적 국면에서 살펴보면 조직학습, 학습조직, 조직지식, 지식관리는 상호교호적이며 상호순환적인 관계에 놓이게 된다. 이론적 국면에서 조직학습과 조직지식을 접근·파악하고 그 결과를 학습조직과 지식관리의 실제 국면에 적용하는 과정이라고 할 수 있다.

2. 조직학습과 지식축적

1) 흡수역량과 조직학습

지식관리 활동 프로세스에서 맨 처음 단계는 지식을 흡수하고 생성하는 단계이다. 지식관리의 배경이 조직이 현재 소유하고 있는 지식으로는 급변하는 환경에 대응할 수 없고 조직이 지향하는 조직혁신을 기대하기 어렵기 때문에 외부 새로운 지식 흡수를 통해 또는 학습을 통해 지식의 수준을 높이고자 하는 데 있다.

이와 관련하여 Sun 등(2008)은 선행연구를 통한 탐색적 접근을 통해 흡수역량과 조직학습 간의 관계 본질을 [표 2-3-1]과 같이 제시하였다. 이들은 흡수역량 특히, 동태적 역량에 대해 조직이 외부 새로운 지식에 관심을 가지는 조직학습의 구체적인 예로써 설명하였다.

[표 2-3-1] 흡수역량과 조직학습의 선행연구 결과

연구자	연구의 접근 관점	흡수역량과 조직학습 간의 관계 본질
Cohen & Levinthal (1990)	개인적 수준에서 흡수역량을 이전지식의 줄기로 보고, 외부의 새로운 지식을 확인하고 흡수하는 데 도움을 주는 것으로 파악하였다. 새롭게 획득된 지식은 조직수준에서 흡수역량을 창출하기 위해 번역되고, 체험되고, 개발되어야 한다.	흡수역량과 학습의 관계는 개인적 수준에서 광범위하게 고려되어야 한다. 새로운 개념으로써 학습은 연관적인 지식 즉, 새로운 경험과 이벤트는 이전에 존재하는 개념과 연계되어 기억되고 기록되기 때문에 이전 지식의 줄기에 의존적이다. 흡수역량과 학습 간의 순환적 관계에서 흡수역량은 학습을 통해 축적되고 구축된다.
Szulanski (1996)	조직 내에서 단위(부서/팀)들 간 우수사례를 이전하는 데 있어서 방해요인은 무엇인가?	우수사례 이전의 성공은 지식수용자의 흡수역량과 같은 지식기반 요인에 달려있다.
Kim(1998)	개인수준에서 이전지식은 지식의 외부소스를 들여옴으로써 구축되며, 동태적인 지식창출과정을 통해 조직수준으로 이전된다.	조직학습은 조직의 흡수역량 역할을 수행한다. 개인들이 학습 노력을 기울일 때 동태적 학습과정(조직학습)은 새로운 지식을 창출한다. 이렇게 함으로써 이전지식의 수준이 높아지고 조직의 흡수역량이 자극을 받게 된다.
Lane & Lubatkin(1998)	조직 간 제휴 상황에서 배우는 능력은 능력에 달려있으며, 지식기반의 유사성과 지식흐름체계 등에 달려있다.	조직 간 상황에서 조직의 흡수역량은 조직 간 학습과 관련되며, 흡수역량과 조직학습은 순환적 관계를 가진다.
Reagans and McEvily(2000)	비공식적 네트워크 구조가 지식이전의 용이성에 어떻게 영향을 미치는가?	지식수용자의 이전지식의 존재(수용자의 흡수역량)는 지식이전에 긍정적인 영향을 미친다.
Tsai(2001)	하나의 네트워크 내에서 조직 단위 간의 지식이전.	조직단위 내에서 조직학습은 흡수역량 수준을 향상시킨다.
Lane et al. (2006)	흡수역량에 대한 심층적 문헌검토	흡수역량의 차원(획득, 동화, 이용)은 특별 학습과정에 바탕을 두고 있다.

자료: Sun & Anderson(2008: 132)

2) 지식축적 과정의 영향요인

설현도(2006)는 조직의 지식축적 과정에 영향을 미치는 요인으로 기반요인과 상황요인으로 구분하고, 이들 요인들이 조직의 지식축적 과정에서 어떻게 관리되는지에 대한 통합적 모델을 제시하였다. 기반요인으로는 지식축적 과정에 직접적 인 영향을 미치는 요인으로는 흡수능력(Cohen & Levinthal, 1990: 1994; Kim, 1998), 학습의 계기(Hedberg, 1981), 학습지향성(Nevis, DiBella & Gould, 1995; DiBella, Nevis & Gould, 1996; DiBella & Nevis, 1997), 이전지식(Badaracco, 1991) 등을 제시하였고, 상황요인으로는 조직구조, 조직문화, 리더십, 의사소통, 인센티브, 자원, 네트워크 등으로 분류하였다. 이하에서는 기반요인 중 흡수능력, 학습의 계기, 학습지향성 등에 대해 살펴본다(설현도, 2006에서 재인용).

첫째, 조직지식을 축적하는 과정인 조직학습은 그 흡수능력에 의해서 결정된다. 흡수능력은 학습능력과 문제해결능력으로 구성된다(Kim. 1998). 여기서 학습능력은 기존지식을 소화할 수 있는 능력(모방)을 말하며, 문제해결능력은 새로운 지식을 창출할 수 있는 능력(혁신)을 말한다(Cohen & Levinthal, 1990: 1994). 흡수능력은 관련 사전지식과 노력의 강도에 의해서 결정된다(Cohen & Levinthal, 1990: 1994). 사전지식이란 조직 내에서 이용 가능한 기존 지식을 말하며(Kim, 1998) 기초기술, 공통언어, 그 분야에 있어서의 최신 과학적 지식과 기술지식을 포함하고 있다(Cohen & Levinthal, 1990). 노력의 강도란 문제해결을 위해 조직구성원에 의해서 투여되는 에너지의 양을 말한다(Kim, 1998).

흡수능력과 조직학습의 관계를 이해하기 위해서는 흡수능력의 구성요소인 사전지식, 노력의 강도에 대한 이해가 필요하다. 먼저 사전지식은 조직의 지식기반임과 동시에 일정기간 동안의 학습과정을 통해 축적된다. Cohen & Levinthal(1994)은 축적된 사전지식은 새로운 지식에 의미를 부여하고, 소화, 사용할 수 있는 능력을 증가시켜 주며 관련 전문지식을 가지고 있음으로써 새로운 기술의 변화와 변화의 중요성을 이해하고 평가하는 것이 가능하다고 하였다. Kim(1998)은 사전지식과 노력의 강도가 개인에서 조직수준으로 이동하면서 동태적인 지식변환 과정에 영향을 미친다고 하였으며 조직학습은 적절한 사전지식을 가지고 있는 구성원들이 그들 간의 지식변환을 위한 노력의 강도를 증가시킴에 따라서 속도가 더 빨라지고 규모가 더 커진다고 하였다. 또한 지식창출과 변환과정의 결과는 다시 기존의 사전지식에 피드백 역할을 한다고 하였다.

Chung & Kim(1996)에 의하면 조직이 흡수능력을 유지하기 위해서는 조직 전체에 관련 지식기반을 가지고 있어야 한다는 것이다. 한편 Levinthal(1993)은 흡수능력 개념에서 사전지식은 새로운 지식의 습득을 용이하게 하지만 한 기업의 흡수능력은 역사 의존적이고(path-dependent), 기업의 고유한 특성(domain specific) 때문에(Cohen & Levinthal, 1994), 기술적 기반이 없는 기업은 새로운 지식을 습득할 수 없으며 새로운 발전에 눈을 뜨지 못한다고 하였다. 즉 지식의 관련성이 중요함을 의미한다(설현도, 2006: 200-202).

둘째, 조직이 학습을 시작하기 위해서는 어떤 계기가 필요하다. 이러한 계기는 외부의 사건이나 문제가 될 수도 있고, 조직 내부에서 건설적인 위기(Kim, 1998)나 창조적 혼란(Nonaka, 1994; Nonaka & Takeuchi, 1995)을 조성함으로써 가능하다. 조직학습을 촉발할 수 있는 요인이 무엇인가에 대해 Hedberg(1981)는 문제, 기회, 사람을 들고 있으며 Nonaka & Johansson(1985)은 문제, 기회, 조직구성원의 행동을 들고 있다.

Vriany 등(1992)은 학습의 계기요인으로 최고경영자의 변화를 들고 있다. 최고경영자의 교체는 조직에 대한 새로운 관점, 외부환경에 대한 새로운 관계를 도입하게 된다고 주장하였다. Hedberg(1981)도 역시 새로운 리더는 변화의 촉진요인으로 작용할 수 있으며, 조직이 경영자를 제거하는 것은 과거를 제거할 수 있는 방식 중의 하나라는 것이다. 한편 Nonaka(1994)와 Kim(1998), Pitt(1990) 등은 창조적 위기가 매우 중요한 학습계기가 될 수 있다고 제시하였다(설현도, 2006: 202-204). 이상과 같이 조직학습의 계기는 리더의 변화, 창조적 위기, 사람 자체, 문제의 국면, 기회, 조직구성원의 행동으로 정리할 수 있다.

셋째, 학습지향성이란 어디에서 학습이 일어나고, 학습의 성격이 무엇인지를 인지하는 것을 반영하고 있는 가치와 행동을 의미하며, 학습지향성에 의해서 학습스타일이 결정된다(DiBella et al., 1996; DiBella & Nevis, 1997). 즉 학습지향성은 조직이 지식을 습득하는 방식, 공유하고 활용하는 방식의 방향을 결정한다(Kim, 1998; 설현도, 2006: 204에서 재인용). 지식축적 및 지식흡수에 관한 조직학습은 조직구성원의 태도와 자세가 변화되어야 하고, 그런 변화 결과가 지식관리를 촉진시키게 되고 조직이 궁극적으로 지향하는 조직혁신으로 이어지게 된다. 전술한 바와 같이 리더의 변화, 창조적 위기, 문제상황, 기회 등으로 학습의 자극을 받을 수 있지만 조직구성원들이 학습할 수 있는 자세를 갖추고 태도가 변화되어야만 행동의 변화를 가져올 수 있다.

[참고문헌]

설현도(2006). 조직적 지식 축적과정에 대한 고찰. 「지식연구」, 4(2): 189-228.

Adams, G. L. & Lamont, B. T.(2003). Knowledge management systems and developing sustainable competitive advantage. *Journal of Knowledge Management*, 7(2): 142-154.

Ahmed, P. K.(1998). Culture and climate for innovation. *European Journal of Innovation Management*, 1(1): 30-43.

Alavi, M., Kayworth, T. R. & Leidner, D. E.(2005). An Empirical Examination of the Influence of Organizational Culture on Knowledge Management Practices. *Journal of Management Information Systems*, 22(3): 191-224.

Aoshima, Y.(1997). Knowledge Retention Across Project Generations And New Product Development Performance. *Paper presented for the 2nd Japan-Korea Joint Symposium on organization studies.* held at Seoul National University, Feb. 2-5.

Argyris, C. & Schön, D.(1978). *Organizational Learning: A Theory of Action Perspective.* Addison-Wesley, Reading, MA.

Badaracco, J. L. Jr.(1991). *The Knowledge Link: How Firms Compete Through Strategic Alliances.* Harvard Business School Press, Boston, MA.

Baddi, A. & Sharif, A.(2003). Information management and knowledge integration for enterprise innovation. *Logistics Information Management,* 16(2): 145-155.

Baltahazard, P. A. & Cooke, R. A.(2003). Organizational culture and knowledge management success: Assessing the behavior-performance continuum. *Working Paper*, Arizona State University West.

Barney, J.(1986). Strategic Factor Markets: Expectations, Luck, And Business Strategy. *Management Science,* 32(10): 1231-1241.

Barrett, M., Capplemann, S., Shoib, G. & Walsham, G.(2004). Learning in knowledge communities: Managing technology and context. *European Management Journal*, 22(1): 1-11.

Basadur, M. & Gelade, G. A.(2006). The Role of Knowledge Management. in the Innovation Process. *Creativity and Innovation Management*, 15(1): 45-62.

Blackler, F.(1993). Knowledge And the Theory of Organizations: Organizations as Activity Systems and the Reframing of Management. *Journal of Management Studies*, 30(6): 863-884.

Blackler, F.(1995). Knowledge Work and Organizations: An Overview and Interpretation. *Organization Studies,* 16(6): 1021-1046.

Bohn, R. E.(1994). Measuring And Managing Technological Knowledge. *Sloan Management Review,* Fall: 61-72.

Boynton, A., Zmud, R. & Jacobs, G.(1994). The Influence of IT Management Practice on IT Use in Large Organizations. *Management Information Systems Quarterly,* 18(1): 14.

Brown, S. J. & Duguid, P.(2000). Balancing act: How to capture knowledge without killing it. *Harvard Business Review,* 78(3): 73-80.

Byosiere, P. & Luethge, D. J.(2004). Realizing vision through envisioning reality: Strategic leadership in building knowledge spheres. in R. J. Burke & C. Cooper(eds.). *Leading in Turbulent Times. Managing in the New World of Work,* Blackwell Publishing, Malden, MA, pp.243-258.

Caloghirou, Y., Kastelli, I. and Tsakanikas, A.(2004). Internal capabilities and external knowledge sources: complements or substitutes for innovative performance? *Technovation,* 24: 29-39.

Cameron, K. S. & Quinn, R. E.(1999). *Diagnosing and changing organizational culture.* Addison- Wesley, Reading, MA.

Cangelosi, V. and Dill, W. R.(1965). Organizational Learning: Observations Toward A Theory. *Administrative Science Quarterly,* 10: 175-203.

Cardinal, L. B., Allessandri, T. M. and Turner, S. F.(2001). Knowledge codifiability, resources, and science based innovation. *Journal of Knowledge Management,* 5(2): 195-204.

Carneiro, A.(2000). How does knowledge management influence innovation and competitiveness? *Journal of Knowledge Management,* 4(2): 87-98.

Cavusgil, S. T., Calantone, R. J. and Zhao, Y.(2003). Tacit knowledge transfer and firm innovation capability. *Journal of Business & Industrial Marketing,* 8(1): 6-21.

Chakravarthy, B. S. and Kwun, Seog.(1989). *The Strategy Making Process: An Organizational Learning Perspective.* Strategic Management Research Center, Uinversity of Minnesota, 1989.

Chen, J., Zhaohui, Z. and Xie, H. Y.(2004). Measuring intellectual capital. *Journal of Intellectual Capital,* 5(1): 195-212.

Chen, Y. S., Lin, Ming-Ji J. & Chang, C. H.(2009). The positive effects of relationship learning and absorptive capacity on innovation performance and competitive advantage in industrial markets. *Industrial Marketing Management,* 38: 152-158.

Chesbrough, H. W.(2003). Thhe logic of open innovation: managing intellectual property. California Management Review, 45(3): 33-58.

Chin-Loy, C.(2003). *Assessing the influence of organizational culture on knowledge management success*. Nova Southeastern University United States.

Chung, Seung Wah and Kim, In-Chul.(1997). Technological Capability and Innovation: The Case of the Korean Software Industry. *Paper presented for the 2nd Japan-Korea Joint Symposium on Organization Studies.* held at Samsung Convention Center at the Seoul National University, Seoul, Korea, Feb. 2-5.

Ciborra, C. U. and Schneider L. S.(1992). Transforming the Routines and Context of Management, Work and Technology. in Paul S. Adler(eds.). *Technology and the future of work,* Oxford University Press, Inc.

Cockburn, I. M. and Henderson, R. M.(1998). Absorptive capacity, coauthoring behavior, and the organization of research in drug discovery. *Journal of Industrial Economics,* 46(2): 157-182.

Cockburn, I. M. & Henderson, R. M.(1998). Absorptive capacity, coauthoring behavior, and the organization of research in drug discovery. *Journal of Industrial Economics,* 46(2): 157-182.

Cohen, W. M. & Levinthal, D. A.(1990). Absorptive Capacity: A New Perspective of Learning and Innovation. *Administrative Science Quarterly,* 35(1): 128-152.

Cohen, W. M. & Levinthal, D. A.(1994). Fortune Favors The Prepared Firms. *Management Science,* 40(2): 227-251.

Cohen, W. M., Nelson, R. R. and Walsh, J. P.(2002). Links and impacts: the influence of public research on industrial R&D. *Management Science,* 48(1): 1-23.

Colin, G.(2006). Absorptive capacity, knowledge management and innovation in entrepreneurial small firms. *International Journal of Entrepreneurial Behaviour & Research,* 12(6): 345-360.

Cool, P.(1998). The creativity advantage- is your organization the leader of the pack" Industrial and Commercial Training. 30: 179-184.

Cyert, R. M. and March, J. G.(1963). *A Behavioral Theory of the Firm.* Englewood Cliffs, NJ: Prentice-Hall.

Daft, R. L. and Weick, K. E.(1984). Toward a Model of Organizations As Interpretation Systems. *Academy of Management Review,* 9(2): 284-295.

Daghfous, A.(2004). Absorptive capacity and the implementation of knowledgeintensive best practices. S.A.M. *Advanced Management Journal,* 69(2): 21-27.

Darroch, J. & McNaughton, R.(2002), Examining the link between knowledge management practices and types of innovation. *Journal of Intellectual Capital,* 3(3): 210-222.

Darroch, J. & McNaughton, R.(2003). Beyond market orientation: knowledge management and the innovativeness of New Zealand firms. *European Journal of Marketing,* 37(3/4): 572-593.

Davenport, T. H. & Prusak, L.(1997). *Information Ecology: Mastering the Information and*

Knowledge Environment. Oxford University Press, New York.

Davenport, T. H., De Long, D. W. & Beers, M. C.(1998). Successful knowledge management. *Sloan Management Review,* 39(2): 43-57.

de Alwis, R. A., Hartmann, E. & Gemünden, H. G.(2004). The role of tacit knowledge in innovation management. *Competitive Paper submitted to the 20th Annual IMP Conference in Copenhagen,* 2th-4th September 2004.

DeLong, D. W. & Fahey, L.(2000). Diagnosing cultural barriers to knowledge management. *Academy of Management Executive,* 14(4): 113-127.

DeTiene, K. B. & Jackson, L. A.(2001). Knowledge management: Understanding theory and developing strategy. *Competitiveness Review,* 11(1): 1-11.

DiBella, A. J. & Nevis, E. C.(1997). *How Organizations Learn: An Integrated Strategy For Building Learning Capability.* San Francisco: Jossey-Bass Publishers.

DiBella, A. J., Nevis, E. C. and Gould, J. M.(1996). Understanding Organizational Learning Capability. *Journal of Management Studies,* 33(3): 361-379.

Dodgson, M.(1993). Organizational Learning: A Review of Some Literatures. *Organization Studies,* 14(3): 375-394.

Drongelen, I. C. K., Weerd-Nederhof, P. C. and Fisscher, O. A. M.(1996). Describing The Issues Of Knowledge Management In R&D: Towards A Communication And Analysis Tool. *R&D Management,* 26(3): 213-230.

Drucker, P. F.(1993). *Post Capitalist Society.* New York: HarperBusiness.

Duncan, R. B. and Weiss, A.(1979). Organizational Learning: Implications For Organizational Design. In B. Staw(ed.). *Research in Organizational Behavior,* Vol.1. Greenwich, CT: JAI.

du Plessis, M.(2007). The role of knowledge management in innovation. *Journal of Knowledge Management,* 11(4): 20-29.

Easterby-Smity, M. & Lyles, M. A.(2003). *The Blackwell Handbook of Organizational Learning and Knowledge Management*(ed.). Malden, MA: Blackwell Publishing Ltd.

Earley.(1994). Self or group? Cultural effects of training on self-efficacy and performance. *Administrative Science Quarterly,* 39(1): 89-117.

Escribano, A., Fosfuri, A. & Josep A. Tribo, J. A.(2005). *Managing Knowledge Spillovers: The Impact of Absorptive Capacity on Innovation Performance.*
http://www.eco.uc3m.es/temp/alvaroe/IJIO_EFT2005.pdf

Feldman, S. P.(1988). How organizational culture can affect innovation. *Organizational Dynamic.* 17: 57-68.

Fichman, R. G.(2004). Real options and IT platform adoption: Implications for theory and practice. *Information Systems Research,* 15(2): 132-154.

Fiol, M. C. & Lyles, M. A.(1985). Organizational learning. Academy of Management Review. 10(4): 803-813.

Friedlander, F.(1983). Patterns of Individual And Organizational Learning. in S. Srivastva and Associates(ed.). *The Executive Mind: New Insights on Managerial Thought and Action*, San Francisco: Jossey-Bass Publishers.

Furnham, A. & Gunter, B.(1993). *Corporate Assessment: Auditing a Company's Personality.* Routledge, London.

Gold, A. H., Malhotra, A. & Segars, A. H.(2001). Knowledge management: An organizational capabilities perspective. *Journal of Management Information Systems*, 18(1): 185-214.

Grant, R. M. (1996). Toward A Knowledge-Based Theory Of The Firm. *Strategic Management Journal,* 17(Winter Special Issue): 109-122.

Gray, J. H. & Densten, I. L.(2005). Towards an Integrative Model of Organizational Culture annd Knowledge Management. *International Journal of Organisational Behaviour*, 9(2): 594-603.

Gupta, A. K. & Govindarajan, V.(2000). Knowledge management's social dimension: Lessons from Nucor Steel. *Sloan Management Review*, 42(1): 71-80.

Haiyang, L. & Kwaku, A.(2001), Product innovation strategy and the performance of new technology ventures in China. *Academy of Management Journal*, 44(6): 1123-1134.

Hargadon, A. B.(1998). Firms as knowledge brokers: Lessons in pursuing continuous innovation. *California Management Review*, 40(3): 209-227.

Hasan, H. & Gould, E.(2001). Support for the sense-making activity of managers. *Decision Support Systems,* 31(1): 71-86.

Hedberg, B.(1991). How Organizations Learn And Unlearn. In P. C. Nystrom and W. H. Starbuck(ed.). *Handbook of Organizational Design,* Vol.1: Adapting Organizations to their Environments, New York: Oxford University Press.

Hedlund, G.(1994). A Model of Knowledge Management And The N-Form Corporation. *Strategic Management Journal*, 15(Special issue): 73-90.

Hellrigel, D., Slocum, J. W. & Woodman, R. W.(1998). *Organizational Behavior(8th ed).* South- Western College, Cincinnati, OH.

Holowetzki, A.(2002). *The relationship between knowledge management and organizational culture: An examination of cultural factors that support the flow and management of knowledge within an organization.* University of Oregon Applied Information Management Program.

Herbig, P. & Dunphy, S.(1998). Culture and Innovation. *Cross Cultural Management*, 5(4): 13-21.

Howells J.(1996). Tacit Knowledge, Innovation And Technology Transfer. *Technology Analysis*

& Strategic Management, 8(2): 91-106.

Huber, G. P.(1991). Organizational learning: the contributing processes and the literatures. *Organization Science,* 2(1): 88-115.

Hult, G. T. M., Ketchen, D. J. & Nichols, E. L., Jr.(2002). An examination of cultural competitiveness and order fulfillment cycle time within supply chains. *Academy of Management Journal,* 45(3): 577-586.

Hurley, T. & Green, C. W.(2005). *Creating a Knowledge Management Culture: The Role of Task, Structure, Technology and People in Encouraging Knowledge Creation and Transfer.* http://cobacourses.creighton.edu/MAM/2005/papers/HurleyGreen%20revision.doc

Imai, K., Nonaka, I. and Takeuchi, H.(1985). Managing the new product development process: how Japanese companies learn and unlearn'. In Clark, K.B., Hayes, R.H. and Lorenz, C. (Eds). *The uneasy alliance. Managing the productivity-technology dilemma,* Boston: Harvard Business School Press, pp 337-375.

Jantunen, A.(2005). Knowledge-processing capabilities and innovative performance: an empirical study. *European Journal of Innovation,* 8(3): 336-349.

Janz, B. D. & Prasarnphanich, P.(2003). Understanding the antecedents of effective knowledge management: The importance of a knowledge-centered culture. *Decision Sciences,* 34(2): 351-384.

Jarvenpaa, S. L. & Staples, S. D.(2001). Exploring perceptions of organizational ownership of information and expertise. *Journal of Management Information Systems,* 18(1): 151-183.

Jarvenpaa, S. L., and Staples, S. D.(2001). Exploring perceptions of organizational ownership of information and expertise: *Journal of Management Information Systems,* 18(1): 151-183.

Jaworski, B. J. and Kohli, A. K.(1993). Market orientation: antecedents and consequences. *Journal of Marketing,* 57(3): 53-70.

Johannessen, J. A., Olsen, B. & Olaisen, J.(1999). Aspects of innovation theory based on knowledge-management. *International Journal of Information Management,* 19: 121-139.

Johnson, M. M.(1996). Finding creativity in a technical organization. *Research Technology Management,* 3(5): 9-11.

Judge, W. Q., Fryxell, G. E., Dooley, R. S.(1997). The new task of R&D management: creating goal-directed communities for innovation. *California Management Review,* 38(3): 72-85.

Jung, D. I., Chow, C. &. Wu, A.(2003). The role of transformational leadership in enhancing organizational innovation: hypotheses and some preliminary findings. *The Leadership Quarterly.* 14: 525-544.

Kakabadse, N., Kouzmin, A. & Kakabadse, A.(2001). From tacit knowledge to knowledge management: Leveraging invisible assets. *Knowledge and Process Management,* 8(3): 137-154.

Keller, W., Institute, S. S. R. & Madison, U. O.(1996). *Absorptive Capacity: On the Creation and Acquisition of Technology in Development.* Social Systems Research Institute, University of Wisconsin.

Kim, D. H.(1993). The link between individual and organizational learning. *Sloan Management Review,* 35(1): 37-50.

Kim, L.(1998). Crisis construction and organizational learning: capability building in catching-up in Hyundai Motor. *Organization Science,* 9(4): 506-521.

Knapp, E., and Yu, D.(1999). How culture helps or hinders the flow of knowledge. *Knowledge Management Review,* 2(1): 16-21.

Kock N. F. Jr., McQueen R. J. and Baker, M.(1996). Learning And Process Improvement In Organizations: A Critical Analysis of Four Contemporary Myths. *The Learning Organization,* 3(1): 31-41.

Kogut, B. & Kulatilaka, N.(2001). Capabilities as real options. *Organization Science,* 12(6): 744-758.

Kogut, B. & Zander, U.(1992). Knowledge of The Firm, Combinative Capabilities, And The Replication of Technology. *Organization Science,* 3(3): 383-397.

KPMG Management Consulting.(1998). *Knowledge management: Research report.*

Kuwada, K.(1995). Strategic Learning: A Design Perspective on The Dynamics of Strategic Behaviors and Organizations. *Hitosubashi-Organization Science Of Conference On Asian Research In Organizations: Emerging Paradigms In Organization Studies,* Oct. 19-22, Tokyo, Japan..

Lane, P. J. & Lubatkin, M.(1998). Relative absorptive capacity and interorganizational learning. *Strategic Management Journal,* 19(5): 461-477.

Lane, P. J., Koka, B. R. and Pathak, S.(2006). The reification of absorptive capacity: a critical review and rejuvenation of the construct. *Academy of Management Review,* 31: 833-863.

Lant, T. K. and Meizias, J.(1990). Managing Discontinuous Change: A Simulation Study of Organizational Learning and Entrepreneurship. *Strategic Management Journal,* 11: 147-179.

Lee, H., and Choi, B.(2003). Knowledge management enablers, processes, and organizational performance: An integrative view and empirical examination. *Journal of Management Information Systems,* 20(1): 179-228.

Lee, C. K., Tan, B. & Chiu, J. Z.(2008). The impact of organisational culture and learning on innovation performance. *International Journal of Innovation and Learning,* 5(4):

413-4128.

Leidner, D., Alavi, M. & Kayworth, T.(2006). The Role of Culture in Knowledge Management: A Case Study of Two Global Firms. *International Journal of e-Collaboration*, 2(1): 17-40.

Lenox, M. & King, A.(2004). Prospects for developing absorptive capacity through internal information provision. *Strategic Management Journal*, 25(4): 331-345.

Leonard-Barton, D.(1992). The Factory As A Learning Laboratory. *Sloan Management Review*, Fall: 23-38.

Levinthal, D.(1990). Absorptive Capacity: A New Perspective on Learning and Innovation. *Administrative Science Quarterly*, 35: 128-152.

Levinthal, D.(1993). Learning and Schumpeterian Dynamics. *Working paper*, Dec.

Levinthal, D. and March, J. G.(1993). The Myopia of Learning. *Strategic Management Journal*, 14(8): 95-112.

Levitt, B. & March, J. G.(1988). Organizational Learning. *Annual Review of Sociology*, 14: 319-340.

Liao, S. H., Fei, W. C. & Chen, C. C.(2007). Knowledge sharing, absorptive capacity, and innovation capability: an empirical study of Taiwan's knowledge-intensive industries. *Journal of Information Science*, 33(3): 340-359.

Liao, S. H., Wu, C. C., Hu, D. C. & Tsuei, G. A.(2010). Knowledge Acquisition, Absorptive Capacity, and Innovation Capability: An Empirical Study of Taiwan's Knowledge-Intensive Industries. *World Academy of Science, Engineering and Technology K: Business and Economic Sciences*, 2: 2.

Liebeskind, J. P.(1996). Knowledge, Strategy, and the Theory of the Firm, *Strategic Management Journal*, 17(Winter Special Issues): 93-107.

Lundvall, B. A. & Nielsen, P.(2007). Knowledge management and innovation performance. *International Journal of Manpower*, 28(3/4): 207-223.

March, J. G. & Olson, J. P.(1975). The Uncertainty of The Past: Organizational Learning Under Ambiguity. *European Journal of Political Research*, 3: 147-171.

March, J. G. & Simon, H. A.(1958). *Organizations*. New York: Wiley.

March, J. G. (1991). Exploration and exploitation in organizational learning. *Organization Science*, 2(1): 71-78.

Martell, C.(1989). Achieving high performance in library work. *Library Trends*, 38(1): 73-91.

Martins, E. C. & Terblanche, F.(2003). Building organisational culture that stimulates creativity and innovation. *European Journal of Innovation Management*, 6(1): 64-74.

McIntyre, S. G., Gauvin, M. & Waruszynski, B.(2003). Knowledge management in the military context. *Canadian Military Journal*, Spring: 35-40.

Miles, R. H. & Randolph, W. A.(1981). Influence of Organizational Learning Styles on Early Development. Kimberly, J. R., Miles, R. D. & associates(ed.). *The organizational life cycle.*

Miles, R., Snow, C., Matthews, J., Miles, G., and Coleman, H.(1987). Organizing in the knowledge age: Anticipating the cellular form. *Academy of Management Executive,* 11(4): 7-24.

Mowery, D., Oxley, J. & Silverman, B.(1996). Strategic alliances and interfirm knowledge transfer. *Strategic Management Journal,* 17(Winter): 77-91.

Nass C.(1994). Knowledge of Skills: Which Do Administrators Learn From Experience? *Organization Science,* 5(1): 38-50.

Nelson, R. & Winter, S. G.(1982). Why Do Firm Differ and How Does It Matter. *Strategic Management Journal,* 12: 61-74.

Nevis, E. C., DiBella, A. J. and Gould, J. M.(1995). Understanding Organizations As Learning Systems. *Sloan Management Review,* Winter: 73-85.

Nicolini, D. & Meznar, M. B.(1995). The Social Construction of Organizational Learning: Conceptual And Practical Issues In The Field. *Human Relations,* 48(7): 727-746.

Nieto, M. & Quevedo, P.(2005). Absorptive capacity, technological opportunity, knowledge spillovers, and innovative effort. Technovation, 25(10): 1141-1157.

Nonaka, I. & Johansson, J. K.(1985). Organizational Learning In Japanese Companies. *Advances in Strategic Management,* 3: 277-296.

Nonaka, I. & Takeuchi, H.(1995). *The Knowledge-Creating Company: How Japanese Companies Create the Dynamics of Innovation.* Oxford University Press, Oxford U.K.

Nonaka, I. & Toyama, R.(2003). The knowledge-creating theory revisited: Knowledge creation as a synthesizing process. *Knowledge Management Research & Practice,* 1: 2-10.

Nonaka, I.(1988). Creating Organizational Order Out of Chaos: Self-Renewal In Japanese Firms. *California Management Review,* 30(3): 57-73.

Nonaka, I.(1991). The Knowledge Creating Company. *Harvard Business Review,* November-December: 96-104.

Nonaka, I.(1994). A Dynamic Theory of Organizational Knowledge Creation. *Organization Science,* 5: 14-37.

One, C. H., Wan, D. & Chng, S. H.(2003). Factors affecting individual innovation: an examination with a Japanese subsidiary in Singapore. *Technovation.* 23: 617-631.

Patriotta, G.(2004). On studying organizational knowledge. *Knowledge Management Research & Practice,* 2: 3-12.

Pedler, M, Boydell, T. and Burgoyne, J.(1989). Towards The Learning Company. *Management Education and Development,* 20(1): 1-8.

Penrose, E. T.(1959). *The Theory of The Growth of The Firm.* Basic Blackwell, Oxford.

Pheysey, D. C.(1993). *Organisational Cultures: Types and Transformations.* Routledge, London.

Pisano, G. P.(1994). Knowledge, Integration, And The Locus of Learning: An Empirical Analysis of Process Development. *Strategic Management Journal,* 15: 85-100.

Pitman, B.(1994). How to build a learning culture to cope with rapid change. *Journal of Systems Management,* 45(7): 27.

Pitt, M.(1990). Crisis Modes of Strategic Transformation: A New Metaphor for Managing Technological Innovation. R. Loveridge, M. Pitt(ed.). *The Strategic Management of Technological Management,* John Wiley and Sons, Ltd.

Polanyi, M.(1966). *The Tacit Dimension.* Routledge & Kegan, London.

Prahalad, C. K. and Hamel, G.(1990). The Core Competence of The Organization. *Harvard Business Review,* May-June: 71-91.

Pyka, A.(2002). Innovation networks in economics: from the incentive-based to the knowledge based approaches. *European Journal of Innovation Management,* 5(3): 152-163.

Quinn, R. E.(1984). Applying the competing values approach to leadership: Towards an integrative model. in J. G. Hunt, R. Stewart, C. A. Schriesheim & D. Hosking(eds.). *Managers and Leaders: An International Perspective,* Pergamon, New York.

Quinn, R. E.(1988). *Beyond rational management: Mastering paradoxes and competing demands of high effectiveness.* Jossey-Bass, San Francisco.

Quinn, R. E. & Spreitzer, G. M.(1991). The psychometrics of the competing values culture instrument and an analysis of the impact of organizational culture on quality of life. *Research in organizational change and development,* 5: 115-142.

Quinn, R. E., Faerman, S. R., Thompson, M. P. & McGrath, M. R.(2003). *Becoming a Master Manager: A Competency Framework*(3rd ed.). John Wiley & Sons, Hoboken, NJ.

Reagans, R. and McEvily, B.(2003). Network structure and knowledge transfer: the effects of cohesion and range. *Administrative Science Quarterly,* 48(2): 240-267.

Redding, J. C. and Catalanello, R. F.(1994). *Strategic Readiness: The Making of The Learning Organization.* Jossey-Bass Publisher, San Francisco: CA.

Robbins, S. P.(1996). *Organizational Behavior: Concepts, Controversies, Applications*(7th ed). Prentice-Hall, Englewood Cliffs, NJ.

Rodan, S.(2002). Innovation and heterogeneous knowledge in managerial contact networks. *Journal of Knowledge Management,* 6(2): 152-163.

Scarbrough, H.(2003). Knowledge management, HRM and the innovation process. *International Journal of Manpower,* 24(5): 501-516.

Schein, E. H.(1985). *Organizational culture and leadership*(2nd ed.). Jossey-Bass, San Francisco.

Schultze, U. & Boland, R.(2000). Knowledge management technology and the reproduction of knowledge work practices. *Journal of Strategic Information Systems,* 9(2-3): 193-213.

Schuster, F. E.(1986). *The Proven Connection between People and Profits.* Wiley, New York, NT.

Senge, P. M.(1990). The Leader's New Work: Building Learning Organizations. *Sloan Management Review,* Fall: 7-23.

Shani, A. B., Sena, J. A. and Olin, T.(2003). Knowledge management and new product development: a study of two companies. *European Journal of Innovation Management,* 6(3): 137-49.

Shaughnessy, T. W.(1988). Organizational culture in libraries: some management perspectives. *Journal of library Administration.* 9(3): 5-10.

Shirvastava, P.(1983). A Typology of Organizational Learning Systems. *Journal of Management Studies,* 20(1): 7-28.

Sitkin, S. B.(1992). Learning through Failure: The Strategy of Small Losses. *Research in Organizational Behavior,* 14: 231-266.

Smit, P. J. & Cronhe, G. J. de J.(1992). *Management Principles.* Juta, Kenwyn.

Soo, C. W., Midgley, D. F. & Devinney, T. M.(2004). *The Process of Knowledge Creation in Organizations.* http://www.london.edu/assets/documents/PDF/Devinney_paper.pdf

Spender, J. C.(1996). Making Knowledge The Basis of A Dynamic Theory of The Firm. *Strategic Management Journal,* 17(winter): 45-62.

Stata, R.(1989). Organizational Learning: The Key to Management Innovation. *Sloan Management Review,* Spring: 63-74.

Sun, P. Y. T. & Anderson, M. H.(2008). An Examination of the Relationship Between Absorptive Capacity and Organizational Learning, and a Proposed Integration. *International Journal of Management Reviews,* Blackwell Publishing Ltd and British Academy of Management.

Szulanski, G.(1996). Exploring internal stickiness: impediments to the transfer of best practices within the firm. *Strategic Management Journal,* 17(Winter): 27-43.

Takeuchi, H. & Nonaka, I.(2004). *Hitotsubashi on Knowledge Management.* John Wiley & Sons(Asia), Singapore.

Teece, D. J., Pisano, G. and Shuen, A.(1997). Dynamic capabilities and strategic management. *Strategic Management Journal,* 18(7): 509-533.

Teece, D., Pisano, G. and Shuen, A.(1997). Dynamic Capabilities And Strategic Management. *Strategic Management Journal,* 18(7): 509-533.

Tesluk, P. E., Faar, J. L. & Klein, S. R.(1997). Influences of organizational culture and climate on individual creativity. *The journal of Creative Behavior,* 31(1): 21-41.

Tripsas, M.(1997). Surviving Radical technological Change Through Dynamic Capability: Evidence from the Typesetter Industry. *Industrial and Corporate Change*, 6(2): 341-377.

Tsai, W. (2001). Knowledge transfer in intraorganizational networks: effects of network position and absorptive capacity on business unit innovation and performance. *Academy of Management Journal*, 44: 996-1004.

Tsoukas, H.(1996). The Firm As A Distributed Knowledge System: A Constructionist Approach. *Strategic Management Journal*, 17(Winter): 11-25.

Tushman, M. L. & O'Reilly, C. A. Ⅲ.(1997). *Winning through Innovation: A Practical Guide to Leading Organizational Change and Renewal*. Harvard Business School Press, Boston, MA.

Verona, G.(1999). A Resource-Based View of Product Development. *Academy of Management Review*, 24(1): 132-142.

Veugelers, R.(1997). Internal R & D expenditures and external technology sourcing. *Research Policy*, 26(3): 303-315.

Vinding, A. L.(2006). Absorptive capacity and innovative performance: A human capital approach. *Economics of Innovation & New Technology*, 15(4/5): 507-517.

Virany, B., Tushman, M. L. and Romanelli, E.(1992). Executive Succession And Organization Outcomes In Turbulent Environments: An Organization Learning Approach. *Organization Science*, 3(1): 72-91.

Von Hippel, E.(1988). *The Sources of Innovation*. Oxford University Press, New York, NY.

von Krogh G. and Roos J.(1995). A Perspective on Knowledge, Competence and Strategy. *Personnel Review*, 24(3): 56-76.

von Krogh, G.(1998). Care in knowledge creation. *California Management Review*, 40(3): 133-153.

Weick, K. E.(1979). *The Social Psychology of Organization*(2nd ed.). Readings, MA: Addison-Wesley.

Wernerfelt, B.(1984). A Resource-Based View of The Firm. *Strategic Management Journal*, 5: 171-180.

Winter, S.(1987). Knowledge and Competence as Strategic Assets. In D. J. Teece(Ed.). *The Competitive Challenge: Strategic for Industrial Innovation and Renewal*, New York: Ballinger. pp.159-184.

Wishardt, N. A., Elan J. J. and Robey, D.(1996). Redrawing the Portrait of A Learning Organization: Inside Knight-Ridder Inc. *Academy of Management Executive*, 10(1): 7-20.

Zahra, S. A. & George, G.(2002). Absorptive capacity: a review, reconceptualization, and extension. *Academy of Management Review*, 27(2): 185-203.

제3부

전략 탐구

제1장 조직창의성

1. 조직창의성의 전제

　창의성에 대한 전략 찾기는 창의성을 '새로운 발상을 자극하고 창안으로 이어질 수 있는 분위기 및 풍토'를 마련하는 것이다. 조직창의성은 개인의 창의성으로부터 비롯되며 조직구성원으로서 조직활동에 기여할 수 있는 새로운 발상과 창안을 의미한다. 조직창의성은 창의성의 특질을 가진 개인들이 조직구성원의 일원이 되도록 그들에 대한 선발기준과 훈련이 전제되어야 하고, 그런 사람들에게 잠재되어 있는 창의성 기질을 발산할 수 있는 여건을 마련해 주어야 한다. 이와 같이 조직창의성의 전략은 조직구성원으로서 개인이 새로운 발상과 창안을 위해 조직이 어떤 토대 및 환경을 마련해 주어야 될 것인가로 귀착된다.

　창의성을 발휘할 수 있는 환경을 조성해 주려면 먼저, 새로운 아이디어와 창안을 내는 사람들이 '터무니없는 제안이나 말'이라고 무시당하지 않고 동료나 주변 사람들에게 관심을 갖도록 하며 오히려 보상을 받을 수 있는 분위기가 확립되어야 한다. 새로운 아이디어나 제안 및 창안을 제시하는 것으로 인해 무시를 당하거나 조롱을 받게 된다면, 그러한 위험과 무시를 당할 것을 예견하고 창의성을 위해 시간과 노력을 투입할 사람은 없을 것이다. 둘째, 창의적이거나 도전적인 의견에 대한 보상과 인정이 제도화되어야 한다. 개개인이 가지고 있는 창의적 잠재성을 최대한 발휘하도록 하기 위하여 실질적인 보상을 해 주는 제도적 장치가 마련되어야 한다. 새로운 아이디어를 구상하고 조직활동에 적용 가능성을 고민하는 것은 시간과 노력이 들어가게 된다. 그로 인해 다른 생산적 일을 하지 못하게 됨으로써 잃게 되는 손실에 대한 보상이 주어져야 한다. 셋째, 개방적이고 자유롭게 의견교환이 일어날 수 있는 분위기와 채널이 마련되어야 한다. 폐쇄적이고 경직적인 조직풍토 및 분위기는 정형적이고 선례 답습적이며 기계적인 생각과 태도를 갖도록 한다. 누구나 새로운 아이디어와 문제점을 지적하고 제시할 수 있는 분위기가 조성되고 장치가 마련되어야 한다. 넷째, 새로운 아이디어나 문제의식 역량을 증진시켜주는 훈련이나 교육프로그램을 실시하여야 한다(구자숙·이주일, 1998).

2. 조직창의성의 성공 경로

조직창의성의 전략을 탐구하기 위해서는 조직창의성에 대한 이해가 선행되고 그에 대한 정확한 진단이 수행되어야 한다. 조직창의성에 대한 접근은 (a) 창의적인 과정, (b) 창의적인 제품, (c) 창의적인 사람, (d) 창의적인 상황, (e) 다른 사람들과 상호작용하는 방식 등이 포함될 필요가 있다(Brown, 1989; Harrington, 1990). 개인과 집단에 관한 창의성 논자들(Amabile, 1983; Amabile, Goldfarb & Brackfield, 1990)은 사회적 상황에 초점을 맞추었다(Woodman et al., 1993).

1) 상황과 상호작용 관점

Woodman & Schoenfeldt(1989, 1990)는 개인 수준에 관한 창의적 행동에 관한 상호작용 모델을 제안하였다. 그들은 이 모델에서 창의성은 주어진 상황에서 개인의 행동이 복잡하게 얽히면서 산출되는 것으로 보고 있다. 여기에서 상황이란 맥락적이고 사회적이며, 개인을 둘러싸고 있는 맥락과 사회는 창의적인 성취를 촉진시키거나 방해하는 데 영향을 미친다고 한다. 사람은 다양한 이전 상황에 영향을 받으며, 인식적 능력이나 비인식적 특성이나 기질을 낳게 한다. 상호작용 모델은 창의성에 대한 퍼스널러티 요소(Woodman, 1981), 인식적 요소(Hayes, 1989), 그리고 사회적 심리(Amabile, 1983) 등을 조합하는 통합적 프레임워크이다.

[그림 3-1-1]은 조직창의성에 관한 상호작용 관점을 설명하기 위한 개념적 모델이다(Woodman et al., 1993). 이 모델은 기본적으로 사회적 상황에서 창의적 행동을 설명하고자 하는 Woodman & Schoenfeldt(1989)의 모델을 확장한 것이다. 조직구성원들의

창의적 행동은 개인과 복잡한 상황의 상호작용의 산물로서, 복잡성의 요인은 과거의 사건뿐만 아니라 현재의 상황에 의해 영향을 받는다. 인식적 요인(지식, 인식적 스킬, 인식양식 및 선호)과 마음속의 비인식적(퍼스넬러티) 양상은 창의적 행동에 관련된다고 한다. 요컨대, 개인적 창의성은 이전 상황(과거의 강화 역사, 전기적인 변수), 인식양식과 능력(발산적 사고력, 사고의 유창성), 퍼스넬러티 요인(자기존중감, 통제의 위치), 관련 지식, 동기부여, 사회적 영향(사회적 조장, 사회적 보상), 그리고 맥락적 영향(물리적 환경, 과업과 시간의 제약) 등이 작용하는 것으로 보고 있다.

　[그림 3-1-1]이 가정하고 있는 것은, 행동은 개인의 복잡한 상황이 상호작용한 결과로 나타나며, 상황은 사회 조직의 각 수준이 반복되는 것으로 보고 있다. 즉, 집단창의성은 개인의 창의적 행동이 투입되고, 개인들의 관여(집단의 구성요인), 집단 특징(규범, 크기, 결속력 정도), 집단 프로세스(문제해결에 대한 접근 방법), 맥락적 영향(더욱 큰 조직, 집단 과업의 특징) 등이 상호작용으로 나타난 결과로 보고 있다. 조직창의성은 집단창의성과 개인적 창의성의 조합과 그리고 조직의 맥락적 영향(조직문화, 보상시스템, 자원제약, 시스템 밖의 많은 환경, 기타 요인)이 상호작용으로 나타난 결과이다.

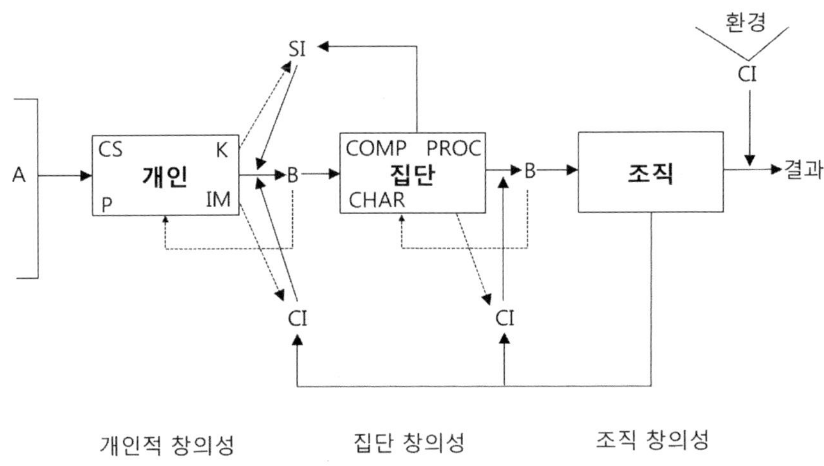

[그림 3-1-1] 조직창의성의 상호작용 모델

또한 전체 시스템을 위한 창의적인 산출물(새로운 제품, 서비스, 아이디어, 절차, 프로세스)은 개인, 집단, 조직의 특징들의 복잡한 모자이크로부터 생기며, 사회적 조직의 각 수준에 존재하는 두드러진 상황적 영향(창의성을 제약하거나 강화하는 요인) 범위 안에서 행동이 일어나게 된다. [그림 3-1-1]의 화살표시는 사람과 상황의 상호작용뿐만 아니라 개인과 집단 그리고 조직 특성들 간의 횡적 수준의 영향 관계를 제시하고 있다.

[그림 3-1-2]는 창의적 산출 과정을 하나의 개방시스템으로 접근하면서 투입, 전환, 산출의 프로세스 및 영향관계로 파악한 것이다. 조직창의성의 출발은 개인, 집단, 조직의 특성이 반영되고 그런 요인들이 창의적 행동과 창의적 상황을 낳게 하여 조직창의성에 영향을 미친다. 개인적 특성을 결정짓는 요인은 개인의 인식적 양식과 능력, 퍼스넬러티, 지식, 내재적 동기 등이며 집단특성의 구성요인은 집단의 규범, 결속력, 규모, 다양성, 규칙, 과업, 문제해결접근법 등이다. 그리고 조직특성의 구성요인은 조직문화, 조직자원, 보상, 전략, 구조, 기술 등이다.

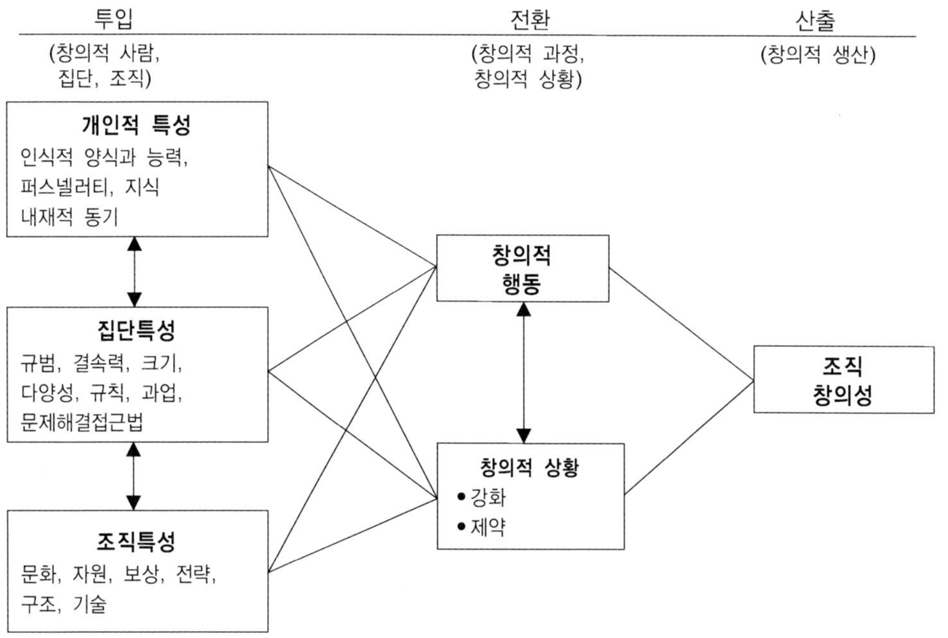

자료: Woodman et al.(1993: 309)

[그림 3-1-2] 창의적 사람, 프로세스, 상황, 산출 간의 개념적 연계

[그림 3-1-3]은 개인과 집단 창의성을 거쳐 조직창의성의 결과를 가져오기까지 과정을 사회적 상황을 관련하여 그 경로를 나타내고 있다. 먼저 개인의 창의적 성과는 개인특성, 집단특성에 영향을 받은 사회적 영향, 조직특성에 영향을 받은 맥락적 상황에 의해 결정된다. 집단의 창의적 성과는 조직특성에 영향을 받은 맥락적 상황, 집단특성, 개인의 창의적 성과에 의해 결정된다. 조직의 창의적 성과는 조직특성, 환경 그리고 개인과 집단의 창의적 성과에 의해 결정된다.

이상과 같은 경로관계를 통해 조직의 창의적 성과를 가져오기 위해서는 개인과 집단의 창의적 성과가 있어야 하며, 이를 위해서는 개인특성, 집단특성, 사회적 영향, 환경, 그리고 조직특성이 어떤 수준이고 정도인지를 파악해야 한다.

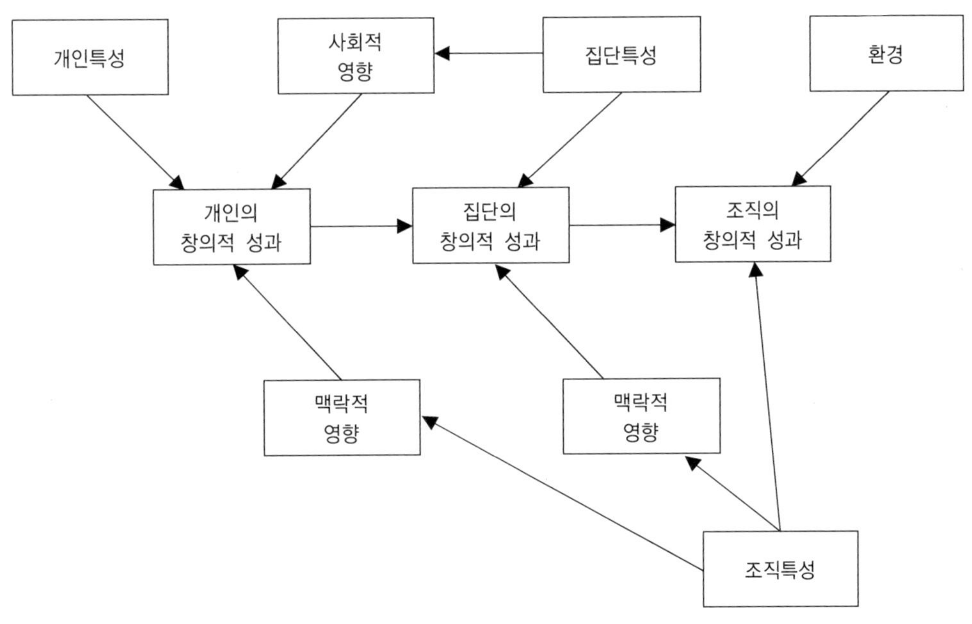

자료: Woodman et al.(1993: 311)

[그림 3-1-3] 조직창의성과 관련된 요인들 간의 가설적 연계성

제2장 조직혁신

조직창의성과 마찬가지로 조직혁신을 기대하기 위해서는 개인혁신, 집단혁신, 조직혁신의 프로세스로 접근해야 하고, 이를 위한 토양과 기반을 마련하는 일이 필요하다.

1. 혁신의 과정적 접근

혁신에 대한 과정적 접근은 혁신의 결과 및 성과는 일련의 과정을 거쳐 이루어진다고 본다. Roger(1983)는 혁신 과정에 대한 기본 모델을 [그림 3-2-1]과 같이 제시하였다. 이 모델은 혁신의 채택 및 확산은 조직 내부적인 과정과 외부의 영향요인에 의해 이루어지는 것으로 파악된다. 조직 내부에서는 아이디어 고안과 같은 창의성을 전제로 그런 아이디어를 실제에 작용하기 위한 발전단계를 거쳐 혁신채택 및 혁신으로 이어지며, 조직 외부의 영향요인은 혁신 자체의 특성, 관리특성, 사회시스템의 상황으로 구분하고 있다.

요컨대 이 모델은 혁신이 확산되고 채택되기까지 과정을 5가지 단계로 구분하고 있다. 먼저, 혁신 부서에서는 다양한 혁신 커뮤니케이션 채널을 통해 혁신에 대한 인식을 제고할 수 있도록 해야 하는데, 그런 채널에는 뉴스레터, 저널, 홍보전단지, 책자 등 종이기반 정보매체나 인터넷을 기반으로 하는 온라인 채널도 활용가능하며, 비공식적 오피니언 리더를 통해서도 가능하다. 이를 통해 조직구성원들이 혁신에 흥미를 잃지 않고 관심을 가지며, 혁신을 통해 기대되는 가치가 전달되고 흡수될 수 있어야 한다. 특히, 이 과정에서 조직의 문화와 규범을 크게 흔들지 않으면서 새로운 혁신 요소를 기존 조직의 틀 안에서 수용할 수 있는 범위를 설정할 필요가 있다. 조직의 구조와 문화, 서비스 품질과 일하는 방식이 '무조건 잘못되었다'는 식의 접근은 조직구성원들에게 특히,

관리자들에게 새로운 요소를 채택 및 확산하는 데 저항을 불러일으키게 한다. 무엇 때문에 변화되어야 하고, 그 변화를 가져오기 위해서는 어떤 요인들이 어떻게 작동되어야 하는가에 대한 자세한 설명이 뒷받침되어야 한다. 혁신이나 새로운 변화에 순응하기 위해서는 변화의 필요성과 순응의 기대가치가 일치되어야 한다(Van de Ven, 1993).

또한 혁신을 채택하고 확산시키기 위해서는 조직을 둘러싸고 있는 외부 환경 즉, 사회시스템 및 여건을 고려해야 한다. 사회상황의 변화로 인하여 조직이 그런 변화에 반응하지 못하기 때문에 조직이 발전하지 못한다는 인식의 확산이 중요하다. 인식의 확산에서는 조직구성원들에게 현재의 조직상황과 사회상황의 수준의 격차가 어느 정도인지도 설명해야 한다(Van de Ven, 1993).

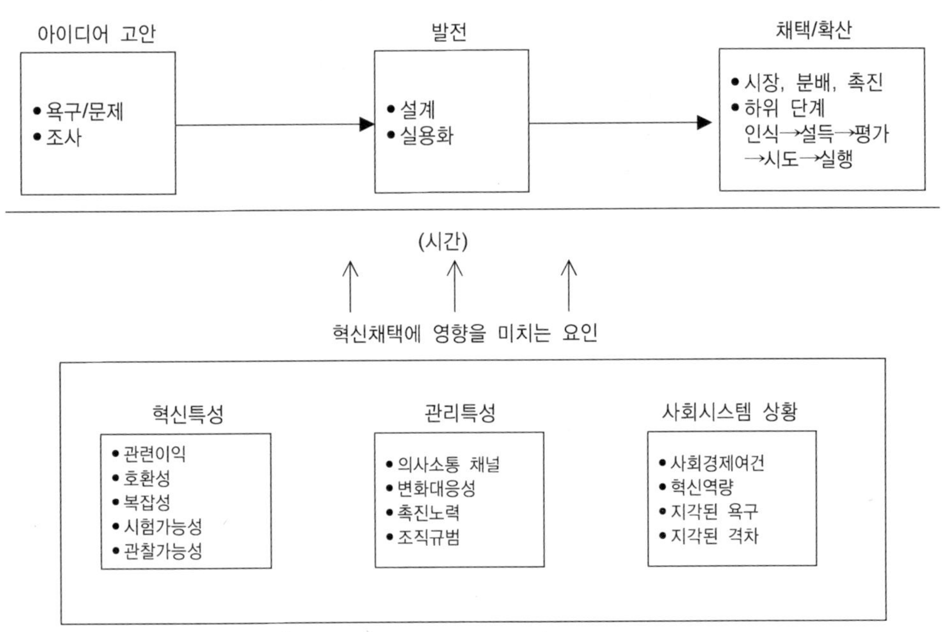

[그림 3-2-1] 혁신과정 모델(Roger, 1983)

Tushman & Nadler(1986)은 혁신관리 모델로써 어느 조직을 막론하고 조직이 혁신 및 발전을 위해 고민해야 한다고 주장하면서 핵심 요인은 과업(task), 조직구성원(individuals), 조직구조(organizational arrangements), 비공식적 조직(informal organization) 등을 제시하였다. [그림 3-2-2]는 이들 4가지 핵심 요인들이 어떻게 작동되어야 조직의 혁신 및 발전을 가져올 수 있는지에 대한 조직행동의 합치 모델로써 제시된 것이다. 조직행동은 투입, 전환, 산출로 이어지게 되는데, 각 단계와 구성요인들이 어느 정도 구비되어 있고 어떻게 작동되는가에 따라 산출 즉, 혁신성과에 차이가 있게 된다.

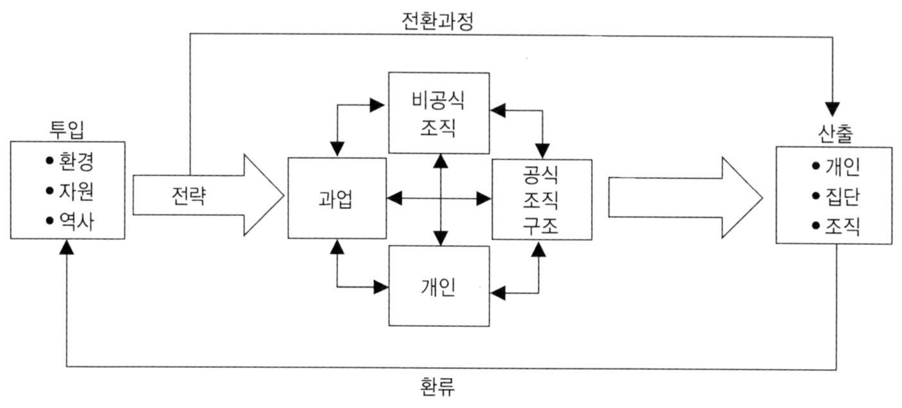

자료: Tushman & Nadler(1986)

[그림 3-2-2] 조직행동에 대한 합치 모델

다음 [표 3-2-1]은 위 [그림 3-2-2]의 각 과정의 요소들을 자세히 제시한 것이다. 투입 단계에서는 환경, 자원, 역사, 전략 국면이 고려되어야 하고, 전환과정에서는 비공식조직, 과업, 공식조직, 개인들이 어떤 특질을 갖추어야 하는지를 열거하고 있다. 마지막으로 산출 단계에서는 개인, 집단 및 부서, 조직 차원에서 고려해야 될 기대요인을 제시하고 있다.

[표 3-2-1] 조직행동에 합치 모델의 구성요소

구분	구성요소	내용
투입	환경	- 시장 - 경쟁조직 - 정부 - 공급자
	자원	- 자본 - 설비 - 기술 - 사람 - 무형재
	역사	- 주요 결정 - 규범과 가치
	전략	- 미션 - 지지 전략 - 목적과 목적
전환과정	비공식조직	- 관리 실제 - 개인간 관계 - 비공식 업무구조
	과업	- 필요 지식과 스킬 - 불확실성 - 고유적 보상 - 일 수행에 필요한 기본 업무
	공식조직	- 조직구조 - 직무설계 - 일하는 방법과 실제 - 표준과 측정 - 물리적 환경 - 인적자원관리시스템 - 보상시스템
	개인	- 지식과 스킬 - 욕구와 선호 - 보상기대
산출	개인	- 과업성과 - 멤버십 행태 - 효과적인 반응
	집단/부서	- 생산성 - 협력 - 커뮤니케이션 질
	조직	- 목표달성 - 자원활용 - 적응성

자료: Tushman & Nadler(1986)

2. 혁신 주체별 접근

조직혁신의 주체이자 대상은 사람이다. 조직혁신의 성공은 사람이라는 개인의 태도와 자세가 변화되어 행동으로 나타나야 하고, 그런 개인들의 집합체인 집단 및 조직일수록 혁신조직이 된다. [표 3-2-2]는 혁신의 분석수준별 특징과 혁신촉진 요인을 제시하고 있다. 개인은 개인의 특질, 동기부여, 인식적 능력, 직무특성에 따라 차이가 나며, 직무집단에서는 기분상태, 팀 구조, 팀 풍토, 팀 구성원의 특성, 팀 프로세스, 리더십 스타일 등에 따라 차이가 난다. 그리고 조직에서는 구조, 전략, 크기, 자원, 문화 등에 따라 차이가 난다.

[표 3-2-2] 혁신 분석수준별 혁신촉진 요인

분석수준	특징	혁신촉진 요인	소스
개인	퍼스낼러티	모호성 포용	Barron & Harrington(1981); Patterson(1999)
		자기 확신	Barron & Harrington(1981)
		경험 개방성	West (1987); Patterson (1999); George & Zhou (2001)
		관습에 얽매이지 않음	West & Wallace(1991); Frese et al.(1999)
		독창성	West & Wallace(1991); Patterson(1999)
		규칙지배(−)	Simonton(1991); Frese et al. 1999
		권위주의(−)	Simonton(1991)
		자립정신	West(1987); Patterson(1999)
		주도적 행위	Seibert et al.(2001)
	동기부여	내재적	West(1987); Frese et al.(1999)
		성공하고자 하는 결심	Amabile(1983)
		개인적 주도	Frese & Zapf(1994)
	인식적 능력	평균지능 이상	Barron & Harrington(1981); Patterson(1999)
		과업에 특별한 지식	West(1987); Wallach(1985); Taggar(2002)
		사고발산 양식	Kirton(1976, 1989)
		관념작용 횟수	Barron & Harrington(1981)
	직무특성	자율성	Axtell et al.(2000)
		통제범위	Axtell et al.(2000)
		직무수요	Janssen(2000)
		직무만족	Zhou & George(2001)
		혁신지지	Eisenberger et al.(1990); Axtell et al.(2000)
		멘토지도	Simonton(1991); Walberg, Rasher & Parkerson(1980); Csikszentmihalyi(1996); Zhou(1998)
		적절한 훈련	Basadur, Graen & Green(1982); Basadur, Graen & Scandura(1986)

직무집단	기분상태	부정적 기분	George & Zhou(2002)
	팀 구조	소수의 영향	Nemeth & Wachtler(1983); De Dreu & West(2001)
		결속력	Payne(1990)
		수명	Katz(1982); West & Anderson(1996)
	팀 풍토	참여	West & Anderson(1996); De Dreu & West (2001)
		비전	West & Anderson(1996); De Dreu & West (2001)
		혁신을 위한 규범	West & Anderson(1996); De Dreu & West (2001)
		갈등	De Dreu & de Vries(1997)
		구조적 논쟁	Tjosvold(1988)
	팀 구성원 특성	구성원 동질성	Nemeth & Wachtler(1983); Paulus(2000)
		교육수준	Wallach(1985)
	팀 프로세스	성찰성	West, Patterson & Dawson(1999)
		소수의 이견	De Dreu & West(2001); Taggar(2002)
		통합 스킬	Stevens & Campion(1994); Taggar(2002)
		의사결정 양식	King, Anderson & West(1992)
	리더십 스타일	민주적 양식	Tierney et al.(1999)
		참여적 양식	Nystrom(1979); Manz, Bastien, Hostager & Shapiro(1989); Tierney et al.(1999)
		아이디어 제안에 대한 개방성	Nystrom(1990)
		리더-종업원교환(LMX)	Tierney et al.(1999)
		기대된 평가	Shalley & Perry-Smith(2001)
조직	구조	전문화	Damanpour(1991)
		집권화(-)	Zaltman et al.(1973); Damanpour(1991)
		형식화(-)	Damanpour(1991); West, Smith, Feng & Lawthom(1998)
		복잡성	Damanpour(1991); Kimberly(1981)
		계층화(-)	Kanter(1983)
		행렬원리	Staw(1990)
	전략	탐구자 유형	Miles & Snow(1978); Meyer(1982)
		유기체	Nicholson, Rees & Brooks-Rooney(1990)
	크기	종업원의 수	Rogers(1983)
		시장공유(-)	Rogers(1983)
	자원	연간 매출량	Mohr(1969)
		슬랙자원	Kanter(1983, 1990); Damanpour(1991)
	문화	실험을 위한 지지	Damanpour(1991); Nystrom(1990); King et al. (1992); West & Anderson(1992)
		아이디어 실패의 관용	Madjar et al.(2002)
		위험수반 규범	King et al.(1992); West & Anderson(1992)

자료: Anderson et al.(2004: 150-151)

3. 지식관리의 관점

조직이 지식을 기반으로 운용되는 지식사회에서, 지식은 조직경쟁력의 핵심 자원이다(Drucker, 1993; Prahalad & Hamel, 1990; Liu et al., 2001). 조직경쟁력 강화는 조직의 기술과 절차를 새로운 환경에 적합하도록 변경해야 하는데 기술과 절차의 변경도 인간의 지식에서 비롯되기 때문에 지식은 혁신의 근원이라고 할 수 있다.

조직에서 지식관리의 목적은 조직혁신을 통해 조직성과를 달성하기 위한 것이다. 조직혁신을 위해서는 지식관리 활동이 중요한데, 지식관리 및 혁신관리에 관한 많은 연구자들은 조직혁신을 위해 체계적이고 전략적인 지식관리가 이루어져야 한다고 주장하고 있다. Johannessen 등(1999)은 혁신이론 모델에서 조직의 비전과 지식창출은 조직혁신에 지원적 역할을 수행하며, 지식의 통합과 활용은 조직의 혁신활동에 자극요인으로 작용한다고 주장하였다. Andersen Business Consulting(1999)은 지식관리의 목적으로 운영의 효율성 강화와 혁신에 적합한 방식과 방법론을 발굴하여 전파하는 데 있다고 하였다.

이와 같이 조직혁신을 지식축적의 관점에서 찾고자 하는 것은 조직혁신이 과거와 다른 새로운 변화를 시도하기 위해서는 조직이 가진 정보와 지식의 종류와 수준을 이용하거나 조직 외부의 새로운 지식을 흡수 및 획득함으로써 조직혁신을 위한 소스로 삼고자 한다. 외부지식을 효과적으로 조직 내부로 흡수하고 기존 지식을 통합하는 방법, 그리고 새로운 기법과 관리방식은 조직혁신에 중요한 요소로 작용한다(Chen, 2002; Chang & Lee, 2008).

조직의 지식흡수 및 획득역량은 조직혁신을 할 수 있는 능력으로써 조직의 지식흡수 및 지식획득 역량 정도는 조직혁신을 위한 준비 수준을 나타낸다. 이와 관련하여 Chang & Lee(2008)는 지식을 획득하기 위한 역량은 지식관리과 기술혁신에 유의적인 영향을 미치는 것으로 확인하면서, 지식축적 역량은 관리의 혁신에 유의적인 영향을 미치는 것으로 제시하였다. 이와 함께 조직문화는 지식축적역량과의 상호작용을 통해 조직혁신에 유의적인 영향을 미치는 것으로 제시하였다.

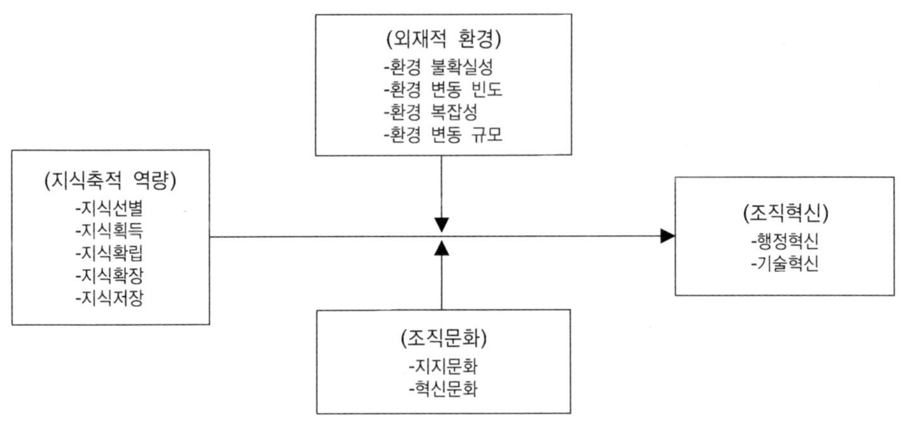

자료: Chang & Lee(2008)

[그림 3-2-3] 지식축적 역량과 조직혁신의 관계의 개념적 틀

특히, 혁신지향적인 조직문화는 조직혁신에 긍정적인 영향을 미치며(Chang & Lee, 2008), 조직혁신을 강화하는 데 기여한다(Liu, 1998). Cheng(2002)은 조직혁신이 기대하는 목표는 조직문화를 통해 이루어질 수 있다고 하면서, 조직문화는 지식공유를 촉진하게 함으로써 조직혁신을 새롭게 달성할 수 있다고 주장하였다.

이상과 같이 지식관리와 혁신지향적 조직문화는 조직혁신의 기여 요인이다. 또한 조직문화는 지식관리의 도입과 추진 수준에도 영향을 미치는 것으로 볼 수 있다. 조직문화가 조직구성원의 신념과 태도로 이루어진 총합이기 때문에 이들의 신념과 태도가 변화되어야만 지식관리가 순조롭게 도입되고 그 추진이 원활해 질 것이다. 이로 인해 조직이 궁극적으로 지향하는 조직혁신을 달성하게 될 것이다. 그러므로 조직혁신을 위해서는 조직의 특성에 적합한 지식관리 전략이 개발되어야 하고 혁신을 지원하는 문화가 조직 저변에 깔려야 한다,

4. 혁신의 성공요인과 장애요인

Loewe & Dominiquini(2006)는 혁신의 장애요인으로 (a) 단기적 관점, (b) 시간, 자원, 종업원 부족, (c) 리더십이 현실을 따라가지 못하는 것, (d) 관리 인센티브가 혁신을 보상하도록 구조화되어 있지 않은 상태, (e) 체계적인 혁신과정 부족, (f) 혁신이 위험하다는 고정관념 등을 제시하면서, 체계적인 혁신역량을 갖추기 위해서는 [그림

3-2-4]와 같은 4개 주요 국면이 고려되어야 하고, 이들 요인들이 상호교호적 관계로 작용할 수 있도록 구축되어야 한다고 주장하였다.

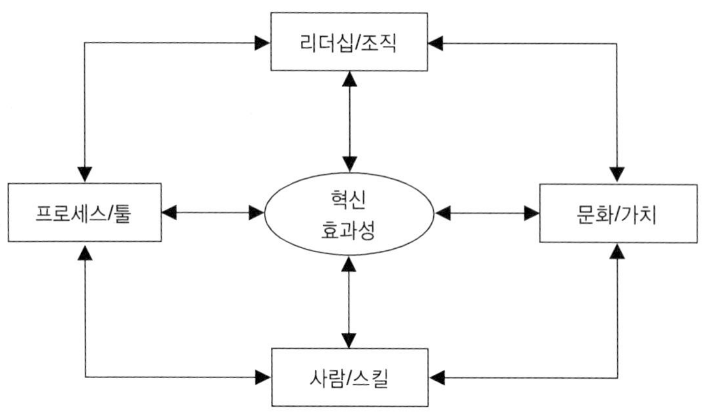

자료: Loewe & Dominiquini(2006)

[그림 3-2-4] 체계적인 혁신역량 제고 요인

[그림 3-2-5]는 혁신 주체별 혁신과 관련된 피로 요인들의 관계를 도식화한 것이다. 각 피로요인은 다른 주체의 피로요인에 상호 영향을 미치고, 그로 인해 각 주체에서 부정적 결과를 가져온다는 관계를 나타내고 있다. 따라서 각 주체가 기대하는 혁신을 가져오기 위해서는 제시된 피로요인을 어떻게 제거하거나 낮출 수 있는가에 대한 전략 모색이 요구된다.

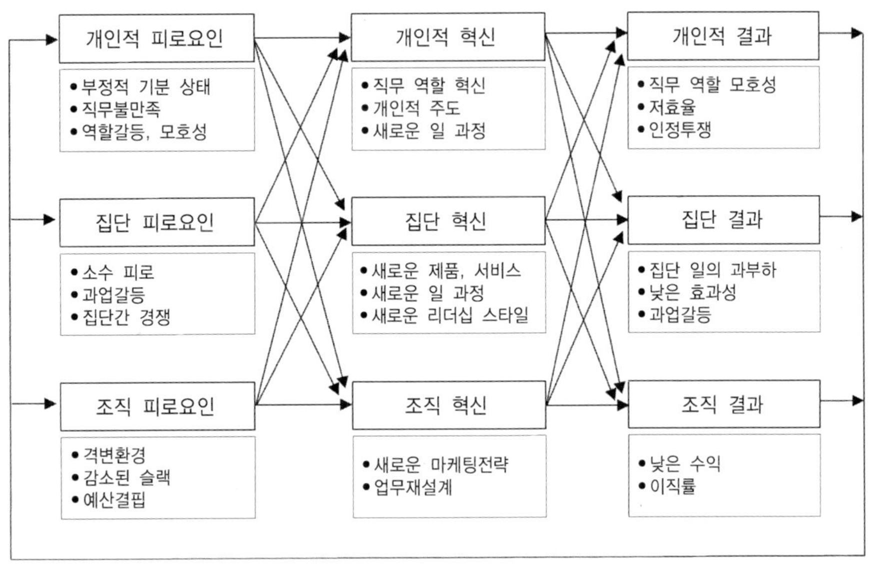

자료: Anderson et al.(2004: 150-151)

[그림 3-2-5] 혁신 주체별 혁신 관련된 피로 요인

[표 3-2-3] 혁신의 장애요인과 분위기

혁신의 장애요인	분위기
최고관리자의 고립	오해를 조장하며 위험회피 분위기를 조성한다.
차이의 수용불가	다양성을 거부하고, 동질성만을 고집한다.
기득권	전체보다는 부분에 초점을 둔다.
단기적 시야	새로운 아이디어로 장기적 이익을 창출하는 가능성보다는 단기적 결과를 강조한다.
지나친 이성적 사고	체계적이고 이성적 사고는 정해진 스케줄을 강조하게 된다.
부적절한 인센티브	성과에 대한 부적절한 보상은 새로운 일을 추진하려는 용기를 꺾게 만든다.
과도한 관료제	창의성과 혁신을 좌절시키는 규칙과 절차에 충실한다.

자료: Quinn(1985); Roffe(1999: 231)

5. 혁신성공의 결정요인

조직혁신의 성공을 위해서는 기존의 태도와 행동이 조직이 기대치와 일치되어야 하는데, 조직이 기대하는 범위와 수준에 일치하는 것을 혁신행동이라고 할 수 있다.

조직구성원들의 혁신행동(innovative behaviour)에 영향을 미치는 요인을 파악하는 것은 관리자들에게 리더십과 역할모델의 중요성을 강조하는 것이다(Scott & Bruce, 1991). 혁신행동은 크게 상급 관리자들에 대한 지지 수준과 '혁신을 위한 심리적 분위기(psychological climate for innovation)'을 구성하는 자원의 유용성에 영향을 받는다
(Mazzarol, 2003: 12). [그림 3-2-6]은 혁신을 위한 지지 수준과 혁신을 수행할 수 있는
자원의 유용성이 혁신을 위한 심리적 풍토를 결정하게 된다는 것을 보여주고 있다. 혁
신분위기의 선행요인은 조직 내 리더십, 직무그룹의 동태화, 개별 종업원들의 태도이
다. 리더십의 주요 요인은 혁신과정에서 중요한 역할을 할 것이라는 종업원들의 역할
에 대한 리더의 기대와 리더(관리자)와 종업원 사이의 일어나는 상호작용의 본질이다.
또한 종업원 개인의 태도 특히, 문제해결 유형과 직무그룹에서 종업원들 간의 상호작
용 수준도 중요한 요인이다(Scott & Bruce, 1991; Mazzarol, 2003: 12).

Mazzarol(2003)는 조직구성원들 사이의 혁신행동의 전제로 조직문화 또는 조직풍토
를 제시하면서 조직문화는 혁신을 위한 지지 수준과 긍정적으로 연관된다는 것을 발견
하였다. 그리고 혁신활동을 이해하기 위해서는 자원의 유용성보다는 선행요인들이 중
요하다고 주장하였다.

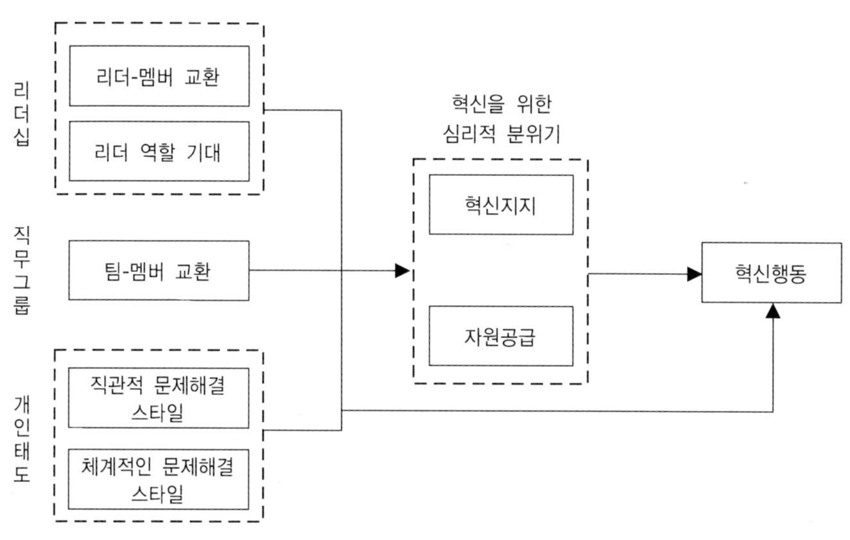

자료: Scott & Bruce(1991); Mazzarol(2003: 13)

[그림 3-2-6] 혁신 결정요인

Klein & Sorra(1996)는 조직혁신을 실행하는 데 영향을 미치는 통합 모델로 [그림
3-2-7]과 같이 제시하였다. 혁신을 실행으로 옮기기 위해서는 혁신을 위한 풍토와 혁신
가치의 적합성이 토대가 되며, 전자는 스킬, 인센티브, 장애물 등의 존재 확인 및 증감

에 영향을 미치고 후자는 몰입에 영향을 미쳐 혁신실행의 효과성에 영향을 미친다. 그리고 혁신실행의 효과성은 혁신의 효과성에 영향을 미치게 되는데 '혁신채택에 대한 전략적 정확성' 여부가 이 관계에서 증감을 가져오는 데 영향을 미치게 된다.

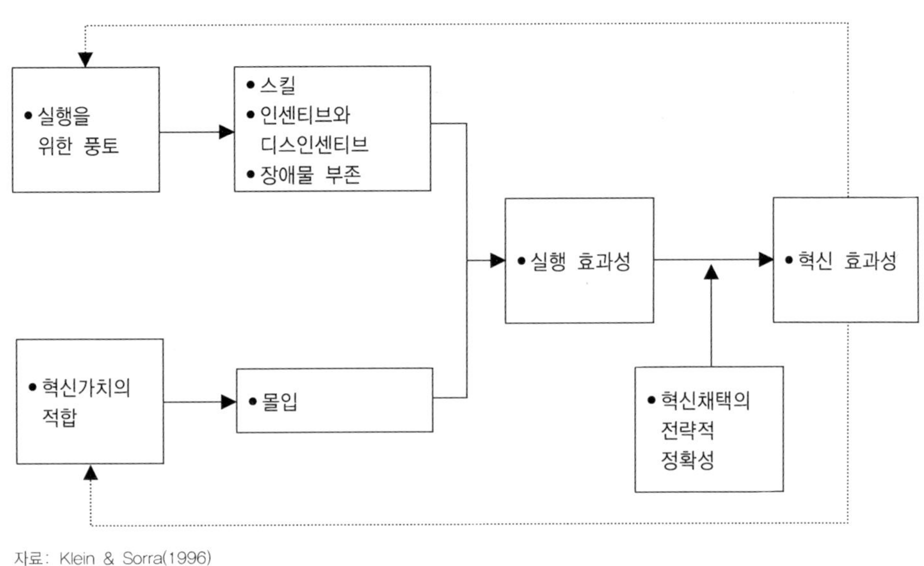

자료: Klein & Sorra(1996)

[그림 3-2-7] 혁신실행의 효과성의 결정요인

한편, Klein & Sorra(1996: 1066)은 종업원들의 정서적 반응과 혁신 사용에 관한 효과를 토대로 혁신 실행을 위한 풍토와 혁신 가치와의 적합성의 구분 틀로 [표 3-2-4]와 같이 제시하였다. 혁신 실행의 풍토를 강함과 약함 정도로 구분하고 여기에 혁신 가치의 적합성으로 부적합, 보통, 좋음 정도로 구분하여 종업원들이 혁신 내용을 수용하고 저항할 수 있는지를 가늠할 수 있도록 하였다. 강한 실행 풍토가 조성된 조직에서는 종업원들의 열의가 높고 일에 혁신 가치에 전념한다. 반대로 약한 실행 풍토로 조성된 조직에서는 종업원들이 기대하는 혁신가치에 미치지 못하기 때문에 좌절과 낙심을 하게 된다.

[표 3-2-4] 혁신의 실행 풍토와 혁신 가치의 적합성

구분	혁신 가치 적합성		
	부적합	보통	좋음
강한 실행 풍토	종업원의 반대와 저항	종업원마다 차이가 있음	종업원의 열의
	혁신 사용에 순응	적절한 혁신 사용	전념적, 일관되며 창의적 혁신 사용
약한 실행 풍토	종업원의 신념에 달려 있음	종업원의 무시	종업원의 좌절과 낙심
	근본적으로 혁신을 사용하지 않음	근본적으로 혁신을 사용하지 않음	산발적이고 부적절한 혁신 사용

자료: Klein & Sorra(1996: 1066)

6. 조직혁신 채택 요인

조직혁신을 채택하는 것이 조직구성원의 개인이기 때문에 개인과 조직 중 어느 주체가 먼저 선행적으로 변화되고 혁신내용을 채택해야 하는가에 관심을 갖게 된다. 이와 관련하여 Frambach & Schillewaert(2002)는 혁신채택 경로를 조직혁신 채택을 통해 개인적 혁신이 수용하는 개념적 모형을 다음과 같이 제시하였다.

1) 지각된 혁신 특성

지각된 혁신 특성은 조직구성원들이 혁신에 대하여 지각하는 요인이다. 관련 이익은 혁신이 채택됨으로써 기대되는 경제적 인센티브를 의미하게 되는데, 새로운 혁신 프로그램으로 인해 경제적 이익이 없게 되면 혁신채택을 거부하게 된다. 따라서 관련이익은 혁신채택에 긍정적인 영향을 미친다. 이 밖에 다른 지각된 혁신 특성은 호환성, 복잡성(-), 시험가능성, 측정가능성, 불확실성(-) 등이 존재한다.

2) 채택 특성

조직이 가진 특성은 혁신을 채택하는 의사결정에 영향을 미친다. 혁신채택의 결정요인으로 조직 규모의 크기는 일반적으로 긍정적 요인으로 제시되고 있는데, 큰 조직일수록 성과향상을 위해 혁신채택에 대한 필요성을 더 가진다는 것이다. 반면에, 조직의 규모가 작을수록 더욱 유연하고 혁신적이기 때문에 혁신을 수용하기 용이하다는 것이

다. 조직구조도 혁신채택에 영향을 미치게 되는데, 이 역시 이견이 있다. 형식적이고 집권화된 조직일수록 혁신채택 결정을 주도하기가 쉽지 않지만 혁신 실행을 위한 준비는 잘 갖추어 있다는 것이다. 반대로 복잡하고 전문화된 조직은 혁신채택 결정을 쉽게 할 수 있지만 혁신 실행을 위한 준비가 잘 갖추어져 있지 않다. 조직의 혁신성과 전략적 자세는 혁신채택 결정에 긍정적 영향을 미친다.

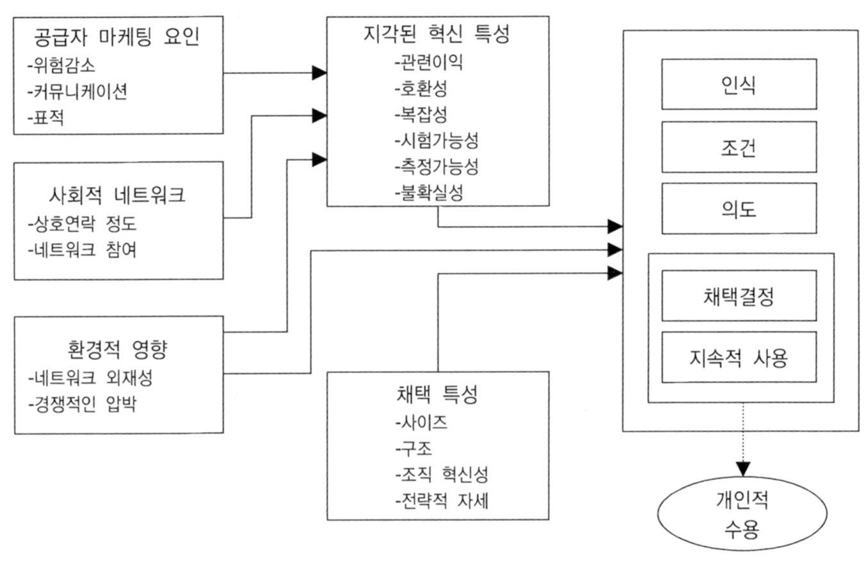

자료: Frambach & Schillewaer(2002)

[그림 3-2-8] 조직혁신 채택의 개념적 틀

3) 공급자 마케팅 활동

공급자에 의해 사용된 출발과 다른 마케팅 전술들은 혁신채택에 유의적인 영향을 미치게 되는데 혁신의 표적활동, 커뮤니케이션, 위험감소, 공급자의 활동 등은 은 잠재고객의 지각된 위험을 낮추는 데 기여한다. 특히, 잠재적 혁신 채택자에 관해 면밀하고 특수한 표적활동은 혁신 수용을 촉진시키게 된다. 혁신은 대체로 정보를 처리하는 활동인데 공급자의 커뮤니케이션 활동은 구체적인 인식을 제고할 뿐 아니라 혁신에 대한 잠재적 고객의 지각에 영향을 미칠 수 있다. 지금까지 설명은 민간부문 조직에서 마케팅 관리기술을 수반하는 조직에 해당되지만 공공부문 조직에서는 조직자원을 제공하고 지원하는 관점에서 조직 외부의 지원 및 제공 기관의 표적활동으로 접근할 수 있다. 마지막으로 혁신은 위험을 수반하게 되는데 정보와 자원을 제공하는 기관이 혁신채택 과정에서 위험요소가 없다는 확신을 주어야 혁신채택이 용이하다.

4) 사회적 네트워크

사회적 네트워크상에서 구성원들 간의 상호작용은 혁신채택의 속도와 비율을 높여 줄 수 있다. 조직구성원들이 비공식 네트워크상에 참여하는 것은 혁신에 대한 정보 확산을 촉진시킨다. 조직이 다른 조직과 정보를 공유하는 정도를 '상호연락정도'라고 하는데 정보공유 정도가 높으면 높을수록 새로운 아이디어와 제품이 노출하게 되고, 그런 과정은 혁신이 채택될 수 있다.

5) 환경적 영향

사회적 영향에 부가하여 비즈니스 환경도 혁신채택 행동에 영향을 미친다. 잠재적 혁신 채택자는 그들의 네트워크상에서 업무파트너가 이전에 혁신을 채택했다는 사실을 알게 되면 혁신채택에 자극을 받게 된다. 또한 조직활동과 관련된 외부 환경요인 즉, 공급자, 고객, 경쟁자, 정부 등도 조직혁신에 압박을 가하게 된다. 공공부문 조직에서는 시민, 정치가, 언론, NGO, 기업 등이 행정조직의 혁신을 충동하게 된다.

이와 같은 조직혁신의 채택이 개인혁신의 수용으로 연결하게 되는데, 개인혁신의 수용에 영향을 미치는 요인은 조직촉진요인, 개인특성, 혁신에 관한 태도, 사회적 이용과 혁신에 대한 개인적 성향 등이 작용한다.

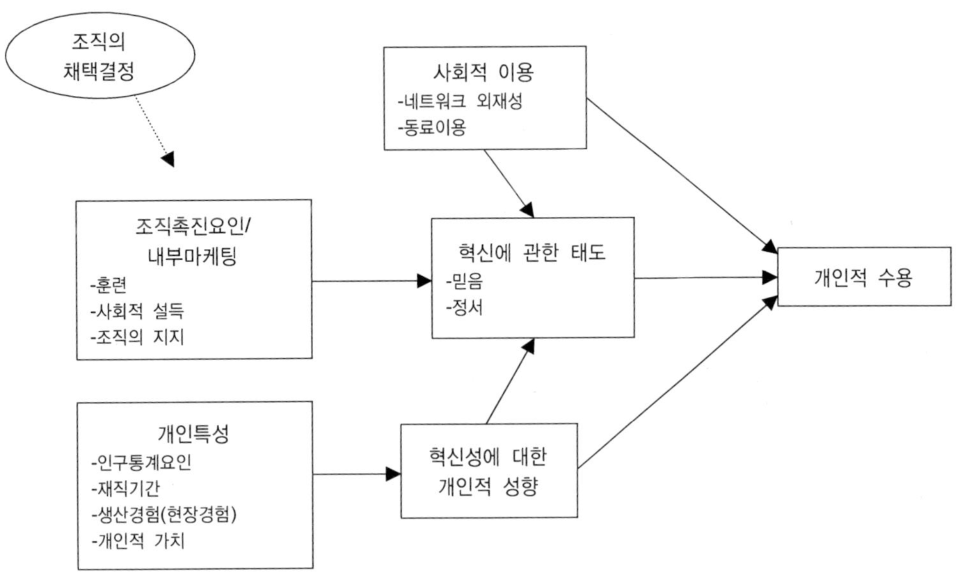

자료: Frambach & Schillewaer(2002)

[그림 3-2-9] 조직에서 개인혁신수용의 개념적 틀

제3장 지식관리

앞에서 설명한 바와 같이 지식관리가 조직혁신에 영향을 미치는 요인으로 제시되었다. 지식관리 활동을 성공적으로 수행하는 것이 조직혁신의 성공을 기대할 수 있다.

지식관리의 성공요인에 대해서는 조직이 민간부문인가 공공부문인가에 따라, 그리고 조직이 어떤 목표와 임무 그리고 활동을 수행하는가에 따라 성공요인이 달라질 수 있다. 본 란에서는 일반적인 지식관리 성공요인으로 그동안 많은 논자들이 주장한 요인을 정리한 내용을 소개한다.

모든 조직에 해당되는 일반적인 지식관리의 주요 성공요인으로 모두 21개 요인으로 제시된다. 먼저 조직이 지식을 관리하기 위한 특별한 전략을 구축해야 하며, 이런 전략은 조직이 수행하고자 하는 일의 특성과 연계성을 갖추어야 한다. 또한 조직은 지식관리를 특정 업무나 부서에 한정하거나 단절적인 기간 설정에 초점을 맞추는 것이 아니라 조직 전체에 파급되고 장기적이고 지속적으로 관리되어야 한다. 이를 위해서는 조직의 최고관리자의 지지와 상급관리자 및 모든 종업원들이 지식관리의 필요성을 인식해야 하며 헌신적이고 지원자적 리더십이 요구된다. 또한 조직구성원들이 지속적인 지식관리 활동에 몰입하고 자극을 주기 위해서는 객관적이고 공정한 지표를 통한 성과측정과 이에 따른 인센티브 및 보상이 뒤따라야 한다.

조직문화는 조직혁신을 위해서 뿐만 아니라 지식관리를 위해서도 문화도 중요하다. 지식관리 활동은 지식창출 및 지식생성, 지식조직화, 지식공유, 지식활동, 지식축적 등의 단계로 진행되는데, 이 중에서 지식창출과 지식공유를 위한 조직문화가 조성되고 체화되어야 한다. 또한 지식창출을 위해서는 개방적이고 자유로운 분위가 필요하며, 지식공유를 위해서는 의사소통을 가로막는 장애가 없어야 한다. 지식공유를 위한 의사소통의 활성화를 위해서는 상시적·정기적인 소통 장치가 온라인과 오프라인을 통해 이루어질 수 있도록 해야 한다.

　지식관리의 실체 국면에서는 조직이 전략적으로 관리해야 할 지식 내용의 기준과 범위를 정해야 하며, 그 과정에서는 형식지와 암묵지가 빠짐없이 포함되어야 한다. 이밖에 지식관리가 체계적으로 이루어질 수 있도록 지식의 검색과 접근성이 확보되어야 하며, 이와 함께 지식보안 장치도 마련되어야 한다.

[표 3-3-1] 일반적 지식관리 주요 성공요인

주요 성공요인	소스
① 지식관리 전략	Ernst & Young(1999), Kavindri(2005), KPMG Consulting(2000), Parlby & Taylor(2000), Robertson(2005b), Yu(1999), Havens & Knapp(1999), Robertson(2004)
② 지식관리 전략과 업무전략과의 연계	Chait(1999), Donaghue et al.(1999), Parlby & Taylor(2000), Stadler & Stone(2001), PriceWaterhouseCoopers(1999a)
③ 지식관리에 대한 총체적 접근	Donaghue et al.(1999), Havens and Knapp(1999), Kavindri(2005), Parlby & Taylor(2000), O' Dell & Grayson(1999), Jennex & Zakharova(2005)
④ 업무 사례와 가치 문제(일)	KPMG Consulting(2000), O' Dell & Grayson(1999), Jennex & Zakharova(2005), PriceWaterhouseCoopers(1999a,b)
⑤ 최고관리자의 지지	Chait(1999), Greco(1999), Havens & Knapp(1999), Jennex & Zakharova(2005), KPMG Consulting(2000), Martiny(1998), Mudge(1999), O' Dell & Grayson(1999), Parlby & Taylor(2000), Torres(1999), PriceWaterhouseCoopers(1999a, b)
⑥ 인센티브와 보상	Jennex & Zakharova(2005), Ernst & Young(1999), Greco(1999), Havens & Knapp(1999), KPMG Consulting(2000), O' Dell & Grayson(1999), Parlby & Taylor(2000), PriceWaterhouseCoopers(1999a, b), Reiss(1999)
⑦ 성과측정	Ernst & Young(1999), Greco(1999), Havens & Knapp(1999), Kavindri(2005), KPMG Consulting(2000), O' Dell & Grayson(1999), Parlby & Taylor(2000), Torres(1999), PriceWaterhouseCoopers(1999a), Jennex & Zakharova(2005)
⑧ 지식창출과 공유를 위한 문화	Chait(1999), Donaghue et al.(1999), Greco(1999), Havens & Knapp(1999), Martiny(1998), Mullin(1996), O' Dell & Grayson(1999), Parlby & Taylor(2000), PriceWaterhouseCoopers(1999a), Vernon(1999)
⑨ 변화관리와 커뮤니케이션	Ernst & Young(1999), Robertson(2004), KPMG Consulting(2000), PriceWaterhouseCoopers(1999a)
⑩ 업무방식으로써 지식관리	Davenport et al.(2003), KPMG Consulting(2000), Parlby & Taylor (2000), Martiny(1998)
⑪ 헌신적 종업원과 리더십	KPMG Consulting(2000), Reiss(1999), Earl(1999)
⑫ 지식라이프사이클을 통한 지식의 관리	Chowdbury(2005), Chait(1999), O' Dell and Grayson(1999), Reiss(1999), PriceWaterhouseCoopers(1999b)
⑬ 관리해야 할 지식 내용의 기준 정의	Jennex & Zakharova(2005), Kavindri(2005), Havens & Knapp(1999), Chait(1999), Parlby & Taylor(2000), Greco(1999), Martiny(1998), Mullin(1996), Yu(1999), Parlby & Taylor(2000), PriceWaterhouseCoopers(1999a, b)

⑭ 형식지와 암묵지의 관리	Hargadon & Sutton(2000), KPMG Consulting(2000),
⑮ 지식기반의 구조화	O' Dell & Grayson(1999), Robertson(2005a), Jennex and Zakharova(2005)
⑯ 지식관리 프로세스, 정책, 절차	Greco(1999), Jennex & Zakharova(2005), KPMG Consulting(2000), Martiny(1998), Parlby and Taylor(2000), Reiss(1999), Sharp(2003), Chait(1999).
⑰ 인프라 관리	Jennex & Zakharova(2005), Parlby & Taylor(2000), Robertson(2005b), Chait(1999), Greco(1999), KPMG Consulting(2000), Parlby & Taylor(2000), Reiss(1999), Robertson(2005b), According to Kavindri(2005)
⑱ 훈련	Jennex & Zakharova(2005), KPMG Consulting(2000)
⑲ 탐색과 검색 기능성	Jennex & Zakharova(2005)
⑳ 지식 보안과 보호	Jennex & Zakharova(2005)
㉑ 가장 적절한 전달채널 선택	Robertson(2005c)

자료: du Plessis(2007)

제4장 조직문화

　문화가 혁신을 어떻게 조장할 수 있을까? 문화가 창의성과 혁신 과정을 방해하거나 강화시킬 수 있을까? 이에 대한 대답은 조직의 저변에 깔려 있는 규범에서 찾을 수 있다. 올바른 규범의 유형이라면 문화는 창의성을 촉진시킨다. 반대로 잘못된 문화는 혁신을 조장하려는 개인의 좋은 노력과 의도 그리고 창의적인 아이디어 발굴에 영향을 미치지 못하게 된다(Ahmed, 1998: 36). 많은 연구들은(Andrew, 1996; Filipczak, 1997; Judge et al., 1997; O'Reilly, 1989; Picken & Dess, 1997; Pinchot & Pinchot, 1996; Schneider et al., 1996; Warner et al., 1997) 규범은 혁신과 창의성을 조장하고 실행하는 데 중요한 요인이라고 주장하였다.

　조직창의성, 조직혁신, 지식관리를 위해서는 조직문화가 중요하다고 강조하였다. 그렇다면 조직문화를 어떻게 변화시키고 조성할 것인지에 대한 전략이 마련되어야 한다. 그동안 발전적이고 혁신적인 조직문화에 대한 고찰과 진단이 이루어져 왔다. 하지만 조직문화의 전략도 조직의 역사와 특성, 조직의 목표와 활동에 따라 달라져야 한다. 물론 여기에서도 어떤 조직문화의 특성이 조직의 역사와 특성에 영향을 미칠 수 있고, 반대로 어떤 조직의 역사와 특성이 조직문화 형성에 장애요인으로써 작용할 수 있다. 본 장에서는 보편적이 조직문화 구축 전략을 위한 기본적인 고려사항을 살펴본다.

1) 사람의 관점

　조직문화는 조직구성원이라는 사람에서 비롯되기 때문에, 조직문화가 조직혁신에 효과적으로 기여하기 위해서는 구성원들의 유형을 파악하고 고려해야만 한다. Ahmed (1998: 35-36)는 조직혁신을 위한 조직문화의 고찰에 있어서 사람의 관점에서 개인의 특성, 인식적 요인, 동기요인 등을 제시하였다.

(1) 개인의 특성

① 심미적인 좋은 경험
② 다양한 관심
③ 복잡성에 대한 매력
④ 높은 에너지
⑤ 판단의 독립
⑥ 직관
⑦ 자기 확신
⑧ 반대를 수용할 수 있는 능력
⑨ 창의 정신(Baron & Harrington, 1981)
⑩ 인내심
⑪ 호기심
⑫ 지적인 성실성(Amabile, 1988)
⑬ 반영적/회고적 태도(Woodman & Schoenfeldt, 1990)

(2) 인식적 요인

인식적 요인들은 혁신을 위한 능력과 연관된다. 많은 연구자들은 여러 인식적 요인들이 창의성과 연관된다고 제시하였다(Ahmed, 1998: 35).

① 연상적 능숙도
② 표현의 능숙도
③ 언어 능숙도
④ 상상의 능숙도
⑤ 말의 능숙도
⑥ 단어 능숙도
⑦ 실제적 상상의 능숙도
⑧ 독창성(Carrol, 1985)

⑨ 유연성

⑩ 정교성(Guildford, 1983)

(3) 개인의 동기요인

① 내재적 동기와 외재적 동기: 내재적 동기는 창의성의 주요 요인이다(Amabile, 1990; Baron & Harrington, 1981). 보상과 평가와 같은 외재적 개입은 과업을 수행하는 데 있어서 규칙과 절차상의 형식에 따르도록 강요하기 때문에 혁신 동기에 부정적 효과를 미칠 수 한다. 이와 반대로 개인이 위기를 감수할 수 있는 자유를 부여하게 된다면 당면하고 있는 문제해결을 위해 아이디어를 생성하게 되고 신중한 고려를 하게 된다.

② 도전적인 개인: 개방적이고 비정형적인 과업의 수행자는 틀에 박힌 정해진 일을 처리하는 사람보다 매우 높은 창의성을 가져온다. 참신한 해결책을 고안하기 위해서는 도전적이고 충분한 여유가 주어져야 하기 때문이다.

③ 스킬과 지식: 창의성은 전문가의 의견, 기술적 스킬, 재능 등과 같이 관련된 스킬에 의해 영향을 받는다. 하지만 한편으로는 해당 분야와 관련된 스킬은 결과에 긍정적일 수 있지만 부정적일 수도 있다. 긍정적인 입장에서 보면 지식은 새로운 이해를 창출할 수 있도록 도와주지만, 부정적인 입장에서 보면 해당 분야와 높은 관련이 있는 스킬은 정해진 틀에 의한 학습을 할 수 있고, 새로운 시각을 가지는 데 근본적인 제약으로 작용하기 때문에 기능적 고착(functional fixedness)을 가져올 수 있다는 데 유념해야 한다.

2) 규범적 관점

어떤 규범을 가지고 있는가에 따라 혁신이 달라진다. 규범이 혁신에 영향을 미치기 때문에 혁신을 위한 규범을 갖는 전략이 필요하다. 규범 전략을 통한 조직혁신 성공 전략으로 다음과 같이 정리한다(Ahmed, 1998: 36-38).

(1) 도전과 행동에 대한 믿음

'도전과 행동에 대한 믿음'이란 조직구성원들이 일상의 활동에 몰두하는 정도와 필요로 하는 범위의 정도로 정의하며 그 주요 특성은 다음과 같다.

① 꼼꼼함(정확성)에 사로잡히지 않음
② 결과 강조
③ 몰입
④ 적시성 고려
⑤ 행동에 가치부여
⑥ 어려운 일도 포함될 수 있다는 예상
⑦ 담당직무에 열중
⑧ 탈 관료제

(2) 자유와 위험의 감수

'자유와 위험의 감수'란 개별 성원들이 자신이 맡은 일을 정의하고 실행하는 범위의 정도로 의미하며, 그 주요 속성은 다음과 같다.

① 실험을 할 수 있는 자유
② 현재 상태의 도전
③ 혁신이 직무의 부분이라는 생각
④ 일을 시도할 수 있는 자유
⑤ 실수의 수용
⑥ 엉터리 아이디어의 토론 허용
⑦ 실수에 대한 처벌 재고(적극적 일 처리로 인한 실수 관용)

(3) 동태주의와 미래 지향

'동태주의와 미래 지향'이란 조직이 활동적이고 미래를 조망하는 정도를 의미하며, 그 주요 속성은 다음과 같다.

① 과거에 잡착하지 않고 잊음
② 단시간에 초점을 맞추지 말고 장기적 관점

③ 개선 추진

④ 변화에 대한 긍정적 태도

⑤ 환경에 대한 긍정적 태도

⑥ 사람들에게 권한부여

⑦ 품질 강조

(4) 외재 지향

'외재 지향'이란 조직이 고객과 외부 환경에 민감해 하는 정도를 의미하며, 그 주요 속성은 다음과 같다.

① 고객의 관점을 수용

② 모든 외부 사람들과 관계 구축

(5) 신뢰와 개방성

'신뢰와 개방성'은 조직구성원들이 자신의 업무 수행에서 경험하게 되는 감성적 안전의 정도로 신뢰가 높을수록 새로운 아이디어가 쉽게 떠오른다. 신뢰와 개방성을 나타내는 주요 속성은 다음과 같다.

① 개방적 커뮤니케이션과 커뮤니케이션의 공유

② 폭넓은 경청

③ 오픈 액세스

④ 비판의 수용

⑤ 수평적 사고의 조장

⑥ 지적인 성실성

(6) 토론

'토론'은 조직구성원들이 활발하게 토론할 수 있다고 느끼는 정도, 그리고 소수의 견해가 표현되고 공개적으로 경청할 수 있는 정도를 의미하며, 그 주요 속성으로 다음과 같다.

① 갈등의 예상과 수용

② 비판의 수용

③ 너무 민감한 반응 자제

(7) 기능의 횡단적 상호작용과 자유

기능의 횡단적 상호작용이 촉진되고 장려되는 정도로 그 주요 속성은 다음과 같다.
① 주변 사람들과의 교류
② 팀워크
③ 상호의존성 관리
④ 직무, 예산, 기능적 영역에 있어서 유연성

(8) 스토리

성공적의 스토리가 전개되고 유명해진 정도로 그 주요 속성은 다음과 같다.
① 상징주의와 행동
② 스토리 구축과 전파

(9) 리더십 몰입

리더십이 선언적이고 공언적인 표현보다는 현실적 몰입으로 나타나는 정도로 그 주요 속성은 다음과 같다.
① 상급 관리자의 몰입
② 말한 것을 실천하다(언행일치)
③ 미션과 비전 공표

(10) 포상과 보상

성공과 실패가 알려지고 보상이 이루어지는 정도로 그 주요 속성은 다음과 같다.
① 아이디어가 가치로 인정
② 최고관리자의 관심과 지지
③ 아이디어에 대한 존중
④ 업적에 대한 칭찬

⑤ 제안제도의 실행

⑥ 장려제도

(11) 혁신 시간과 훈련

조직구성원들이 새로운 아이디어와 가능성을 개발하는 데 투입되는 시간과 훈련의 양과 새로운 아이디어가 수용되고 처리되는 방식으로 그 주요 속성은 다음과 같다.

① 여유 자원의 구축

② 예산의 지원

③ 시간

④ 기회

⑤ 장려

⑥ 도구

⑦ 기본 설비(예, 방과 시설 등)

⑧ 지속적인 훈련

⑨ 수평적 사고의 장려

⑩ 스킬 개발의 장려

(12) 조직의 동일화와 통일성

조직구성원들이 조직의 철학, 제품, 고객에 대한 일체성을 갖는 정도이며, 그 주요 속성은 다음과 같다.

① 자존심

② 신용을 공유하려는 의지

③ 소유감

④ 잡다한 메시지의 제거

⑤ 공유된 비전과 공통의 방향

⑥ 컨센서스 구축

⑦ 상호간 존경과 신뢰

⑧ 전체 조직을 위한 관심

(13) 조직구조: 자율성과 신축성

조직구조가 혁신활동을 촉진할 수 있는 정도이며, 그 주요 속성은 다음과 같다.

① 하위 수준에서 책임성 있는 의사결정 권한

② 분권화된 절차

③ 행동에 대한 자유

④ 행동의 기대

⑤ 영향을 미칠 수 있는 개인의 신념

⑥ 권한위임

⑦ 빠르고 유연성 있는 의사결정, 관료제의 최소화

제5장 조직학습

조직문화 및 조직학습의 기반을 통해 지식관리 활동이 촉진되어야 조직혁신을 기대할 수 있다. 본 장에서는 조직학습을 증대하기 위한 전략적 접근을 살펴본다. 조직학습의 전략은 학습을 할 수 있는 능력 즉, 역량을 강화하는 것이다.

조직학습 역량을 증대하기 위해서는 각 학습역량 차원에 따른 전략이 실행되어야 하는데, [표 3-3-2]는 학습역량 차원에서 본 조직학습의 기본적 관점이 제시되어 있다. 각 학습역량 차원에 대한 기본 전제는 다음과 같다(Real et al., 2006).

먼저, 개인적 숙련에서는 개인이 가진 비전을 명확히 하고 재사고(rethink)를 함으로써 미래 창조를 안내하게 되는데, 이를 위해서는 아이디어 창출을 위해 현재와 미래의 문제에 대한 실험, 혁신적인 탐색, 유연성을 갖추어야 한다.

둘째, 정신모형에서는 조직구성원들이 행동을 따르게 하는 가정과 사고의 구상을 의미한다. 조직에서 중요한 것은 태도의 변화와 행동을 수정할 수 있어야 하고, 새로운 지식창출을 위한 공간이 제공되어야 한다.

셋째, 공유된 비전 구축은 공유된 아이디어를 일컫게 되는데 공유된 아이디어는 조직구성원들의 개인적 에너지가 축적된 것이다. 이런 결과는 조직구성원들을 공통의 방향으로 안내하고 학습 유인으로 이어지도록 한다.

넷째, 팀 학습은 개인들 간의 경험교환을 통해 학습이 이루어지는 것으로 본다. 팀 학습은 아이디어의 일반화 즉, 조직에서 아이디어의 공유를 통해 학습의 효과를 가져 온다.

다섯째, 시스템사고는 이전의 훈련 결과를 모두 합치거나 휴식의 연장을 통해 학습이 이루어진다.

[표 3-3-2] 학습역량 차원에서 본 조직학습의 기본적 견해

학습역량 차원	관련 요인
개인적 숙련 (personal mastery)	· 팀지향(Hult, 1998; Hult & Ferrell, 1997) · 실험(Goh, 2003; Goh & Richards, 1997) · 영향을 주는 아이디어의 일반화(Yeung et al., 1999) · 개방과 실험(Jerez-Gomez et al., 2004)
정신모형 (mental models)	· 학습지향, 시스템 지향((Hult, 1998; Hult & Ferrell, 1997) · 학습 무능력(Yeung et al., 1999) · 시스템 지향(Jerez-Gomez et al., 2004)
공유된 비전 (shared vision)	· 리더십 몰입과 임파워먼트(Goh & Richards, 1997) · 학습지향, 시스템 지향((Hult, 1998; Hult & Ferrell, 1997) · 미션과 비전의 명확성(Goh, 2003; Goh & Richards, 1997) · 시스템 지향(Jerez-Gomez et al., 2004)
팀 학습 (team learning)	· 학습지향, 팀지향(Hult, 1998; Hult & Ferrell, 1997) · 지식이전(Goh, 2003; Goh & Richards, 1997) · 팀워크와 그룹의사결정(Goh, 2003; Goh & Richards, 1997) · 지식이전과 통합(Jerez-Gomez et al., 2004)
시스템 사고 (system thinking)	· 시스템 지향(Jerez-Gomez et al., 2004)

자료: Real et al.(2006)

[표 3-3-3]은 조직학습의 하위과정 국면을 통해 조직학습 차원과 관련된 요인을 설명하고 있다. 먼저, 지식획득은 조직이 내적 또는 외적 지식소스로부터 정보와 지식을 활발하게 탐색하는 활동에 따르는 과정이고, 정보분배는 이전 단계에서 획득된 정보가 의도적으로 전달되도록 하는 단계를 의미하며, 정보해석은 정보에 대해 의미를 부여하는 단계이다. 마지막으로 조직메모리는 이후에 지식을 사용할 수 있도록 하기 위해 창출된 지식을 저장하는 단계이다.

요컨대, 어떤 조직이 조직학습을 강화하기 위해서는 학습의 목표를 설정하고 설정된 목표에 따른 학습전략을 구축하고 실행하여야 한다. 예를 들어, 지식획득을 목적으로 하는 경우는 사회학습, 인식, 지적배양, 내·외재적 지식획득에 초점을 맞추어야 한다. 그러나 어떤 조직이든 절대적이고 배타적인 조직학습 차원을 가지는 것보다는 어떤 특정 학습차원에 중점을 둘 뿐 상호복합적이거나 상호작용적인 학습차원을 필요로 한다는 것을 고려해야 한다.

[표 3-3-3] 조직학습 과정과 조직학습 차원의 관계

조직학습 과정 차원	관련 요인 및 저자
지식획득 (knowledge acquisition)	· 사회학습, 인식, 지적배양, 성과평가, 지적자본관리, 조직이식(Templetion et al., 2002) · 외재적/내재적 지식획득(Perez et al., 2004) · 정보획득(Tippins & Sohi, 2003)
정보분배 (information distribution)	· 환경적응, 사회학습, 인식, 지적배양(Templetion et al., 2002) · 지식분배(Perez et al., 2004) · 정보배포(Tippins & Sohi, 2003)
정보해석 (information interpretation)	· 환경적응, 사회학습, 커뮤니케이션, 성과평가(Templetion et al., 2002) · 지식해석(Perez et al., 2004) · 해석공유(Tippins & Sohi, 2003)
조직메모리 (organizational memory)	· 환경적응, 커뮤니케이션, 지적배양, 성과평가, 지적자본관리(Templetion et al., 2002) · 조직메모리(Perez et al., 2004) · 선언적이고 절차적 메모리(Tippins & Sohi, 2003)

자료: Real et al.(2006)

[참고문헌]

구자숙 · 이주일(1998). 「조직의 창의성: 창의적 개인과 소수집단의 역할, 「인사관리연구」.
22(1): 53-80.

Adair, J.(1990). *The Challenge of Innovation.* Kogan Page, London.

Agrell, A. & Gustafson, R.(1996). Innovation and creativity in work groups. In M. A.
West(Ed.). *The handbook of work group psychology,* pp.317-343. Chichester: Wiley.

Ahmed, P. K.(1998). Culture and climate for innovation. *European Journal of Innovation
Management,* 1(1): 30-43.

Amabile, T. M.(1983). *The social psychology of creativity.* New York: Springer-Verlag.

Amabile, T. M.(1988). A model of creativity and innovation in organisations. in Straw, B.
M. and Cummings, L. L(Eds.). *Research in Organisational Behaviour,* 10: 123-67, JAI
Press, Greenwich, CT.

Amabile. T. M., Goldfarb. P. & Brackfield. S. C.(1990). Social influences on creativity:
Evaluation, coaction, and surveillance. *Creativity Research Journal,* 3: 6-21.

Anderson, C. A. & Bushman, B. J.(1997). External validity of 'trivial' experiments: the
case of laboratory aggression. *Review of General Psychology,* 1: 19-41.

Anderson, N.(1998). The people make the paradigm. *Journal of Organizational Behavior,* 19:
323-328.

Anderson, N. & King, N.(1991). Managing innovation in organizations. *Leadership and
Organization Development Journal,* 12: 17-21.

Anderson, N. & King, N.(1993). Innovation in organizations. In C. L. Cooper & I. T.
Robertson(Eds.). *International review of industrial and organizational psychology,* 8: 1-34.
Chichester: Wiley.

Anderson, N. & West, M. A.(1998). Measuring climate for work group innovation:
development and validation of the team climate inventory. *Journal of Organizational
Behaviour,* 19: 235-258.

Anderson, N., De Dreu, C. K. W. & Nijstad, B. A.(2004). The routinization of innovation
research: a constructively critical review of the state-of-the-science. *Journal of
Organizational Behavior,* 25: 147-173.

Andrew, C. A.(1996). The people ware paradigm. *Hospital Materials Management*, 18(1): 47-60.

Arieti. S.(1976). *Creativity: The magic synthesis.* New York: Basic Books.

Arndt, M. & Bigelow, B.(2000). Presenting structural innovation in an institutional environment: hospitals' use of impression management. *Administrative Science Quarterly*, 45: 494-522.

Arthur Andersen Business Consulting.(1999). *Zukai Knowledge Management.* Toyo Keizai Inc., Tokyo.

Axtell, C. M., Holman, D. J., Unsworth, K. L., Wall, T. D., Waterson, P. E. & Harrington, E.(2000). Shopfloor innovation: facilitating the suggestion and implementation of ideas. *Journal of Occupational and Organizational Psychology*, 73: 265-285.

Badaracco, J. L.(1991). *The Knowledge Link: How Firms Compete Through Strategic Alliances.* Harvard Business School Press, Boston, MA.

Baer, M. & Frese, M.(2003). Innovation is not enough: climates for initiative and psychological safety, process innovations, and firm performance. *Journal of Organizational Behaviour*, 24: 45-68.

Barr, S. H. & Hitt, M. A.(1986). A comparison of selection decision models in manager versus student samples. *Personnel Psychology*, 39: 599-617.

Barron, F. B. and Harrington, D. M.(1981). Creativity, intelligence, and personality. *Annual review of Psychology*, 32: 439-476.

Barron. F. B.(1969). *Creative person and creative process.* New York: Holt. Rinehart & Winston.

Basadur, M., Graen, G. B. & Green, G.(1982). Training in creative problem solving: effects on ideation and problem finding and solving in an industrial research organization. *Organizational Behavior and Human Performance*, 30: 41-70.

Basadur, M., Graen, G. B. & Scandura, T. A.(1986). Training affects on attitudes toward divergent thinking amongst manufacturing engineers. *Journal of Applied Psychology*, 71: 612-617.

Bond, R. & Smith, P. B. (1996). Culture and conformity: a meta-analysis of studies using Asch''s (1952b, 1956) line judgment task. *Psychological Bulletin*, 119: 111-137.

Bouchikhi, H. & Kimberly, J. R.(2000). The Customized Workplace. *Management 21C: Someday well all manage this way,* in S. Chowdhury(ed.). London: Financial Times-Prentice-Hall.

Bouwen, R., Steyaert, C. & De Visch, J.(1992). Organizational innovation. In D. M. Hosking & N. Anderson(Eds.). *Organizational change and innovation: Psychological perspectives and practices in Europe,* London: Routledge.

Brown. R. T.(1989). Creativity: What are we to measure? In J. A. Glover. R. R. Ronning

& C. R. Reynolds (Eds.), *Handbook of creativity*, 3-32. New York: Plenum Press.

Bunce, D. & West, M. A.(1994). Changing work environments: innovative coping responses to occupational stress. *Work and Stress*, 8: 319-331.

Carnevale, P. J. & Probst, T. M.(1998). Social values and social conflict in creative problem solving and categorization. *Journal of Personality and Social Psychology*, 74: 1300-1309.

Carroll, J. B.(1985). Domains of cognitive ability. *paper presented at the meeting of American Association for the Advancement of Science*, Los Angeles.

Chait, L. P.(1999). Creating a successful knowledge management system. *Journal of Business Strategy*, March-April.

Chang, S. C. & Lee, M. S.(2008). The linkage between knowledge accumulation capability and organizational innovation. *Journal of Knowledge Management*, 12(1): 3-20.

Chen, J. S.(2002). *The correlation research among knowledge management mechanism, organizational culture and organizational innovation.* the Master"'s Degree Dissertation of Business Management Taiwan Graduate School at the Providence University.

Chowdbury, N.(2005), *Discussion of knowledge management process, success factors and strategies for successful implementation.* www.kmtalk.net/indexphp?topic=kmbasic

Csikszentmihalyi, M. (1996). *Creativity: Flow and the psychology of discovery and invention.* New York: HarperCollins.

Daft, R. L.(1978). A dual-core model of organizational innovation. *Academy of Management Journal,* 21(2): 193-210.

Damanpour, F.(1990). Innovation effectiveness, adoption and organizational performance. In M. A.West & J. L. Farr(Eds.). *Innovation and creativity at work: Psychological and organizational strategies,* pp.125-142. Chichester: Wiley.

Damanpour, F.(1991). Organizational innovation: a meta-analysis effect of determinants and moderators. *Academy of Management Journal,* 34(3): 555-590.

Damanpour, F. & Gopalakrishnan, S.(2001). The dynamics of the adoption of product and process innovation in organizations. *Journal of Management Studies,* 38(1): 45-65.

Davenport, T.H., Prusak, L. and Wilson, J.H.(2003), Who's bringing you hot ideas and how are you responding? *Harvard Business Review*, 81(2): 59-64.

De Cremer, D. & Van Knippenberg, D.(2002). How do leaders promote cooperation? The effects of charisma and procedural fairness. *Journal of Applied Psychology,* 87: 858-866.

De Dreu, C. K. W.(2002). Team innovation and team effectiveness: the importance of minority dissent and team reflexivity. *European Journal of Work and Organizational Psychology,* 11: 285-298.

De Dreu, C. K. W. & De Vries, N. K.(1993). Numerical support, information processing and attitude change. *European Journal of Social Psychology,* 23: 647-662.

De Dreu, C. K. W. & Weingart, L. R.(2003). Task versus relationship conflict and team effectiveness: a metaanalysis. *Journal of Applied Psychology,* 88: 741-749.

De Dreu, C. K. W. & De Vries, N. K.(1997). Minority dissent in organizations. In C. K.W. De Dreu & E. Van de Vliert (Eds.), *Using conflict in organizations* (pp.72-86). London: Sage.

De Dreu, C. K. W. & West, M. A.(2001). Minority dissent and team innovation: the importance of participation in decision making. *Journal of Applied Psychology,* 86: 1191-1201.

Donaghue, L. P., Harris, J. G. and Weitzman, B. E.(1999). *Knowledge management strategies that create value Outlook.* January, www.ac.com/ideas/Outlook/1.99/over_currente4.html

Drazin, R., Glynn, M. A. & Kazanjian, R. K.(1999). Multilevel theorizing about creativity in organizations: a sensemaking perspective. *Academy of Management Journal,* 24: 286-307.

Drucker, P. F.(1993). *Innovation and Entrepreneurship: Practice and Principles.* Harper Business Press, New York, NY.

du Plessis, M.(2007). Knowledge management: what makes complex implementations successful? *Journal of Knowledge Management,* 11(2): 91-101.

Earl, M. J.(1999), What is a chief knowledge officer? *Sloan Management Review,* 40(2): 29.

Edmonson, A. C., Bohmer, R. M. & Pisano, G. P.(2001). Disrupted routines: team learning and new technology implementation in hospitals. *Administrative Science Quarterly,* 46: 685-716.

Ernst & Young.(1999). *Choosing your spots for knowledge management.* available at: www.ey.com/global/gcr.nsf/International/International_Home

Frambach, R. T. & Schillewaert, N.(2002). Organizational innovation adoption A multi-level framework of determinants and opportunities for future research. *Journal of Business Research,* 55: 163-176.

Frese, M. & Zapf, D.(1994). Action as the core of work psychology: a German approach. In H. C. Triandis, M. D. Dunette & L. M. Hough(Eds.). *Handbook of industrial and organizational psychology,* 4: 271-340. Palo Alto, CA: Consulting Psychologists Press.

Frese, M., Teng, E. & Wijnen, C. J. D.(1999). Helping to improve suggestion systems: predictors of making suggestions in companies. *Journal of Organizational Behavior,* 20: 1139-1155.

George, J. M. & Zhou, J.(2001). When openness to experience and conscientiousness are related to creative behavior: an interactional approach. *Journal of Applied Psychology,* 86: 513-524.

George, J. M. & Zhou, J.(2002). Understanding when bad moods foster creativity and good ones don't: the role of context and clarity of feelings. *Journal of Applied Psychology*, 87: 687-697.

Golann. S. E.(1963). Psychological study of creativity. *Psychological Bulletin*, 60: 548-565.

Gonzalez-Roma, V., Peiro, J. M. & Tordera, N.(2002). An examination of the antecedents and moderator influences of climate strength. *Journal of Applied Psychology*, 87: 465-473.

Grant, R. M.(1996). Toward a knowledge-based theory of the firm. *Strategic Management Journal*, 17: 109-122.

Greco, J.(1999). *Knowledge is power.* March-April, available at:
http://web7.infotrac.london.galegroup.com/ itw/infomark/482/356/72858976w3/

Greve, H. R. & Taylor, A.(2000). Innovations as catalysts for organizational change: shifts in cognition and search. *Administrative Science Quarterly*, 45: 54-80.

Guildford, J. P.(1983). Transformation abilities or functions. *Journal of Creative Behaviour*, 17: 75-83.

Hargadon, A. & Sutton, R.I.(2000), Building an innovation factory. *Harvard Business Review*, 78(3): 157-166.

Harrington. D. M.(1990). The ecology of human creativity: A psychological perspective. In M. A. Runco & R. S. Albert(Eds.). *Theories of creativity*, 143- 169. Newbury Park. CA: Sage.

Havens, C. & Knapp, E.(1999). Easing into knowledge management. *Strategy & Leadership*, 27(2): 4-10.

Hayes. J. R.(1989). Cognitive processes in creativity. In J. A. Glover. R. R. Ronning. & C. R. Reynolds (Eds.). *Handbook of creativity*, 135- 145. New York: Plenum Press.

Hosking, D. M. & Anderson, N.(1992). Organizing change and innovation: challenges for European work and organizational psychology. In D. M. Hosking & N. Anderson (Eds.). *Organizational change and innovation: Psychological perspectives and practices in Europe*, pp.1-17. London: Routledge.

Howard, A(Ed.).(1995). *The changing nature of work.* San Francisco: Jossey-Bass.

Hunter, J. E. & Schmidt, F. L.(1996). Cumulative research knowledge and social policy formulation: the critical role of meta-analysis. *Psychology, Public Policy and Law*, 2: 324-347.

Janssen, O.(2000). Job demands, perceptions of effort - -award fairness and innovative work behaviour. *Journal of Occupational and Organizational Psychology*, 73: 287-302.

Jennex, M. E. and Zakharova, I.(2005). *Knowledge management critical success factors.* available at: www.management.com.au/strategy/str110.html

Johannessen, J. A., Olsen, B. and Olaisen, J.(1999). Aspects of innovation theory based knowledge management? *Journal of International Management,* 19(2): 121-139.

Joravsky, D.(1989). *Russian psychology: A critical history.* Oxford: Blackwell.

Judge, W. Q., Fryxell, G. E. and Dooley, R. S.(1997). The new task of R&D, management: creating goal directed communities for innovation. *California Management Review,* 39(3): 72-84.

Kanter, R. M.(1982). *The middle manager as innovator. Harvard Business Review,* 4: 95.

Kanter, R. M.(1983). *The change masters.* New York: Simon & Schuster.

Katz, R.(1982). The effects of group longevity on project communication and performance. *Administrative Science Quarterly,* 27: 81-104.

Kavindri, M.(2005). *Key success factors for knowledge management.* available at: www.knowledgeboard.com/cgi-bin/item.cgi?id=137184&d=pnd

Kenny, D. A., Mannetti, L., Pierro, A., Livi, S. & Kashy, D. A.(2002). The statistical analysis of data from small groups. *Journal of Personality and Social Psychology,* 83: 126-137.

Kimberly, J. R.(1981). Managerial innovation. In P. C. Nystrom & W. H. Starbuck(Eds.). *Handbook of organizational design,* pp.84-104. Oxford: Oxford University Press.

King, N.(1990). Innovation at work: the research literature. In M. A. West & J. L. Farr(Eds.). *Innovation and creativity at work: Psychological and organizational strategies,* pp.3-13. Chichester: Wiley.

King, N.(1992). Modeling the innovation process: an empirical comparison of approaches. *Journal of Occupational and Organizational Psychology,* 65: 89-100.

King, N. & Anderson, N.(2002). *Managing innovation and change: A critical guide for organizations.* London: Thompson.

King, N., Anderson, N. & West, M. A.(1992). Organizational innovation: a case study of perceptions and processes. *Work and Stress,* 5: 331-339.

Kirton, M.(1976). Adaptors and innovators: a description and measure. *Journal of Applied Psychology,* 61: 622-629.

Kirton, M.(1989). *Adaptors and innovators: Styles of creativity and problem-solving.* London: Routledge.

Klein, K. J. & Sorra, J. S.(1996). The Challenge of Innovation. *The Academy of Management Review,* 21(4): 1055-1080.

Klein, K. L. & Kozlowski, S. W. J. (Eds.).(2000). *Multilevel theory, research, and methods in organizations: Foundations, extensions, and new directions.* San Francisco: Jossey-Bass.

KPMG Consulting(2000), Knowledge management research report 2000, available at: www.kpmgconsulting.com

Lewis, G.(1999). Corporate Strategy. *Australian and New Zealand Strathgic Management:*

concepts, context and cases. Lewis, G., Morkel, A., Hubbard, G, Dacenport, S., and Stockport, G(eds.). Sydney: Prentice-Hall.

Liu, C. C., Tsai, M. T. and Chung, L. M. (2001). An empirical study on the construction of measuring model for organizational innovation in Taiwanese high-tech enterprises. *Journal of Human Resource Management,* 1(1): 53-71.

Liu, P. C.(1998). *The effect of personal initiative and organizational culture on organizational innovativeness.* the Master's Degree Dissertation of Graduate Institute of Human Resource Management at the National Central University, Taiwan.

Loewe, P. & Dominiquini, J.(2006). Overcoming the barriers to effective innovation. *Strategy & Leadership,* 34(1): 24-31.

Lovelace, K., Shapiro, D. L. & Weingart, L. R.(2001). Maximizing cross-functional new product teams' innovativeness and constraint adherence: a conflict communications perspective. *Academy of Management Journal,* 44: 779-783.

Madjar, N., Oldham, G. R. & Pratt, M. G.(2002). There''s no place like home? The contributions of work and nonwork creativity support to employees'' creative performance. *Academy of Management Journal,* 45: 757-767.

Manz, C. C., Bastien, D. T., Hostager, T. J. & Shapiro, G. L.(1989). Leadership and innovation: a longitudinal process view. In A. Van de Ven, H. L. Angle & M. Poole (Eds.). *Research on the management of innovation: The Minnesota studies.* pp.1-23. New York: Harper & Row.

Martiny, M.(1998). Knowledge management at HP consulting. *Organizational Dynamics,* 27(2): 71-78,

McGuire, W. J.(1997). Creative hypothesis generating in psychology: some useful heuristics. *Annual Review of Psychology,* 48: 1-30.

Meyer, A. D.(1982). Adapting to environmental jolts. *Administrative Science Quarterly,* 27: 515-582.

Miles, R. E. & Snow, C. C.(1978). *Organizational strategy, structure and process.* New York: McGraw-Hill.

Mohr, L. B.(1969). Determinants of innovation in organizations. *American Political Science Review,* 63: 111-126.

Mook, D. G.(1980). In defense of external invalidity. *American Psychologist,* 38: 379-387.

Mudge, A.(1999). Knowledge management: do we know what we know? *Communication World,* 16(5): 24-29.

Mullin, R.(1996). Knowledge management: a cultural evolution. *Journal of Business Strategy,* 17(5): 56-60.

Nemeth, C. J.(1986). Differential contributions of majority and minority influence.

Psychological Review, 93: 23-32.

Nemeth, C. J. & Wachtler, J.(1983). Creative problem-solving as a result of majority vs. minority influence. *European Journal of Social Psychology*, 13: 45-55.

Ng, K. Y. & Van Dyne, L.(2001). Individualism-Collectivism as a boundary condition for the effectiveness of minority influence in decision making. *Organizational Behavior and Human Decision Processes*, 84: 198-225.

Nicholson, N.(1990). Organizational innovation in context: culture, interpretation, and application. In M. A.West & J. L. Farr(Eds.). *Innovation and creativity at work: Psychological and organizational strategies,* Chichester: Wiley.

Nicholson, N., Rees, A. & Brooks-Rooney, A.(1990). Strategy, innovation and performance. *Journal of Management Studies,* 27: 511-534.

Nietoa, M. & Quevedo, P.(2005). Absorptive capacity, technological opportunity, knowledge spillovers, and innovative effort. *Technovation,* 25: 1141 - 1157.

Nijstad, B. A. & De Dreu, C. K. W.(2002). Creativity and group innovation. *Applied Psychology: An International Review,* 51: 401-407.

Nijstad, B. A. & Paulus, P. B.(2003). Group creativity: common themes and future directions. In P. B. Paulus & B. A. Nijstad (Eds.), *Group Creativity: Innovation through collaboration* (pp.326-339). New York: Oxford University Press.

Nystrom, H.(1979). *Creativity and Innovation.* Chichester: Wiley.

Nystrom, H.(1990). Organizational innovation. In M. A. West & J. L. Farr (Eds.). *Innovation and creativity at work: Psychological and organizational strategies,* Chichester: Wiley.

O'Dell, C. & Grayson, C. J. Jr.(1999). Knowledge transfer: discover your value proposition. *Strategy & Leadership,* 27(2): 10-16,

O'Reilly, C. O.(1989). Corporations, culture and commitment: motivation and social control in large organisations. *California Management Review*, Summer: 9-25.

Parlby, D. and Taylor, R. (2000). *The power of knowledge: a business guide to knowledge management.* available at: www.kpmgconsulting.com/index.html

Patterson, F.(1999). *Innovation potential predictor.* Oxford: Oxford Psychologists Press.

Paulus, P. B.(2000). Groups, teams and creativity: the creative potential of idea-generating groups. *Applied Psychology: An International Review,* 49: 237-262.

Paulus, P. B.(2002). Different ponds for different fish: a contrasting perspective on team innovation. *Applied Psychology: An International Review*, 51: 394-399.

Paulus, P. B. & Yang, H. C.(2000). Idea generation in groups: a basis for creativity in organizations. *Organizational Behavior and Human Decision Processes*, 82: 76-87.

Payne, R. L.(1990). Madness in our method: a comment in Jackofsky and Slocum's paper

''A longitudinal study of climates. *Journal of Organizational Behaviour,* 11: 77-80.

Peters, T. J. & Waterman, R. H.(1982). *In search of excellence: Lessons from America"s best run companies.* New York: Harper & Row.

Pinchot, E. and Pinchot, G.(1996). *Seeding a climate for innovation. Executive Excellence,* June: 17-18.

Polzer, J. T., Milton, L. P. & Swann, W. B.(2002). Capitalizing on diversity: interpersonal congruence in small group work. *Administrative Science Quarterly,* 47: 296-324.

Porter, M. E.(1980). *Competing Strategy: Techniques for Analysing Industries and Competitors.* Boston: The Free Press.

Prahalad, C. K. and Hamel, G.(1990). The core competence of the corporation. *Harvard Business Review,* 68(3): 79-93.

PriceWaterhouseCoopers.(1999a). KM business value: lessons learned from early adopters. *Global Enterprise Advisor,* 10: 7-8.

PriceWaterhouseCoopers.(1999b). E-business project planning: proceed at your own risk. *Global Enterprise Advisor,* 10: 14-15.

Quinn, J. B.(1985). Managing innovation: controlled chaos. *Harvard Business Review,* May-June: 73-84.

Real, J. C., Leal, A. & Roldan, J. L.(2006). Measuring Organizational Learning as a Multidimensional Construct. In D. Schwartz(ed.). *Encyclopedia of Knowledge Management(2nd Ed)*, pp.614-620. Idea Group.

Reiss, D. A.(1999). *Companies need to learn how to leverage knowledge to sustain competitive advantage.* www.ey.com/global/gcr.nsf/US/Knowledge_Real_Estate_Ernst_&_Young_LLP

Roberts, B.(1988). Managing Invention and innovation. *Research Technology Management,* January- February: 1-19.

Robertson, J.(2004). *Developing a knowledge management strategy.* available at: www.steptwo. com.au/papers/kmc_kmstrategy/index.html

Robertson, J.(2005a). *Good search is knowledge management.* available at: www.steptwo.com.au/papers/cmb_searchkm/index.html

Robertson, J.(2005b). *Intranets and knowledge sharing.* available at: www.steptwo.com.au/papers/kmc_intranetsknowledge/index.html

Robertson, J.(2005c). *Choosing your information delivery channels.* available at: www.steptwo.com.au/papers/cmb_deliverychannels/index.html

Roffe, I.(1999). Innovation and creativity in organisations: a review of the implications for training and development. *Journal of European Industrial Training,* 23(4/5): 224-237.

Rogers, E.(1983). *Diffusion of innovations(3rd ed.).* New York: Free Press.

Rousseau, D. M.(2000). Multilevel competencies and missing linkages. In K. L. Klein & S.

W. J. Kozlowski(Eds.). *Multilevel theory, research, and methods in organizations: Foundations, extensions, and new directions,* San Francisco: Jossey-Bass.

Sackett, P. R. & Larson, J. R.(1990). Research strategies and tactics in industrial and organizational psychology. In M. D. Dunnette & L. M. Hough(Eds.). *Handbook of industrial and organizational psychology*(2nd ed). 1: 419-489. Palo Alto, CA: Consulting Psychologists Press.

Salgado, J. F. & Anderson, N.(2002). Cognitive and GMA testing in the European Community: issues and evidence. *Human Performance,* 15: 75-96.

Schmidt, F. L. & Hunter, J. E.(1998). The validity and utility of selection methods in personnel psychology: practical and theoretical implications of 85 years of research findings. *Psychological Bulletin,* 124: 262-274.

Schneider, B., Gunnarson, S. K. and Niles-Jolly, K.(1996). Creating the climate and culture of success. *Organisational Dynamics,* pp.17-29.

Schroeder, R. G., Van de Ven, A., Scudder, G. D. & Polley, D.(1989). The development of innovation ideas. In A. Van de Ven, H. L. Angle & M. Poole(Eds.). *Research on the management of innovation: The Minnesota studies,* New York: Harper & Row.

Scott, S. G. & Bruce, R. A.(1994). Determinants of innovative behaviour: A path model of individual innovation in the workplace. *Academy of Management Journal,* 37(3): 580.

Seibert, S. E., Kraimer,M. L. & Crant, J. M.(2001). What do proactive people do? A longitudinal model linking proactive personality and career success. *Personnel Psychology,* 54: 845-874.

Shalley, C. E. & Perry-Smith, J. E.(2001). Effects of social-psychological factors on creative performance: the role of informational and controlling expected evaluation and modeling experience. *Organizational Behavior and Human Decision Processes,* 84: 1-22.

Shane, S., Venkataraman, S. & MacMillan, I.(1995). Cultural differences in innovation championing strategies. *Journal of Management,* 21: 931-946.

Sharp, D.(2003). Knowledge management today: challenges and opportunities. *Information Systems Management,* 20(2): 32-37.

Simonton, D. K.(1991). Latent-variable models of posthumous reputation: a quest for Galton's G. *Journal of Personality and Social Psychology,* 60: 607-619.

Snijders, T. A. B. & Bosker, R. J.(1999). *Multilevel analysis: An introduction to basic and advanced multilevel modeling.* London: Sage.

Stadler, C. & Stone, T.(2001), eBusiness: knowledge management's new killer application. in *Infosmart Africa 2001 Conference Proceedings,* 10-12 July, The Dome at Northgate, Gauteng, South Africa, Johannesburg, Terrapin.

Staw, B. M.(1990). An evolutionary approach to creativity and innovation. In M. A. West

& J. L. Farr(Eds.). *Innovation and creativity at work: Psychological and organizational strategies,* Chichester: Wiley.

Stevens, M. J. & Campion, M. A.(1994). The knowledge, skill, and ability requirements for teamwork: implications for human resource management. *Journal of Management,* 20: 503-530.

Taggar, S.(2002). Individual creativity and group ability to utilize individual creative resources: a multilevel model. *Academy of Management Journal,* 45: 315-330.

Tarn, D. C. & Wang, Z. F.(2001). The strategic perspective to knowledge management: literature review, typology, and propositions. *Journal of Technology Management,* 6(1): 35-54.

Tierney, P., Farmer, S. M. & Graen, G. B.(1999). An examination of leadership and employee creativity: the relevance of traits and relationships. *Personnel Psychology,* 52: 591-620.

Tjosvold, D.(1998). The cooperative and competitive goal approach to conflict: accomplishments and challenges. *Applied Psychology: An International Review,* 47: 285-313.

Torres, A.(1999), Unlocking the value of intellectual assets. *McKinsey Quarterly,* 4: 28-37.

Triandis, H. C.(1989). Self and social behavior in differing social contexts. *Psychological Review,* 96: 269-289.

Tsai, C. T.(1997). *Organizational factors, creativity of organizational members and organizational innovation.* unpublished Doctor's Degree dissertation of Graduate Institute of Business Administration at the National Taiwan University, Taiwan.

Tushman, M. & Nadler, D.(1986). Organizing for Innovation. *California Management Review,* 18(3): 74-92.

Van de Ven, A. H.(1993). Managing the Process of Organizational Innovation. G. P. Huber & W. H. Glick(eds.). *Organizational Change and Redesign: Ideas and Insight to Improve Performance,* pp.269-294. New York: Oxford University Press.

Van de Ven, A., Andrew, H., Polley, D. E., Garud, R. & Venkataraman, S.(1999). *The innovation journey.* New York: Oxford University Press.

Van de Ven, A., Angle, H. L. & Poole, M. (Eds.).(1989). *Research on the management of innovation: The Minnesota studies.* New York: Harper & Row.

Van Dyne, L. & Saavedra, R.(1996). A naturalistic minority influence experiment: effects of divergent thinking, conflict and originality in work-groups. *British Journal of Social Psychology,* 35: 151-167.

Vernon, M.(1999). Knowledge paradox' puts Europe ahead: Europe versus the US. *The Financial Times,* November 10, p. 11.

Walberg, H. J., Rasher, S. P. & Parkerson, J.(1980). Childhood and eminence. *Journal of*

Creative Behavior, 13: 225-231.

Wallach, E. J.(1983). Individuals and organizations: the cultural match. *Training and Development Journal,* 37(2): 29-36.

Wallach, M. A.(1985). Creativity testing and giftedness. In F. D. Horowitz & M. O'Brien(Eds.). *The gifted and talented: Developmental perspectives,* Washington DC: American Psychological Association.

West, M. A.(1987). Role innovation in the world of work. *British Journal of Social Psychology,* 26: 305-315.

West, M. A.(1990). The social psychology of innovation in groups. In M. A.West & J. L. Farr(Eds.). *Innovation and creativity at work: Psychological and organizational strategies,* Chichester: Wiley.

West, M. A.(1997). *Developing creativity in organizations.* Leicester: BPS Books.

West, M. A.(2001). The human team: basic motivations and innovations. In N. Anderson, D. S. Ones, H. K. Sinangil & C. Viswesvaran(Eds.). *Handbook of industrial, work and organizational psychology,* 2: 270-288. London/New York: Sage.

West, M. A.(2002). Sparkling fountains or stagnant ponds: an integrative model of creativity and innovation implementation within groups. *Applied Psychology: An International Review,* 51: 355-386.

West, M. A. & Anderson, N.(1992). Innovation, cultural values and the management of change in British hospitals. *Work and Stress,* 6: 293-310.

West, M. A. & Anderson, N.(1996). Innovation in top management teams. *Journal of Applied psychology,* 81: 680-693.

West, M. A. & Farr, J. L.(1990). Innovation at work. In M. A.West & J. L. Farr (Eds.), *Innovation and creativity at work: Psychological and organizational strategies.* Chichester: Wiley.

West, M. A. & Wallace, M.(1991). Innovation in health care teams. *European Journal of Social Psychology,* 21: 301-315.

West, M. A., Patterson, M. G. & Dawson, J. F.(1999). A path to profit? Teamwork at the top. *Centrepiece,* 4: 6-11.

West, M. A., Smith, H., Feng, W. L. & Lawthom, R.(1998). Research excellence and departmental climate in British universities. *Journal of Occupational and Organizational Psychology,* 71: 261-281.

Woodman, R. W. & Schoenfeldt, L. F.(1990). An interactionist model of creative behavior. *Journal of Creative Behaviour,* 24:. 279-290.

Woodman, R. W., Sawyer, J. E. & Griffin, R. W.(1993). Toward a Theory of Organizational Creativity. *The Academy of Management Review,* 18(2): 293-321.

Woodman. R. W.(1981). Creativity as a construct in personality theory. *Journal of Creative Behavior,* 15: 43-66.

Woodman. R. W. & Schoenfeldt, L. F.(1989). Individual differences in creativity: An interactionist perspective. In J. A. Glover. R. R. Ronning. & C. R. Reynolds(Eds.). *Handbook of creativity,* 77-92. New York: Plenum Press.

Yu, D.(1999). *Building the knowledge advantage.* available at: www.pwcglobal.com/extweb/newcolth.nsf/DocID/D68D5EE66EDBFE828525679F0050 D362

Zaltman, G., Duncan, R. & Holbeck, J.(1973). *Innovations and organizations.* New York: Wiley.

Zhou, J.(1998). Feedback valence, feedback style, task autonomy, and achievement orientation: interactive effects on creative performance. *Journal of Applied Psychology,* 83: 261-276.

Zhou, J. & George, J. M.(2001). When job dissatisfaction leads to creativity: encouraging the expression of voice. *Academy of Management Journal,* 44: 682-696.

Zickar, M. J. & Highhouse, S.(2001). Measuring prestige of journals in industrial-organizational psychology. *Industrial-Organizational Psychologist,* 38(4): 29-36.

김 구

조선대학교 행정학 박사
한국연구재단 선정 학술연구교수
한국행정학회 편집위원, 연구위원, 운영이사
한국거버넌스학회 · 한국지역정보화학회 지역부회장
한국지역정보화학회 편집이사, 연구위원장, 운영이사
한국정책과학회 · 한국조직학회 · 한국자치행정학회 편집위원
공무원 7급 공개경쟁채용시험 선정위원
외무 · 행정고시 1차시험(PSAT), 2차시험, 3차시험 시험위원
서울특별시 5급 승진 시험위원
국회사무처 8급 공채 시험위원
현) 국립 강릉원주대학교 사회과학대학 자치행정학과 교수

· 강의분야: 연구방법론(계량분석), 정책분석 및 평가, 전자정부(지식정부)
· 연구분야: 정보화 및 전자정부, 혁신관리 및 지식관리(지식행정)

조직 혁신의 이해

초판인쇄 | 2011년 7월 29일
초판발행 | 2011년 7월 29일

지 은 이 | 김 구
펴 낸 이 | 채종준
펴 낸 곳 | 한국학술정보㈜
주   소 | 경기도 파주시 교하읍 문발리 파주출판문화정보산업단지 513-5
전   화 | 031) 908-3181(대표)
팩   스 | 031) 908-3189
홈페이지 | http://ebook.kstudy.com
E-mail | 출판사업부 publish@kstudy.com
등   록 | 제일산-115호(2000. 6. 19)

ISBN   978-89-268-2391-0 93350 (Paper Book)
        978-89-268-2392-7 98350 (e-Book)